AF747063

L'ASSASSINAT ÉCONOMIQUE DE LA GRÈCE

ET LE DERNIER RECOURS : LA DRACHME

Maria NEGREPONTI-DELIVANIS

Traduit du grec par Caroline Luigi

L'ASSASSINAT ÉCONOMIQUE DE LA GRÈCE

ET LE DERNIER RECOURS : LA DRACHME

L'Harmattan

© L'Harmattan, 2014
5-7, rue de l'École-Polytechnique, 75005 Paris

http://www.harmattan.fr
diffusion.harmattan@wanadoo.fr
harmattan1@wanadoo.fr

ISBN : 978-2-343-03940-4
EAN : 9782343039404

A Dimitri
(comme tous mes livres depuis 1997)

Collection **M**ouvements **E**conomiques et **S**ociaux

Dirigée par **Claude ALBAGLI**

*La collection « les **M**ouvements **E**conomiques et **S**ociaux » présentée par **L'HARMATTAN** et l'**INSTITUT CEDIMES** se propose de contribuer à l'analyse des nouveaux aspects de la mondialisation en embrassant les phénomènes économiques, sociaux et culturels. Elle vise à faire émerger des recherches et des contributions originales sur les mutations du développement et de la mondialisation.*

ALBAGLI Claude, « ***Le surplus agricole, De la puissance à la jouissance*** », L'Harmattan, Coll. M.E.S., 2001.

DELIVANIS-NEGREPONTI Maria, « ***La mondialisation conspiratrice*** », L'Harmattan, Coll. M.E.S., 2002.

RUBY Marcel (sous la direction), « ***Une mondialisation humaniste*** », Préface du Ministre Délégué de la Coopération et de la Francophonie, Pierre-André WILTZER L'Harmattan, Coll. M.E.S., 2003.

RAJEMISON Sahondravololona & **ALBAGLI Claude** (sous la direction), « ***Mutations contemporaines et développement*** », Préface du Ministre de l'Enseignement Supérieur et de la Recherche, Jean-Théodore RANJIVASON, L'Harmattan, Coll. MES, 2003.

MAYOUKOU Célestin, **ALBAGLI Claude**, **TORQUEBIAU Emmanuel** et **THUILLIER Jean-Pierre** (Coordonnateurs), « ***Gouvernance du Développement local*** », CIRAD, L'Harmattan, Coll. M.E.S 2003.

ALBAGLI Claude (Coordonnateur), « ***Alter-Développements et développements altérés, Hommage à Jacques AUSTRUY*** », L'Harmattan, Coll. M.E.S. 2003.

KIM Yersu & **ALBAGLI Claude** (Coordonnateurs), « ***Corée du Sud, le modèle et la crise*** », Commission Nationale Coréenne UNESCO, Coll. MES, L'Harmattan, 2004.

TREMBLAY Rodrigue, « ***L'Amérique impériale*** », Coll. MES L'Harmattan, 2004.

HUCHET Jean-François & **RICHET Xavier** (Coordonnateurs), « ***Gouvernance, coopération et stratégie des firmes chinoises*** », Coll. MES, L'Harmattan, 2005.

DUPRIEZ Pierre (sous la direction), « ***Entreprises roumaines en transition, Etudes de cultures organisationnelles*** », Coll. MES, L'Harmattan, 2005.

COURTHEOUX Jean-Paul, « ***La socio-euphémie, Expression, modalités, incidences*** », AELF, Coll. MES, L'Harmattan, 2005.

GUERRAOUI Driss & **RICHET Xavier** (sous la direction), « ***Intelligence économique et veille stratégique, Défis et stratégies pour les économies émergentes*** », Co-édition ARCI, Coll. MES L'Harmattan, 2006.

SCHMITT Christophe (sous la direction), « ***Université et Entrepreneuriat, des relations en quête de sens*** », Coll. MES, L'Harmattan, 2006.

AUSTRUY Jacques, « ***Islam face au développement*** », Coll. MES L'Harmattan, 2006.

GERN Jean-Pierre (sous la direction), « ***Les sciences sociales confrontées au défi du développement*** », Coll. MES, L'Harmattan, 2006.

PATUREL Robert (sous la direction), « ***Dynamique entrepreneuriale et développement économique*** », Coll. MES L'Harmattan, 2007.

TRAIMOND Pierre, « ***Jean-Charles BORDA, 1733-1799*** », Coll. MES L'Harmattan, 2007.

TSAFACK-NANFOSSO Roger A. (sous la direction), « ***L'économie solidaire dans les pays en développement*** », Coll. MES L'Harmattan, 2008.

ALBAGLI Claude, « ***Les sept Scénarios du Nouveau Monde*** », Préface du Sénateur Jean-François LE GRAND, Coll. MES, L'Harmattan, 2009.

GASSE Yvon (sous la direction), « ***Vers une francophonie entrepreneuriale*** », Coll. MES, L'Harmattan, 2009.

TRAIMOND Pierre, « ***Le développement aux périls de la finance, Essai*** », Coll. MES L'Harmattan, 2010.

KIYINDOU Alain (sous la direction) « ***Cultures, technologie et mondialisation*** » Coll. MES, L'Harmattan, 2010.

KOULAKOUMOUNA Etienne, *« Réglementation et performance, L'enseignement supérieur au Congo* », Coll. MES, L'Harmattan, 2013.

PATUREL Robert (sous la direction), *«Projets et entrepreneuriat dans des pays émergents »,* Coll. MES, L'Harmattan, 2013.

LEVY-TADJINE Thierry et SU Zhan (sous la direction), ***«Entrepreneuriat, PME durables et réseaux sociaux »,*** Coll. MES, L'Harmattan, 2013.

BEN ABDELKADER Fahmi et **LABARONNE Daniel** (sous la direction), « ***Institutions de gouvernance, confiance et développement, Application aux pays arabes de la Méditerranée»,*** Coll. MES, L'Harmattan, 2014.

DELIVANIS-NEGREPONTI Maria, ***« L'assassinat économique de la Grèce et le dernier recours : la drachme »***, L'Harmattan, Coll. M.E.S., 2014

ZHANG-FERNANDEZ Rong, *«Précis de civilisation chinoise »,* Coll. MES, L'Harmattan, 2014.

TSAFACK-NANFOSSO Roger A. (sous la direction), « Bilan et perspectives en quatre décennies 1972-2012**»,** Préface ALBAGLI Claude, Président Institut CEDIMES, Coll. MES, L'Harmattan, 2014.

ZHAN SU et LOUICIUS Michel (sous la direction), « ***Modèles de développement des pays émergents: caractéristiques, portée et défis*** **»,** Coll. MES, L'Harmattan (En préparation).

Le choix de la France pour l'édition de mon dernier livre qui est autant un cri d'angoisse quant à l'avenir de la Grèce qu'un appel à l'aide, ne s'est certes pas fait par hasard. Hormis les liens particuliers et de longue date que j'entretiens avec la France, ma collaboration avec des économistes Français, mais aussi ma participation régulière aux activités des deux associations francophones d'économistes, l'AIELF et le CEDIMES, je veux espérer, en ces heures difficiles, que les informations sur ce qui se passe réellement en Grèce sensibiliseront le peuple français et les intellectuels, et que leurs réactions interrompront le cours de notre génocide économique.

Je tiens à remercier chaleureusement les éditions L'Harmattan qui, avec l'Institut CEDIMES, publient pour la deuxième fois l'un de mes livres – le premier étant Mondialisation Conspiratrice, *en 2002. Tous mes remerciements aussi au président du CEDIMES, mon cher collègue Claude Albagli, non seulement pour notre collaboration depuis toujours si constructive au sein de ce réseau académique, mais surtout pour l'initiative qu'il a prise de consacrer et de diffuser partout dans le monde la collection « Mouvements Economiques et Sociaux ». Je ne remercierai jamais assez Caroline Luigi pour sa traduction soignée d'un texte souvent difficile ; très proche de nous puisqu'elle a choisi la Grèce comme seconde patrie, elle est animée par la volonté de faire connaître en France les conditions de « sauvetage » révoltantes imposées à la population grecque depuis cinq ans. Mes remerciements s'adressent aussi à Jean-Charles Luigi pour sa contribution modeste mais toute aussi précieuse. Il va sans dire que sans leur aide la publication en français de ce livre n'aurait pas été possible.*

Avant-propos

Le livre que vous tenez entre les mains se veut original, différent des autres livres sur ce sujet. Les analyses, concises, directes et parfois empreintes d'ironie, suivent pour ainsi dire jour après jour le déroulement du drame vécu par la Grèce depuis 2011 jusqu'au début de 2014. Sorte de journal de bord qui rend compte de faits essentiellement économiques, cette étude est aussi une chronique de la dette grecque et de la façon dont celle-ci est gérée ; il va de soi que la plupart des textes – choix et conclusions – s'appuient sur la théorie et la pratique économiques.

Le lecteur n'aura pas à subir de longues analyses compliquées. Il lui sera par contre donné de suivre l'évolution de cette période cruciale que traverse le pays. Les faits sont du reste mis en relation les uns aux autres de sorte à l'aider à comprendre pourquoi et comment certaines décisions ont été prises, avec les conséquences que l'on sait. Les raisons qui ont conduit notre pays dans l'impasse, la crédibilité de nos dirigeants, l'efficience des mesures, les motivations réelles des mémorandums – si loin de celles qui sont officiellement évoquées – mais aussi les alternatives sont envisagées d'une façon simple et autant que possible objective, laissant à chacun la liberté de se faire une opinion.

Ce livre comporte trois grandes parties. La première consiste en une introduction assez étendue, à savoir un tour d'horizon de l'économie internationale. Elle fournira un certain nombre d'éléments nouveaux qui, je pense, aideront le lecteur à interpréter l'actualité récente de la Grèce mais pas seulement. En d'autres termes, je tâcherai de me focaliser sur la marche dramatique des événements qui touchent le pays – telle qu'elle sera développée dans cette étude – résultat des recherches communes menées et promues par des centres non grecs, et même non européens. Des éléments donc plus ou moins connus de l'actualité mondiale, auxquels j'ai pris soin d'apporter un éclairage théorique pour interpréter les causes profondes de ce que nous sommes en train de vivre. Les idées défendues dans l'introduction s'appuient sur des éléments avérés mais aussi, à un moindre degré, sur des indices et des hypothèses que j'estime solides. Je voudrais profiter ici de l'occasion pour souligner le fait que les pronostics, notamment lorsqu'il s'agit, comme dans le cas présent, des mutations transversales de l'ordre économique et politique international, ne sont certes pas infaillibles et ne peuvent être considérés comme absolus. C'est pour cela que je me permets de rappeler que je voyais finalement juste, lorsque je me montrais sceptique quant aux conséquences – qui s'avèrent effectivement désastreuses – de la mondialisation, mais aussi à l'inefficacité des mesures censées combattre la crise de la dette, puisque mes craintes ont vite été vérifiées par la réalité.

Le corps principal de ce livre comprend quatre sections qui suivent un plan chronologique. Chacune d'elles procède d'un choix, bref recensement, analyse et critique des actes imposés par les mémorandums au cours des quatre dernières années. La première section porte sur les aspects divers et douloureux de l'impasse où se trouve la Grèce. Il ressortira, au moyen d'une argumentation basée sur la théorie économique et des faits particuliers, qu'avec les mémorandums, la Grèce ne peut espérer sortir de la crise. Le lecteur avancera au rythme de l'enchaînement des événements presque cinématographique puisqu'il « vivra » la peur, les promesses non tenues, les occasions manquées... Dans la deuxième section, seront stigmatisées les mesures totalement inefficaces que je qualifierais même d'irrationnelles, tandis que d'autres solutions radicalement opposées et probablement beaucoup plus efficaces et moins dévastatrices pour le pays et sa population sont proposées. Des mesures effectivement extrêmes, et le stress qu'elles provoquent est omniprésent, entretenu par la perspective terrifiante et trompeuse d'un retour à la drachme brandie comme un épouvantail par les médias complices, mais aussi par les revirements continuels du gouvernement qui, face au chantage cynique de ses créanciers, finit toujours par céder pour une nouvelle tranche d'aide. Dans la troisième section, je m'attacherai à mettre en lumière l'avenir de la Grèce et, dans une certaine mesure, celui de la zone euro. Pour cela, j'utiliserai le retour à la drachme – temporaire ou définitif – qui, compte tenu des circonstances, je l'avoue, semble désormais notre seul recours. Parallèlement, j'examinerai les répercussions désastreuses du coup porté aux banques de Chypre sur la confiance de leurs déposants. Mesure d'autant plus préoccupante qu'elle risque fort de s'étendre au reste de l'Europe. Enfin, la quatrième section, plus courte, comporte deux lettres ouvertes que j'ai adressées à deux personnalités politiques auxquelles de graves questions sont posées et attendent des réponses.

Dans la conclusion enfin, je tenterai de comprendre pourquoi la Grèce ne peut en aucun cas espérer sortir de la crise si elle reste enfermée dans la politique des mémorandums. Le retour à la monnaie nationale et une intensification des efforts pour faire redémarrer la croissance ne se feront pas sans d'énormes difficultés, mais apparaissent néanmoins comme la seule alternative possible.

Les références bibliographiques sont volontairement succinctes, contrairement à mes autres livres. J'ai fait ce choix pour me conformer à cette tendance qui prévaut ces dernières années en Grèce, notamment pour des ouvrages de cette sorte qui ne sont pas destinés à un public restreint d'étudiants en économie ou de spécialistes de l'économie. Ce livre s'adresse à un large public ne disposant pas nécessairement des connaissances spécifiques en la matière, mais appartenant à cette catégorie des « citoyens engagés ». Des citoyens donc, qui appartiennent à des catégories professionnelles très variées et qui ont besoin d'un solide regard critique sur les événements les plus marquants mais aussi d'argumentations pour être en mesure de juger par eux-mêmes et prendre conscience que d'autres voies existent, au-delà de celles des mémorandums. Il est par conséquent normal, comme me l'on d'ailleurs fait remarquer d'anciens étudiants à moi employés dans des maisons d'édition, que les longues bibliographies ne les intéressent pas et qu'ils renâclent à s'y reporter. Sachant que les textes analytiques, courts pour la plupart, s'appuient – sans s'appesantir – sur la théorie et la pratique économiques, j'ai donc limité autant que possible les références bibliographiques que j'ai plutôt concentrées sur l'introduction et la conclusion, et qui, du reste, se reportent presque exclusivement à l'évolution récente des idées, aux derniers rapports d'organismes internationaux et à la riche information constamment remise à jour disponible sur l'internet.

Maria NEGREPONTI-DELIVANIS
Thessalonique, novembre 2013

Introduction

D'OBSCURES MOTIVATIONS

La liberté des uns s'arrête là où commence celle des autres
John Stuart Mill

Les trente dernières années sont, plus qu'avant, marquées par l'acharnement des plus puissants de la planète à détruire les plus faibles. Destruction politique, économique, sociale, institutionnelle, nationale mais aussi individuelle. Bannis l'espoir, la justice, l'égalité, la dignité, la confiance, la sécurité, l'espoir de vivre mieux que les générations précédentes. Mises à mal la solidarité des hommes, la cohésion sociale, l'inviolabilité du domicile, la santé physique et mentale. Evanouis les idéaux qui rendent meilleurs et élèvent le genre humain dans sa marche incessante. Inéluctable, le déclin des principes légués par la religion, menacés par cet environnement si tolérant à l'égard de la cruauté des puissants envers les plus faibles.

Ce climat d'intimidation indescriptible s'explique par la disparition brutale de toute forme de soutien, de toute notion de stabilité et de continuité qui déchire les sociétés d'aujourd'hui et les remonte – si l'on peut dire – à coup de peurs primitives, celles que l'on ressent face à une catastrophe terrible et démesurée. Les conditions de subsistance, la qualité et l'espérance de vie, la possibilité d'avoir des enfants et de les élever, l'assurance de faire face à la vieillesse et aux problèmes de santé, de bénéficier d'un minimum de services sociaux, la reconnaissance du droit au travail, la distinction entre droits et devoirs… La liste est longue de ces acquis impitoyablement effacés, alors que les disparités sociales se creusent à nouveau.

Le recul progressif de nos sociétés dites civilisées n'est pas le fait, comme auparavant, de conflits ni de catastrophes naturelles. Il est le résultat des décisions et des actes tragiques de quelques milliardaires à l'esprit passablement dérangé, affectés d'une sorte de syndrome totalitaire. Les membres de cette oligarchie, comme avant eux Hitler et les Nazis, se croient dotés de qualités supérieures qui font d'eux des surhommes. Eux seuls sont capables – pensent-ils – d'anticiper et de dessiner le monde de demain qu'ils entendent gouverner seuls, maîtres à venir de la *gouvernance mondiale.* L'affermissement de leur domination sera complet dès lors qu'ils auront mis la main sur les richesses des économies nationales. Conséquences escomptées et logiques, la décimation de la quasi-totalité de la population mondiale qu'ils estiment en surnombre par rapport aux besoins et aux capacités alimentaires de la planète, et la paupérisation du reste, tant au niveau économique, social, éducatif que psychique, de sorte qu'elle rejoigne la multitude asservie, sans quoi le nouveau système ne peut fonctionner.

La mise en œuvre de cette phase a ainsi commencé dans les années 1970, avec l'instauration de la mondialisation et du néolibéralisme tous azimuts, dont la physionomie a nettement changé ces cinq dernières années. Choisie pour servir de premier cobaye, la Grèce réalise à un rythme accéléré tout ce qui a été décidé pour la suite.

Bien sûr, adopter une telle orientation dans l'analyse des évolutions actuelles, c'est prendre le risque de passer pour une *conspirationniste*, surtout lorsque la matière se base en grande partie sur des hypothèses pas toujours totalement vérifiées, ce qui est inévitable dans des travaux socio-économiques comme la présente étude. Pour commencer, je refuse tout lien, ne serait-ce que minime, avec des conspirations ou le *conspirationnisme.* J'ajouterai par contre qu'il est nécessaire de trouver un sens à ce terme, de définir ce en quoi il consiste, d'une façon qui corresponde à la réalité, au lieu de le rejeter en bloc tout simplement parce qu'il renvoie *a priori* à des fantasmes et à des scénarios imaginaires et infondés. Cela, parce que l'on a tendance actuellement, en Grèce comme ailleurs, à refuser catégoriquement toute proposition différente des analyses traditionnelles. D'autre part, je ne peux m'empêcher de penser que ce que nos sociétés sont en train de vivre, loin d'être spontané, est le reflet d'un plan savamment élaboré. Autrement dit, je pense que la période actuelle corrobore les constats et les analyses que je fais dans mon livre, *Mondialisation Conspiratrice* (Negreponti-Delivanis, 2001), où je prévois entre autres l'éclatement de la deuxième grande crise économique de 2007. Je soupçonnais alors déjà l'existence de plans à l'échelle internationale que j'hésitais cependant à qualifier de conspirations. Or, les faits sont là – vu ce que la Grèce mais aussi l'Europe et le monde sont en train de vivre – et je considère que ne pas y voir de complots relève d'une naïveté impardonnable. Comment en effet douter de l'existence d'un réseau conspirateur de grande envergure après les révélations terrifiantes de Julian Assange et d'Edward Snowden, poursuivis par les autorités américaines affolées car, comme on le voit, elles se sont fait piéger et sont au pied du mur ? Toute opinion réticente à l'égard des complots devrait permettre de bien distinguer ce qui fait partie de la *diplomatie*, ne serait-ce qu'au sens large, de ce qui n'en fait pas partie. Et ce qui n'en fait pas partie, mais semble néanmoins peser de plus en plus face à la *diplomatie*, ce sont justement lesdits complots. *Notamment après le scandale des écoutes téléphoniques de nombreuses personnalités politiques européennes et autres par les services secrets américains, pour le compte des Etats-Unis mais aussi du Royaume-Uni, dans un cadre qui dépasse l'imagination la plus délirante.* Alors, dans le contexte international actuel, quelle place peut bien avoir une critique sévère à l'égard des… complots, à partir du moment où ceux-ci se sont généralisés et apparaissent au grand jour ?

Après la Deuxième Guerre mondiale et les trente Glorieuses qui s'ensuivent, le monde change, entre dans une longue période de préparation, d'élaboration et de planification. Pendant longtemps on a cru à une série de transformations hétéroclites, indépendantes les unes des autres, chacune pointant un objectif particulier. Mais aujourd'hui avec le recul, on voit clairement que dès le début, il existait un plan de longue durée qui constituait le lien entre ces différentes transformations. Ce plan préparait l'avènement et l'instauration d'une nouvelle étape du capitalisme que je ne peux m'empêcher de nommer « étape du cannibalisme », ou « étape du capitalisme soviétique », ou encore « étape du capitalisme brigand ». Plus concrètement, ces qualificatifs expriment, à mon avis, les souffrances infligées à la Grèce et à Chypre ces dernières années. Et puis, ne sont-ils pas à la mesure de ce capitalisme d'aujourd'hui qui, pour la première fois, permet à un Etat de faire main basse – les ponctions ne sont pas un phénomène nouveau, mais elles se font d'habitude dans l'ombre – sur les dépôts de plus de 100 000 euros ? A ce sujet, la désinformation s'est bien sûr empressée d'accuser des hommes d'affaires véreux qui profitaient de Chypre pour blanchir leur argent sale, dissimulant ainsi le fait que les dépôts de plus de 100 000 euros appartenaient surtout à l'Etat – caisses d'assurance maladie, salaires, recettes fiscales, investissements publics et d'exploitation, caisse de l'Eglise, de fondations sous l'égide de l'Etat et financés par lui, etc. – et non à des criminels et à des oligarques, lesquels en outre, ont eu la chance de pouvoir vider leurs comptes à partir des agences bancaires chypriotes de Londres notamment, restées ouvertes alors qu'elles auraient dû être fermées comme toutes les autres, pour éviter les retraits massifs (Negreponti-Delivanis, 2013).

L'instauration d'une gouvernance mondiale devrait couronner l'aboutissement de ce nouvel ordre des choses.

Ainsi, des questions se posent-elles : *Qui donc se cache derrière ces plans obscurs ?* Quels maîtres-d'œuvre ont pu imaginer et faire peser ces mutations transversales criminelles dans la vie de millions de personnes, provoquant cette tempête humanitaire et culturelle d'une ampleur inégalée ? *Et puis, quelles personnes, quels organismes sont-ils utilisés pour promouvoir leurs plans ?*

Ces visionnaires qui ont eu l'idée de ces changements, présentés par ailleurs comme un progrès, comme une restructuration modernisatrice et innovatrice, ont un visage et un nom. Ils vivent, comme on a coutume de le dire, parmi nous et font sentir leur présence chaque fois que l'occasion autour d'eux se présente et qu'ils peuvent promouvoir leurs sinistres plans qui consistent à pomper au maximum la multitude de leurs victimes. Ils sont haut placés dans les milieux des affaires et pas seulement, extrêmement cupides et durs ; dominateurs, ils assujettissent les foules qui ne sont pour eux qu'un poids mort dans l'évolution de l'humanité ; ils se sentent supérieurs, omnipotents, ont une confiance absolue dans la justesse de leurs choix, obstinés, constants dans les objectifs qu'ils se fixent. Ils ne sont bien sûr pas tous au même niveau. Il y a le chef incontestable au sommet, et derrière lui toute une série d'officiers d'Etat-major et de seconds, tous initiés au plan final et fermement décidés à le promouvoir.

L'Allemagne est indéniablement, du moins en apparence, aux commandes de ce plan, tant au niveau européen que de la zone euro, puisque la puissance et la souveraineté nationale des Etats membres se sont sensiblement affaiblis. Je rappelle que la mondialisation, dès son apparition, visait entre autres choses l'amenuisement des souverainetés nationales. Or, c'est l'Allemagne, la plus puissante des économies européennes, qui pèse le plus dans les décisions qui ont trait à l'Europe. Cela lui donne-t-il néanmoins le droit de décider seule et d'imposer sa volonté aux autres Etats membres ? De toute évidence, cette position de force ne figurait pas dans les conditions préalables de l'Union européenne qui garantissait explicitement l'égalité des Etats membres et écartait sans équivoque l'idée d'une Europe à deux ou plusieurs vitesses. Ce sont justement ces promesses qui ont enfermé les pays du sud de l'Europe dans le processus d'unification, et maintenant ces mêmes pays voient avec effroi le fossé entre les deux Europe, celle du nord et celle du sud, s'élargir d'année en année. Le sud apparaît en l'occurrence comme un réservoir *consommable d'êtres humains, de ressources naturelles et de biens.*

Avec toujours comme point de départ la Grèce, référence obligée en même temps que source d'inquiétude puisque son avenir est des plus incertains, je vais maintenant tenter de rapprocher le passé du présent, en me servant de cette soif insatiable qu'ont les Allemands de vouloir réduire l'Europe à la soumission. Pour cela, il est absolument indispensable de bien situer la Grèce dans ses dimensions objectives et de mettre de côté l'arrogance de l'égoïsme national – je pense ici aux Grecs eux-mêmes – qui veut que tout commence et finit par elle. Acceptons plutôt le fait que ceux qui se servent de la dette publique comme d'une arme ont choisi de commencer par la Grèce car ils jugeaient – et tout porte à croire qu'ils ne s'étaient pas trompés – qu'elle était la plus faible économiquement et, d'une manière générale, la plus vulnérable des pays du sud de l'Europe, dotée de gouvernants incapables de protéger ses intérêts. D'où l'intérêt que la Grèce a suscité auprès des nouveaux maîtres du monde. *Autrement dit, les expériences tant originales que douloureuses et criminelles – et même meurtrières – ne rencontreraient pas trop de résistance. Il en ressortirait un précédent qui s'étendrait à l'ensemble des pays du sud et même à la France et au-delà. Sans négliger, bien entendu, le fait que l'élimination de la Grèce ferait disparaître par la même occasion un symbole aussi fort que dérangeant, celui d'une civilisation au fondement de l'Europe.*

L'Allemagne de ces dernières décennies a progressivement et méthodiquement réussi à s'imposer comme la première puissance européenne. De coupable de crimes contre l'humanité, de pays criminel incontesté qui a pourtant pu « renouer » avec ses victimes, de membre reconnaissant d'avoir été accepté au sein de l'UE, l'Allemagne est devenue le *despote* de la zone euro. Aucun Etat membre ne conteste désormais sa souveraineté mais tous la craignent, s'inclinent devant sa politique, étouffent objections et réactions. Ce climat malsain constitue un grave obstacle à la démocratie et empêche l'Europe de sortir du marasme. Et à cela, la France contribue de façon, malheureusement, déterminante. La France qui est indéniablement le pays européen le plus humain, avec l'Etat-providence le plus développé – après la Scandinavie –, qui accueille sans distinction les persécutés politiques de la planète. La France, et seulement elle, pourrait juguler le réveil des désirs de conquête de l'Allemagne, mais elle s'en garde bien. A-t-elle peur de perdre sa position de *vice-reine* de l'Europe ? Probablement. Cela expliquerait son attitude. Jusqu'à un certain point, elle entretient l'illusion qu'ainsi, elle évite le pire. Elle aurait pourtant pu tirer profit de l'image détestable que l'Allemagne s'est façonnée, si intransigeante et arrogante à l'égard de ses partenaires européens et particulièrement ceux du sud, elle aurait pu gagner leur confiance, elle aurait pu s'imposer comme chef et facteur décisif de l'avenir de l'Europe.

Et maintenant, un retour en arrière s'impose, qui nous permettra de mieux comprendre le présent. *De nombreux signes et coïncidences aujourd'hui vérifiés invalident, quelque 70 ans plus tard, l'hypothèse de manœuvres qui relèvent d'une mise en œuvre conspiratrice. J'entends ici le rapport de l'Hôtel Maison Rouge que l'on doit à un espion français, lequel put s'infiltrer, le 10 août 1944, dans un hôtel strasbourgeois (Atkinson, 2013) et enregistrer par écrit tout ce qui s'y passait. Une copie de ce rapport (EW-Pa 128) fut faite en novembre 1944 par les services de renseignements américains. Quant à l'original, il est paraît-il, dans un état de parfaite conservation. Il apparaît ainsi dans ce rapport que des haut placés Nazis, dès lors qu'ils comprirent que l'Allemagne allait perdre la guerre, se réunirent secrètement – à l'hôtel Maison Rouge – et planifièrent l'avenir de leur pays. Dès que les conditions seraient de nouveau favorables pour l'Allemagne, ils réaliseraient enfin le rêve allemand : dominer l'Europe, et même le monde. Ce rapport aurait tout aussi bien pu tomber dans l'oubli ou ne pas être pris au sérieux, si son contenu n'avait pas été confirmé en de multiples points par les faits. Dans ce rapport donc, il est question de la décision prise secrètement par les Nazis d'élaborer sans délai un plan sur le long terme de sauvegarde du rêve allemand, en collaboration étroite avec les grands industriels allemands d'alors. C'est ainsi que se forgea une alliance solide entre les industriels allemands et les Nazis. Les richesses, provenant pour l'essentiel du pillage des Juifs persécutés, furent transférées dans des banques de pays sûrs, afin de financer, une fois le moment venu, le retour de l'Allemagne nazie et de rembourser dès que possible les industries alliées. Quant aux bases de l'UE et de la zone euro, elles semblent avoir été jetées plus tôt que ce que l'on croit. En effet, le 9 juillet 1940, Hermann Goering, second personnage politique sous le IIIe Reich, fit une déclaration qui laisse penser que les Nazis avaient déjà planifié le IVe Reich, avec même un drapeau européen :* « Nous proposons la création d'une grande zone économique au sein de laquelle l'économie se développera avec une moindre influence de l'Etat. Une communauté économique à l'échelle paneuropéenne. Avec une monnaie commune... ou du moins avec des parités stables, sans droits de douane et sans frontières, avec des traités collectifs commerciaux avec d'autres Etats et continents, une Communauté Economique Européenne ».

Des travaux récents (Boyiopoulos, 2013) viennent corroborer la suite, c'est-à-dire les grandes entreprises et les multinationales des Nazis liées au IIIe Reich et leur très probable participation à l'avènement du IVe. En effet, la quasi-totalité des multinationales allemandes d'alors sont les mêmes et poursuivent de différentes manières leur « œuvre divine restée inachevée ». A commencer par Siemens – elle s'est, depuis lors, faite en Grèce une seconde notoriété –, laquelle a financé en 1943 la Milice à Athènes, la Deutsche Bank, celle-là même qui a directement financé la construction d'Auschwitz, Krupp qui contribua jadis au renforcement des entreprises militaires nazies et possède des parts du chantier naval dissout de Skaramanga, dans la région d'Athènes. La liste s'allonge avec Farben, qui fabriquait le Zyklon B, le gaz utilisé dans les chambres à gaz. Dissoute, elle a été rebaptisée Bayer. Citons aussi IBM dont le président Thomas J. Watson fut décoré par le IIIe Reich pour avoir aidé, grâce à ses machines à cartes perforées, à la déportation des Juifs dans les 78 camps d'extermination nazis ; et aussi ITT, qui approvisionnait la Luftwaffe en chasseurs de nuits et en missiles, mais encore la General Motors qui construisit des milliers de véhicules blindés – voitures, camions, tanks – pour le compte de la Wehrmacht, et Ford dont le fondateur fut lui aussi décoré par le IIIe Reich de la plus haute distinction réservée aux non-Allemands. Aucun d'entre eux ne fut puni après la guerre... leurs crimes furent effacés par le haut-commissaire américain en Allemagne, John McCloy, avocat et banquier, en l'occurrence président de la Banque Mondiale de 1947 à 1949.

Vus sous cet angle, la mondialisation et le fondamentalisme néolibéral ne sont qu'un *moyen* pour faciliter, dans un premier temps, la mise en place de l'UE et de la zone euro, et dans un second temps, l'instauration d'une gouvernance mondiale. Par conséquent, il ne s'agit pas de visées indépendantes les unes des autres mais plutôt de moyens intermédiaires. Toutefois, si les Nazis en sont vraiment à l'origine, cela explique pourquoi la zone euro s'est à ce point *envenimée*, pourquoi elle se montre si méprisante à l'égard des souhaits de ses membres, mais aussi pourquoi la dette publique a été le prétexte à l'amenuisement de l'Etat-providence, à la perte de souveraineté des gouvernements nationaux, à la destruction des institutions européennes traditionnelles, à la détérioration du marché du travail et à la paupérisation des populations européennes. Cette triste mutation renvoie l'Europe à des dizaines d'années en arrière. Pour certains cependant, elle est un passage obligé : une fois « assagis », les Etats membres de la zone euro seront plus prompts à accepter la domination absolue de l'Allemagne.

Or, depuis les révélations du think tank *Olympiada* notamment, on sait que l'UE a au début été financée par la RFA grâce à l'or des Nazis mis en sécurité peu avant la défaite de l'Allemagne ; on sait aussi que la RFA a placé d'anciens Nazis à d'importants postes administratifs européens, qui se présentaient comme des... démocrates convaincus. *Certes, tout cela y ressemble, mais ce n'est pas du conspirationnisme, c'est simplement la réalité.*

La nouvelle doctrine allemande, plus concrètement la doctrine Merkel prône, selon le *New York Times* et *Yeni Şafak*, la domination de l'Europe par l'Allemagne qui vise l'assujettissement de toutes les économies européennes. Et à ce sujet, je voudrais insister sur ce qui vient d'être dit et citer la déclaration sans détour de la directrice du bureau de Berlin du Conseil Européen des relations étrangères, Ulrike Guérot (*Chicago Tribune*, 2013) : « L'Allemagne posera elle seule les conditions et le rythme de la construction de l'Europe. C'est quelque chose que les autres doivent bien comprendre et digérer ». Or, il faut bien l'admettre, vu ce qui se passe en Grèce, et plus généralement dans les pays du sud de l'Europe, on ne peut nier l'existence de cette doctrine. Et puis, peut-on ne pas penser à l'idée qu'Adolf Hitler se faisait de l'Europe, avant et pendant la Deuxième Guerre mondiale ? Quoi qu'il en soit, le refus récent d'Angela Merkel de révéler ses intentions vis-à-vis de la Grèce est pour le moins révélateur. La Grèce doit se plier aux réformes, peu importe si ces réformes précipitent la population dans la pauvreté. Des hôpitaux, des écoles et des universités ferment, les trois entreprises spécialisées dans l'armement doivent être liquidées, des usines traditionnelles sont délocalisées vers des pays voisins, tout ce qui est vendable est bradé. Les dirigeants Grecs l'ont bien méritée, leur *mention honorable*. Leurs efforts ont été récompensés, ils ont pu décrocher le fameux *excédent primaire*. Mais à quoi va-t-il servir, cet excédent primaire, en supposant qu'il soit vraiment atteint, sachant qu'il ne permettra pas à lui seul de rétablir la solvabilité budgétaire ? Selon des estimations, la dette publique ne peut être viable qu'à condition que l'excédent primaire soit significatif, qu'il soit donc de l'ordre de 8,66 milliards d'euros par an (*Olympiada*). Sans parler du fait que la dette, quelle que soit la façon dont elle est gérée, fait de cet excédent primaire un problème en soi, complètement indépendant des sacrifices énormes pourtant imposés en son nom, et qui ne sera jamais qu'une goutte d'eau dans la mer – de la dette (Negreponti-Delivanis, 2013).

De plus, cette nouvelle doctrine entend revaloriser militairement l'Allemagne et renforcer sa présence militaire dans de nombreuses régions du monde. Si l'on avait l'impression que l'Europe peut se préserver des guerres, rappelons-nous celle en Yougoslavie qui a changé la carte des Balkans, et aussi les horreurs liées à la montée subite du fascisme, partout sur le vieux continent.

Je vais maintenant reprendre brièvement les mesures plus spécifiques adoptées de façon méthodique et programmée et qui visent, semble-t-il, à l'instauration de la *gouvernance mondiale*. L'analyse qui suit mettra en lumière deux questions :

• La première a trait à la relation qu'entretient l'Allemagne avec les colosses mondiaux que sont les banques, puisque ces deux parties semblent être derrière les efforts communs pour un changement radical de la gouvernance au niveau planétaire. Quant à savoir comment se fera la répartition des bénéfices entre eux, cela reste à éclaircir.

• La deuxième question a trait au rôle tenu par les gouvernements nationaux qui donne très nettement l'impression de se réduire, alors qu'on se demande de plus en plus si la voie choisie est vraiment la seule. Et ceci, car l'Etat apparaît beaucoup plus puissant dans de nouveaux rôles, comme nous le verrons par la suite.

I. Les préparatifs

A. Le cadre institutionnel

La première grande étape réussie vers ce plan de gouvernance mondiale grandiose et démoniaque est, à n'en pas douter, d'avoir imposé une nouvelle cosmothéorie composite, combinant mondialisation et néolibéralisme. Il s'agit d'un cadre institutionnel élargi dont la mise en place a été jugée indispensable pour qu'y soient élaborés les changements plus partiels qui permettraient de promouvoir le but suprême, à travers l'apparition de la nouvelle étape du capitalisme. Celle du capitalisme brigand ! Du capitalisme soviétique, du capitalisme cannibale, ou des trois à la fois. Le premier effet visible de la mondialisation est l'émergence, sur la scène internationale, d'*un nouvel ordre surpuissant, qui prend le pas sur les précédents. C'est la domination, sur les marchés, de l'autocratie financière.* Cet ordre a toujours existé dans les économies développées, mais jamais dans le passé, il n'a autant déterminé le sort du monde. C'est la mondialisation, mise en place avant tout sous la forme d'un libre mouvement du capital sans contraintes, d'un côté à l'autre de la planète, à la recherche du profit maximal, qui a imposé le nouvel ordre comme première puissance mondiale : au-dessus des gouvernements, des présidents et des chefs d'Etat. Il s'agit d'une économie virtuelle dont la montée en puissance, d'une portée inconcevable, a délogé l'économie réelle. *Pour exemple, je me réfère aux estimations selon lesquelles les dix plus grandes banques de la planète ont une surface financière équivalente à celle de l'ensemble des éco-*

nomies nationales. Leur capacité de mouvements de capitaux est à peu près égale à la dette de l'ensemble des économies de la planète. Cette suprématie des banques pour ainsi dire illimitée doit beaucoup à la vampirisation et à l'appauvrissement des peuples. Elle vient également du fait que les banques ont réussi, bien qu'elles ne disposent pas de souveraineté nationale, à obtenir un droit d'émission à travers la création des produits financiers : obligations, bonds, alors que dans le même temps, l'UE – la mondialisation européenne – est parvenue à retirer ce droit à ses Etats membres. Je dirais simplement à ce propos que, selon un rapport récent, les pays de l'Union européenne ont déboursé au total 1,6 trillion d'euros pour aider leurs banques, entre 2008, moment où la crise financière a éclaté et fin 2011. Selon le *Dow Jones Newswires*, cette aide étatique avoisine 13 % du PIB de l'UE. Dans le même temps, il devient de plus en plus clair que les gouvernements européens ne veulent ou ne peuvent pas envisager leurs banques comme des entreprises privées, c'est-à-dire qu'ils les laissent faire faillite. Et qui plus est, ils n'osent pas les nationaliser ni les obliger à accorder des prêts pour stimuler les économies en récession. L'Islande est cependant le pays qui a tout osé et c'est ainsi qu'elle a pu éviter la catastrophe, du moins jusqu'à présent. En théorie, les interprétations sont nombreuses qui permettraient de comprendre pourquoi les gouvernements européens se montrent à ce point passifs et accommodants à l'égard de leurs banques, sacrifiant pour elles leur population. Des interprétations qui viendraient s'ajouter à d'autres, comme par exemple, les liens douteux qui unissent quotidiennement les banques et les gouvernements, le fait que les banquiers sont de plus en plus souvent désignés par les lobbies internationaux pour gouverner des pays, du sud de l'Europe de préférence, la peur qu'ont les hommes politiques des mesures de rétorsion s'ils osent s'opposer aux directives de la domination financière, le sentiment que les hommes politiques sont impuissants à imposer leur volonté aux banquiers et ainsi de suite. Il y a ces tentatives d'interprétation mais, indissociable des autres faiblesses de l'euro, il y a aussi l'argument que les leaders européens se déchargent de toutes leurs responsabilités qu'ils reportent sur la monnaie unique, ce qui explique qu'ils s'opposent avec tant de force à ce que les Etats membres retournent à leur monnaie nationale. Surtout l'Allemagne, souveraine incontestée de l'Europe, qui est aussi le pays à avoir le plus tiré profit de l'instauration de la monnaie européenne. Il ressort d'une étude récente effectuée par la Fondation Bertelsmann que sans l'euro, l'augmentation du PIB de l'Allemagne serait inférieure d'à peu près 0,5 %. Ce profit provient essentiellement de la dévaluation du taux de change, estimée à 23 % depuis 1999, tandis que dans la même période, le reste de l'Europe enregistre une augmentation de l'ordre de 7 %.

Cette économie financière toute puissante s'est pourtant complètement coupée et ne dépend plus des conditions réelles économiques des économies nationales. Il suffit pour cela de se pencher sur le cas représentatif et provocateur des *golden boys* qui continuent de toucher des appointements astronomiques et sans commune mesure avec leur productivité et ce, en dépit des crises aux formes multiples qui sévissent en Europe et dans le monde entier. Et j'en viens à un cas grec analogue : malgré sa faillite, le pays doit débourser des sommes faramineuses pour les salaires et les retraites des employés du Fonds Européen de Stabilité Financière (FESF), de l'ordre de 215 000 euros par an et ce, jusqu'en 2017. Les *golden boys* sont les soldats de l'ordre nouveau ; ils ont été formés dans des écoles dont l'emblème officiel est un requin, un aigle ou autres prédateurs à deux ou quatre pattes. Ils suivent un enseignement de base sans aucun rapport avec la science économique et son objectif prioritaire, qui est l'augmentation de la prospérité des hommes. Certaines questions sensibles ont complètement disparu, comme par exemple, la condamnation de la spéculation boursière des denrées de première nécessité telles que le riz, le blé ou même l'eau dont le prix, lorsqu'il augmente, voue à une mort certaine une part importante de la population mondiale qui vit avec moins d'un dollar par jour. La dernière *opération en or* de la Bourse de New York concerne la spéculation sur le substitut de pétrole, l'éthanol, dont le prix a augmenté de 20 fois en six mois, et naturellement, les répercussions sur les consommateurs seront dramatiques, puisque le prix du pétrole mélangé à l'éthanol augmentera en conséquence (Gretchen Morgenson, 2013, entre autres). Les opérateurs financiers (traders) sont imprégnés jusqu'au plus profond de leur âme de l'idée que le profit est une valeur supérieure à toutes les autres et à toute autre chose… même à la vie humaine et exploitent, sans le moindre état d'âme, la permissivité et l'opacité des marchés actuels. Ils sont en outre convaincus qu'il n'y a pas de bonnes ou de mauvaises méthodes pour faire du profit, seulement des méthodes efficaces ou des méthodes qui ne le sont pas. Complètement étranger à leurs préoccupations, le mode de répartition du revenu national et des richesses, laquelle préoccupation d'ailleurs ne figure plus dans l'enseignement de nombreuses écoles économiques de la planète, sous prétexte qu'elle est *hors sujet*.

Le comble de cette distinction artificielle entre l'économie virtuelle et l'économie réelle apparaît sous une infinité de formes tragiques en Grèce – et pas seulement –, où les dirigeants du pays s'intéressent de part et d'autre aux chiffres, ignorant ostensiblement leurs conséquences sur l'économie réelle et dont, pourtant, dépend la survie de la nation et le bien-être des citoyens. Dernier exemple, les illusions entretenues par l'alchimie des chiffres sortis presque tous comme par magie du chapeau de la comptabilité créative ; l'attente et les démonstrations d'enthousiasme, et aussi les annonces, unanimes, autour de la réalisation de l'excédent primaire à la fin de 2013. C'est sur cette attente, qui n'est *à mon avis* rien d'autre qu'une *bulle de savon*, que sont cultivés des espoirs et bâtis des citadelles sur le sable. Car, à supposer que ce timide excédent soit finalement dégagé, il ne suffirait pas à enrayer, ne serait-ce qu'un peu, la destruction programmée de la Grèce, tant que celle-ci restera sous le joug des mémorandums.

Je vais maintenant revenir sur la mondialisation et sur le néolibéralisme pour signaler que cette nouvelle cosmothéorie, ou nouveau système, souffre de nombreuses pathogénies, aussi bien sur le plan international qu'européen. Dans l'UE, la mondialisation qui par définition est planétaire, a pris en quelque sorte une forme régionale, alors que la création de la monnaie unique européenne est une expérience dangereuse, qui a déjà pleinement échoué et dont la fin est constamment reportée. A cause, il est vrai, des intérêts surtout allemands qui en sont les grands gagnants, mais aussi à cause des conséquences menaçantes et incertaines qui marqueront très probablement sa fin. La monnaie unique a aboli, en fait, l'égalité des Etats membres au sein de l'UE, avec d'un côté les puissants et de l'autre les faibles, et a utilisé comme arme la dette publique pour justifier la différence de traitement. L'Europe du nord, même si elle a renforcé sa position grâce aux excédents commerciaux qu'elle doit aux pays du sud de l'Europe, a fini par se tourner, dans une explosion pleine de mépris et de haine, contre les régions économiquement plus faibles, détruisant un à un les chaînons de solidarité et de cohésion, et sacrant l'Allemagne leader incontesté de l'Europe. Dans cette longue marche, la destruction économique de la Grèce, à travers des plans voués à l'échec dès le début et la mise en vente de ses richesses nationales, sont des étapes qui conduisent à l'objectif final, à la gouvernance mondiale.

Cette gouvernance mondiale – comme je l'ai noté précédemment – qui a pour noyau dur les banques, aspire à l'enrichissement d'une oligarchie et à l'appauvrissement programmé du reste. Ce qui se passe dans le monde et en Europe, avec la Grèce en tête de liste, sert aussi un autre objectif, l'abolition de la démocratie. Les banques dépouillent les citoyens européens pour éviter la faillite. Cette opération de sauvetage s'annonce de longue haleine, car, semblable à l'Hydre de Lerne, elle exige toujours plus d'argent.

B. *Des mesures complémentaires et des choix socio-politico-économiques*

Ici se bousculent les visées secrètes de la mondialisation et les hypothèses jamais vérifiées du néolibéralisme. A titre indicatif, et non exhaustif :

1. *Des gouvernants implantés délogent les nationaux*

Les établissements financiers privés, en dépit de la puissance illimitée qui leur permet d'émettre des produits dérivés, n'étant pas légaux, ont absolument besoin de personnes à des postes stratégiques. En effet, les objectifs du nouvel ordre ne pourront se concrétiser sans l'appui d'alliés et de dignitaires initiés, placés à la tête de gouvernements, ou nommés à des postes clés, si possible liés aux finances, dans les gouvernements des économies nationales. C'est ainsi qu'un groupe élargi de *golden boys*, après avoir occupé des postes de cadres dans des établissements bancaires et financiers partout sur la planète, assez longtemps pour pouvoir se présenter ensuite comme un *gage d'orthodoxie*, sont *implantés*, surtout en période de crise. Ce sont d'abord les économies fragiles et endettées qui sont choisies, où ces *golden boys* sont *implantés* comme premiers ministres ou ministres des Finances de préférence, délogeant, terrorisant et calomniant les gouvernements *indigènes*. Ces derniers ont été délogés, mais cela ne se voit pas parce qu'ils sont encore sur pieds. Ils ont par contre les mains liées et ne peuvent tracer leur propre politique ou prendre des décisions importantes. Ce ne sont plus que des hommes de paille. Les perspectives d'avenir pour l'humanité ne sont guère réjouissantes, et les conditions imposées les unes après les autres en Grèce depuis quatre ans se poursuivent et se généralisent au reste de l'Europe et du monde ; quant à l'avenir qui nous est réservé, il est déjà visible et, hélas, effroyable.

Employés de banques et de multinationales, royalement payés, assurés du soutien de leurs grands patrons quoi qu'il leur arrive et quels qu'en soient les risques, ces *golden boys* et leurs familles sont dotés d'une vue et d'une ouïe sélectives et sont entièrement voués à leurs puissants employeurs. Les exigences de ces derniers, aussi dures, inhumaines et criminelles soient-elles, seront exécutées à la lettre par les *implantés*. Depuis 2001, c'est-à-dire depuis la rédaction de mon livre, *Mondialisation Conspiratrice*, je ne cesse de me demander comment et pourquoi les gouvernements élus des économies nationales se laissent ainsi neutraliser sans réagir. Je n'ai toujours pas trouvé la réponse. Le mystère demeure impénétrable malgré mes efforts pour l'élucider. J'ai cependant tendance à penser que ces élus sont des individus extrêmement ambitieux, souvent très attirés par l'argent, dénués de principes, dénués aussi de conscience et de dignité nationales, convaincus que l'exercice du pouvoir, dans des économies fragiles, ne peut se faire qu'à condition de fournir les gardiens de l'étranger *en terres et en eaux*... et cela, ils l'acceptent d'emblée contre un siège de ministre ou bien plus encore, contre un siège de Premier ministre ! Et puis, même harcelés par les remords d'avoir vendu leur patrie, ils savent que s'ils refusent d'obtempérer aux ordres venus de l'extérieur, de plus en plus cruels pour les populations et qu'ils ont du mal à suivre, ils mettront jusqu'à leur propre vie en danger. Pris en otage et sans échappatoire possible, ils acceptent même de devenir les bourreaux de leurs concitoyens... pour finir, ils acceptent de trahir leur propre patrie.

Malgré leurs efforts intenses pour renforcer ces accointances avec toujours comme chef incontesté le groupe Goldman Sachs, les puissants établissements financiers n'ont pas réussi à élargir leur influence en Europe qui est finalement limitée, en raison des réactions qu'ils provoquaient. C'est pour cela qu'ils ont dirigé leurs tentacules vers les pays émergents, par l'intermédiaire de l'ancien président de la Banque Mondiale, Robert Zoellick. Les révélations au sujet des accointances entre les colosses de ce monde, qui s'attachent à utiliser des anciens chefs d'Etat pour servir les établissements J.P. Morgan et Rothschild, sont toujours fort surprenantes (*To Pontiki*, 17.10.2013).

2. La réduction du secteur public

Cette obsession à vouloir minimiser à tout prix le secteur public est un héritage des classiques-néoclassiques, qui a subi une importante mutation avec les néolibéraux, et que finalement les partisans de la gouvernance mondiale ont fini par s'approprier. Ils sont obnubilés par l'idée que tout ce qui est public ou d'Etat est, de fait, inefficace. Outre cette hypothèse jamais vérifiée (Negreponti-Delivanis, 1993), selon laquelle la productivité du secteur privé est forcément toujours supérieure à celle du public – ce que l'on peut aisément démentir – le rejet des néolibéraux pour tout ce qui touche au secteur public, et particulièrement à l'Etat-providence, peut s'expliquer par :

• leur aversion pour l'interventionnisme de l'Etat qui, selon eux, restreint la liberté des particuliers ;

• le désir de supprimer les gouvernements nationaux en vue d'instaurer la gouvernance mondiale ;

• leur mépris des faibles et plus largement de ceux qui ont besoin d'aide, ce qui explique qu'ils trouvent l'Etat-providence superflu et dépensier ;

• l'intention de remettre la totalité du patrimoine national entre les mains de particuliers, pas de tous bien sûr, seulement des milliardaires qui gouverneront la planète.

Pour dissoudre l'Etat, les destructeurs de la Grèce n'hésitent pas à imposer des mesures d'une indicible barbarie, utilisant le pays comme cobaye. Entre autres mesures, citons le licenciement graduel de 150 000 fonctionnaires, la fermeture d'hôpitaux, de facultés, d'écoles et de crèches, mais aussi d'industries d'armement, sans études sérieuses préalables et, bien entendu, sans tenir compte des répercussions sur la société et l'économie qu'auraient ces mesures si radicales et superficielles. Odieuses et inefficaces, extrêmement lourdes de conséquences, ces mesures sont légitimées par la soi-disant taille surdimensionnée du secteur public grec lequel, statistiques officielles à l'appui, se situe tout à fait dans la moyenne européenne (OCDE). *Et puis, tout un tas de résultats troubles et d'une texture pour beaucoup criminelle sont mis en avant, comme la diminution de la population, son niveau de formation insuffisant, son appauvrissement progressif.* Vidée, la population n'est plus en mesure de penser ou de réagir *efficacement face à la tempête qui lui est réservée. Et pour couronner les mesures citées plus haut, il y a la mise sur écoute systématique des hommes politiques et de particuliers.* Il serait naïf de croire que les épreuves imposées à la Grèce depuis 2009, inédites et uniques en leur genre, ont été conçues spécialement pour elle – c'est-à-dire un peu plus de 2 % de l'UE –, et qu'elles s'en tiendront là. Il est en effet absolument certain qu'elles s'étendront, d'abord à tout le sud de l'Europe et, si elles ne sont pas arrêtées d'une façon ou d'une autre, elles finiront par couvrir l'ensemble de la planète.

Le souci de diminuer la taille de l'Etat, dans la conception initiale du néolibéralisme économique, visait à ne pas faire obstacle au fonctionnement des marchés. Or, l'environnement macroéconomique de l'UE, incertain et souvent conjoncturel, remanie de diverses manières, pas toujours transparentes, ces objectifs.

En réalité, un Etat supranational tout-puissant et non plus national a pris forme au sein de l'Union européenne et, par l'intermédiaire de la Banque Centrale Européenne, produit et distribue sans compter de l'argent aux banques européennes, s'efforçant ainsi de réduire les tendances à la récession permanente liée à l'euro. Il est clair que le système monétaire central de la zone euro s'en est tacitement remis à l'Allemagne et endosse des rôles que les autres Etats membres n'avaient pas du tout prévus et qu'ils n'auraient certainement pas avalisés. Plus particulièrement, c'est l'Allemagne elle-même qui décide, par l'intermédiaire de la BCE, de la quantité d'argent qui sera chaque fois produite et surtout de la quantité que la BCE voudra bien prêter aux économies pauvres du sud de l'Europe qui souffrent d'un manque de liquidités, et par conséquent ne parviennent pas à se dépêtrer de la récession. La contrepartie permanente et meurtrière des prêts accordés à ces pays qui, en l'occurrence, ne suffiront pas à ralentir vraiment la récession et certainement pas à relancer la croissance, ce sont l'austérité, de plus en plus astreignante, et les privatisations massives. Ces dernières réduisent assurément la taille de l'Etat dans les économies fragiles de la zone euro, et renforcent en même temps le secteur public surtout de l'Allemagne. Ce système, qui affaiblit et appauvrit le sud de l'Europe, est d'inspiration néocoloniale : autoritaire et totalitaire, il fait reculer la démocratie en Europe.

3. L'austérité imposée comme obligation constitutionnelle légale de l'UE pour servir de « locomotive de l'asservissement » des populations

La survie de la monnaie unique européenne, en grande partie responsable de la suppression de l'égalité des Etats membres, exige de ces derniers qu'ils fonctionnent dans un contexte permanent d'austérité et d'équilibre de sous-emploi.

De politique conjoncturelle et de court terme visant au contrôle de l'inflation, l'austérité s'est élevée au rang d'état volontairement permanent, alors que non seulement le risque d'inflation n'existe pas, mais en plus les économies contemporaines fonctionnent en deçà de leurs capacités, à cause de la tendance tenace à la récession. Officiellement, ce choix est justifié par le récent Pacte de Compétitivité et de Croissance promu au sein de l'UE par l'Allemagne, et qui aspire à garantir stabilité et compétitivité par la réduction continuelle des salaires et des retraites.

C'est la stabilité monétaire, avec l'austérité continue, qui maintient en vie l'euro déficient lequel, ne disposant pas d'un gouvernement national pour le soutenir et le réguler, se limite nécessairement au rôle de monnaie neutre, c'est-à-dire une monnaie incapable de créer de l'inflation et de la déflation.

C'est justement cette situation particulière de la zone euro qui a condamné l'UE à la récession ou, dans le meilleur des cas, à une croissance très lente. En effet, pour la période d'avant la crise de 2007 à février 2013, le PIB de la zone euro a baissé en moyenne de 0,3 %, tandis que seuls les PIB de l'Allemagne et de la Belgique ont très légèrement augmenté (Eurostat).

Dans ces conditions, il est absolument urgent de revoir le mode de fonctionnement de la monnaie unique européenne puisque c'est elle qui a embourbé l'UE dans le marasme économique. Or, cette solution, rationnelle pour l'Europe dans son ensemble mais surtout pour sa partie sud, laquelle pâtit de la surévaluation de l'euro qui coule sa compétitivité, est pour le moment exclue. Et ceci, parce que ce système sert avant tout l'Allemagne qui refuse toute discussion autour d'un éventuel changement. Rappelons à ce propos que cette obsession de l'Allemagne, qui persiste à suivre un schéma nuisible à ses partenaires de la zone euro, peut s'expliquer par les différences entre son économie et celle des autres économies européennes. Ainsi, l'économie allemande se distingue-t-elle par une demande extérieure plus importante que la demande intérieure, ce qui signifie que son système exige des mesures continuelles de baisse du coût de production. C'est cette politique qui a permis à l'Allemagne de dégager un important excédent commercial que les économies de l'Europe du sud ont fini par payer très cher. Je voudrais encore faire remarquer que la volonté de l'Allemagne, qui encourage ses partenaires à stimuler leur compétitivité et à lui ressembler ne tient pas, étant donné qu'un excédent suppose une économie en déficit.

L'austérité imposée à la zone euro comme politique macroéconomique permanente, mis à part les résultats défavorables à court et moyen terme, a aussi des effets négatifs à long terme qui excluent toute amélioration de la compétitivité des économies qui y sont soumises. Plus concrètement, cela signifie que le réseau routier n'est plus entretenu, que l'enseignement supérieur se dégrade, que les capacités professionnelles des chômeurs se déclassent et que les économies qui appliquent l'austérité comme politique à long terme auront beaucoup de mal à redémarrer et, à cause aussi de la dégradation de leur compétitivité, leur avenir s'annonce des plus sombres comparé aux économies qui n'ont pas été soumises à cette politique restrictive.

L'austérité en vigueur ces dix dernières années est légitimée par l'idée qu'elle seule est capable de contrôler la dette publique élevée des économies contemporaines, surtout européennes. *Or, il faut bien admettre que cette conviction ne tient pas, qu'elle repose sur un fondamentalisme idéologique et qu'en réalité, elle n'est démontrée, du point de vue historique, par aucun succès dans la lutte contre la dette. Ce qui est prouvé, en revanche, c'est que des coupes importantes dans les dépenses ne font qu'aggraver le problème* (Blyth, 2013). Justement, dans le cas de la Grèce, l'austérité est contre-indiquée pour un tas de raisons liées aux spécificités de son économie. *Pour ma part, je considère grave le fait qu'en 1991, l'économie grecque était en butte exactement aux mêmes difficultés d'endettement et de pression de la part de l'UE qui voulait lui imposer une politique d'austérité en échange d'un prêt. J'avais conscience que cette politique d'austérité qui, alors comme aujourd'hui, nous obligeait à nous soumettre par le chantage, était destructrice pour notre économie, et c'est ainsi que j'ai réalisé, en collaboration avec ma fille Eleni Delivanis, Docteur en Economie, une recherche* ad hoc *pour démontrer qu'avec une politique différente, expansionniste et non restrictive, les résultats auraient été meilleurs* (Maria Negreponti-Delivanis et Eleni Delivanis, 1991). Depuis la rédaction de notre étude, qui a hélas un caractère d'avertissement, vingt-deux années ont passé. Or, les difficultés de notre pays, même si elles sont toujours les mêmes, se sont considérablement aggravées. *La conclusion de cette étude, à savoir, je le répète, qu'avec une politique non restrictive, nous serions aujourd'hui dans une bien meilleure situation, se suffit à elle-même et n'a pas besoin de preuves, je pense.*

L'Allemagne pourtant, du point de vue du service de ses intérêts nationaux, a parfaitement raison d'insister sur cette politique d'austérité éreintante même si elle est catastrophique pour le sud de l'Europe, puisque la crise lui apporte d'énormes profits. Selon les déclarations, à ce propos, de l'eurodéputé Allemand d'origine grecque Yorgos Hatzimarkakis sur la chaîne de télévision privée grecque Antenna, la crise a fait gagner à l'Allemagne 114 milliards d'euros, qui « devraient être rendus aux pays du sud ».

Il est bien sûr clair que se borner à l'austérité comme seule politique macroéconomique, malgré un PIB en augmentation constante et rapide par rapport aux salaires gelés sert, d'une façon particulièrement efficace, l'accumulation des richesses dans les mains d'oligarques de moins en moins nombreux.

4. Le « pogrom » du travail – Le marché du travail transformé en jungle

Le taux élevé du chômage est le résultat d'un choix volontaire, comme je le soutiens depuis des années (Negreponti-Delivanis, 1995), tandis que l'absence de politique pour le combattre est elle aussi soigneusement planifiée. J'ai ainsi soutenu pour ma part que le chômage sert de locomotive à la redistribution du revenu et de la richesse, du travail vers le capital, et maintenant plus particulièrement, vers le capital financier. La priorité, du moins dans les économies évoluées, n'étant plus d'assurer la production matérielle, la baisse brutale de la demande en biens et services par les salariés qui, dans ces économies-là représentent 85 à 90 % de la population active, n'est pas du tout considérée comme inquiétante, elle est même au contraire recherchée. Le PIB des économies suffisamment évoluées reste constamment au-dessous du plein emploi, en pourcentage égal à celui du chômage ainsi provoqué.

Dans un tel contexte, la distinction nette par la mondialisation entre d'un côté le capital et de l'autre le travail, est parfaitement justifiée. Autrement dit, une liberté totale de mouvement a été reconnue au capital sans pour autant être étendue au deuxième facteur essentiel de la production qui est le travail. Au contraire, le travail est soumis à un mélange politique complexe et toujours changeant, avec un répertoire alternatif de liberté de circulation, mais aussi de restrictions. C'est ce système qui a permis à la rémunération du travail de s'équilibrer à un niveau toujours plus bas, mais aussi à une main-d'œuvre suffisante, où et quand on en a besoin. Plus spécifiquement :

• Au sein des économies suffisamment évoluées, le taux de chômage volontairement élevé a été renforcé par la présence tolérée d'immigrés sans papiers qui font baisser le niveau des salaires et appauvrissent la masse des travailleurs. Autrement dit, le refus de l'UE d'intégrer à son système une législation sur l'immigration, causant ainsi les drames quotidiens des immigrés clandestins, ne laisse aucun doute sur ses préoccupations dans ce domaine. Ce qui l'intéresse notamment, c'est l'augmentation du travail au noir pour comprimer encore plus les salaires et matérialiser sur le marché du travail ce rêve si cher aux fondamentalistes néolibéraux, l'intervention zéro de l'Etat.

• Les économies en voie de développement disposent d'importantes réserves de main-d'œuvre dont une grande partie acquiert les connaissances techniques indispensables aux entreprises des économies suffisamment évoluées, lorsqu'elles décident de se délocaliser. C'est la délocalisation justement, ou la simple menace de délocalisation, qui génère une baisse importante des salaires dans les pays d'origine.

Par conséquent, ce nouveau stade du capitalisme est ouvertement hostile au travail, qu'il cherche à dévaloriser par quantité de mesures, le mettant ainsi à la merci des désirs et des besoins du capital, surtout du capital financier. Les travailleurs sont littéralement abandonnés à leur sort, tandis que la protection du travail en général, acquise au prix de longues luttes, a été tout simplement abolie. Avec un chômage réel, en Grèce, qui touche 30 % et plus de la population active, les travailleurs sont à la merci de leur employeur. *Le travail au noir, estimé à 36 % de l'ensemble de l'emploi, le non-respect des horaires, la prolifération des contrats à temps partiel qui se transforment arbitrairement en emploi à plein temps, l'absence de garantie de durée du travail, les diverses exigences de l'employeur, les licenciements tous azimuts, le manque de soins médicaux aux travailleurs et à leur famille en cas de besoin, et avant tout l'absence de salaire minimum, obscurcissent le paysage où le travail est, sans exagération aucune, attaqué d'une manière extrêmement violente.* Le nombre de familles dont aucun membre ne travaille est estimé à 550 000 et dans ces familles vivent environ 1,5 million de personnes, tandis que seulement 800 000 d'entre elles bénéficient des allocations de chômage. Bien entendu, ceux qui gouvernent le pays se montrent fort préoccupés par cette situation inadmissible et promettent, toujours d'une façon évasive, des mesures de lutte contre le chômage. Il en va de même pour la zone euro, où 19,2 millions de ses habitants sont au chômage, alors que 26,6 millions dans l'UE sont à la recherche d'un emploi. Ainsi, le seul plan sérieusement soutenu par la troïka maintenant, c'est un plan d'urgence qui prétend absorber 400 000 chômeurs avec un « salaire spécial » de 470 euros par mois. Il faut y voir une mesure de préparation et de réalisation de l'objectif final, qui est la généralisation des salaires ne dépassant pas les 400-450 euros par mois. La menace pesait sur les travailleurs comme une épée de Damoclès depuis le début des mémorandums, et même si les dirigeants d'alors s'en sont toujours défendus, elle était décidée d'avance (Negreponti-Delivanis, 2007). Cette offensive – c'est loin d'être la seule – contre le travail, testée sur le terrain en Grèce, laisse entendre que les intentions des dirigeants ne s'en tiendront pas là. Il s'agit en fait d'un plan plus général qui fait partie de la conception néolibérale d'un Etat affranchi de toute intervention sur le marché du travail et qui, sous une forme plus douce que celle réservée à la Grèce, progresse dans le reste de l'Europe et se propage sur toute la planète. Déjà, le modèle grec s'étend à pas lents et décidés dans d'autres pays européens, et même en France, pourtant encore considérée comme le bastion de l'Etat social. De simple cobaye, il est prévu de faire de la Grèce un « précédent » à imiter, un paradigme d'absolu appauvrissement des travailleurs pour convaincre les citoyens des autres pays européens qui espèrent en vain échapper à la catastrophe, de se plier aux mêmes mesures. Et puis, pour être juste, il faut bien reconnaître que l'Allemagne n'a pas été épargnée par le plan d'appauvrissement des travailleurs, puisqu'elle a elle-même mis en place les mini-jobs, rémunérés à 400 euros et les midi-jobs à 800-850 euros.

Les choix précédemment cités, parmi d'autres, ont généré un climat économique sans précédent et sans aucun rapport avec la théorie économique générale. L'aspect le plus flagrant de ce divorce s'exprime par le fait que le niveau des salaires a depuis longtemps cessé d'être déterminé par la productivité du travail. C'est ainsi que la part du travail, dans le PIB mondial mais aussi dans le PIB de toutes les économies nationales, s'est considérablement réduite au profit surtout du capital. Je répète, au profit surtout du capital financier. Selon des estimations du FMI, la part des salaires dans les pays membres du G7 a baissé de 5,8 % pendant la période 1983-2006, et plus précisément de 8,8 % dans les pays membres de l'UE, et respectivement de 9,3 et 13 % en Grèce. De toute évidence, cette baisse contribue également à maintenir de façon non négligeable le chômage, comme je l'ai déjà dit, à un taux volontairement élevé.

Dans le périmètre du marché du travail européen, on enregistre cependant des faits bien pires que ceux précédemment cités. Selon le rapport de la commission du Parlement Européen CRIM contre la criminalité organisée (septembre 2013), mentionné également par l'hebdomadaire allemand *Der Spiegel*, il ressort que 880 000 personnes, dans l'Union européenne, travaillent dans des conditions qui s'apparentent à l'esclavage. Un quart d'entre elles sont aussi victimes d'exploitation sexuelle. Selon ce même rapport, la traite des êtres humains à elle seule rapporterait chaque année 25 milliards d'euros aux groupes criminels.

Bien qu'il soit certain que dans le Nouvel Ordre International, le capital et le travail se trouvent au cœur de la lutte des classes, le système cherche à terrasser par divers moyens les tentatives de désorientation. Et c'est ainsi que sont visés les Arabes, les Musulmans, les « souchiens » (Pieiller, 2013).

Vu sous ce jour, il est difficile de ne pas soupçonner l'existence d'un plan opaque, non pas uniquement social, mais aussi économique, dessiné pour encourager l'emprunt et qui a conduit, de façon concertée et sous des formes différentes mais pareillement orientées, à la crise de la dette. La dette remplace le terrorisme de jadis – mais aussi contemporain – dans la mesure où elle est le prétexte à des conflits armés dans des pays en voie de développement et pétrolifères du Moyen-Orient, et déjà elle est utilisée comme *indulgence* par l'Europe du nord pour *détrousser le sud, avec les banques comme coordinateur.*

5. La montée de l'inégalité de la répartition des salaires – Généralisation de l'appauvrissement de la population

Je maintiens que l'inégalité sans précédent de la répartition des revenus apparue ces vingt dernières années résulte elle aussi d'un objectif concerté qui vise à atteindre l'objectif final, à savoir la gouvernance mondiale. Cet objectif intermédiaire donc, qui est l'exacerbation de l'inégalité, a été atteint grâce à la mise en œuvre de mesures successives qui se complètent mutuellement et qui touchent différentes catégories socio-économiques. Le but visé était la mainmise sur les richesses privées afin de les diriger essentiellement, par des voies complexes et détournées, vers les banques. On commence par *siphonner* les plus pauvres, et c'est en l'occurrence l'opération la plus facile à réaliser, spécialement dans les pays où les partis politiques de gauche sont soit faibles, soit dotés d'un chef qui s'accommode facilement de la promesse d'une place au gouvernement, cherche à placer ses hommes dans le public, à les libérer d'accusations pesant sur eux, à jouer un rôle important dans des négociations à l'étranger, etc. Les procédés sont nombreux mais ils partent tous d'une tentative de monter une partie de la population contre les autres, c'est-à-dire l'éternel *diviser pour mieux régner*. Les premières victimes sont montrées du doigt pour avoir « mangé l'argent » des secondes, pour avoir « volé des revenus qui ne leur étaient pas dus », pour avoir été nommées à des postes grâce à de « faux documents », sont accusées de « parjure » ou « d'absentéisme » et ainsi de suite. Et le second groupe de victimes se tourne à son tour, furieux, contre le premier, sans comprendre que lui aussi sera détruit, que ce n'est qu'une question de temps. L'entreprise d'appauvrissement a de multiples facettes et autant d'étapes : coupes répétées dans les salaires, fortes augmentations d'impôts, augmentation du prix des services d'intérêt public, montée du taux de chômage, suppression de la protection du marché du travail, réduction des services sociaux, suppression du salaire minimum. Il va de soi que toutes ces actions visent dès leur conception à un niveau de salaire précis. A faire dégringoler le revenu mensuel moyen à 400 ou 450 euros pour que le reste finisse dans les poches des organisateurs de cette campagne. Vient ensuite l'offensive contre la classe moyenne, ce qui met en danger immédiat la stabilité sociale. A ce stade, ce sont les augmentations d'impôts qui ont le beau rôle, puisqu'ils finissent par être supérieurs aux revenus, et les mises en liquidation commencent à se multiplier ; suivent les ventes immobilières à la moitié de leur valeur, la dégradation de l'enseignement scolaire et pas seulement, l'insuffisance de la prévention médicale et des soins, l'impossibilité de se divertir et de partir en vacances, la mise à l'écart des personnes âgées livrées à elles-mêmes, l'abandon des animaux, les suicides, la criminalité. En Grèce, déjà 3,4 millions de personnes vivent au-dessous du seuil de pauvreté, c'est-à-dire avec moins de 490 euros par mois, tandis que sept personnes sur dix ne peuvent subvenir à leurs frais de chauffage. Le taux – officiel – de chômage est de 27,1 % et touche – officiellement toujours – 1,5 million de personnes.

L'aventure boursière, par le biais des élites locale et étrangère, a détroussé les Grecs trompés par une euphorie artificielle qui faisait miroiter des gains faciles, naturellement soldée par des pertes. L'aventure des mémorandums, en revanche, c'est l'appropriation, par les élites locale et étrangère, de l'argent et des richesses des classes sociales moyenne et basse au prix d'une longue campagne d'intimidation. Avec le mémorandum, c'est la redistribution en Grèce du revenu national la plus agressive de son histoire moderne qui est en train de s'accomplir, en faveur des classes sociales dirigeantes.

C'est clair comme le jour, et ça l'était dès le début : les mémorandums n'ont pas vocation à sauver le pays. S'il y avait, ne serait-ce que le moindre doute sur les intentions de leurs instigateurs, il n'en reste plus depuis le jour où a été révélée *l'erreur du FMI, lequel a officiellement reconnu avoir provoqué une récession jusqu'à 200 % supérieure à celle programmée, et se contente de ce conseil sans la moindre explication : « Continuez les réformes », alors que dans ce même temps, les dignitaires européens et le gouvernement grec déclaraient n'être... « au courant d'aucune erreur », ou encore qu'il s'agissait d'un « malentendu » !*

Voici maintenant quelques aspects significatifs des inégalités de répartition, d'une portée difficilement concevable :

D'abord, dans un contexte idéal de répartition égale du PIB mondial – chose évidemment impensable – chaque citoyen du monde aurait été assuré, pour l'année 2011, d'un revenu de 10 000 dollars. Or, la réalité est tout autre, puisque sur les 7 milliards de personnes que compte la population mondiale, 1,2 milliard vivent dans une pauvreté extrême, ne disposant que de 1,25 dollar par jour, alors que 1 % des plus riches contrôle 45 % à peu près des richesses mondiales… et que 50 % des plus pauvres doivent se partager 1 % des richesses mondiales.

Un autre aspect de ces inégalités criantes, comparable à celui qui vient d'être évoqué, ce sont ces 400 Américains les plus riches dont la fortune est plus importante que celle de tous les pauvres réunis, c'est-à-dire 150 millions de personnes. 15 % d'entre eux, les plus démunis de la population, c'est-à-dire 46 millions de personnes, vivent avec un revenu de moins de 22 050 dollars par an et par foyer.

Le taux du contrôle de l'élite mondiale devrait encore augmenter après la fin de la crise. En 2012, les richesses mondiales étaient de 135 trillions de dollars. De ce total, 1 % des plus riches de la population mondiale contrôle 52,8 trillions de dollars. Selon cette étude, les richesses mondiales augmenteront de 4,8 % par an au cours des cinq prochaines années (Boston Consulting Group). Et aussi, les 100 plus riches du monde se sont enrichis de 212 milliards de dollars en 2012. Cette augmentation incontrôlable de la fortune des oligarques de la planète, dont la contrepartie est de toute évidence l'appauvrissement et la misère de grands groupes socio-économiques, provient – comme on pouvait s'y attendre – de la montée du cours des actions des télécommunications. La fortune des 100 magnats les plus riches est estimée à 1,9 trillion de dollars. Et poursuivons maintenant avec les incroyables inégalités : on compte 29 millions de personnes, c'est-à-dire 0,6 % de la population mondiale, à la tête d'une fortune de plus d'un million de dollars sur toute la planète. Ainsi, la fortune totale de ces oligarques représente 87,5 trillions de dollars. Tournons-nous maintenant vers ceux que l'on peut définir comme aisés, c'est-à-dire disposant d'une fortune de 100 000 à un million de dollars. On estime qu'ils représentent 7,5 % de la population adulte de la planète et qu'ils contrôlent 43,1 % de la fortune totale. Et si nous ajoutons les millionnaires aux personnes aisées, nous en déduisons que 8,1 % de la population mondiale domine 82,4 % de l'ensemble de la fortune mondiale, lorsque 92 % de la population mondiale doit se contenter pour vivre de 18 % de la fortune mondiale. Et continuons avec les pauvres, qui disposent de 10 000 dollars par an, et représentent plus de trois milliards de personnes, c'est-à-dire 69,3 % de la population adulte ; nous en déduisons avec horreur que ceux-ci doivent vivre avec seulement 3,3 % de la fortune mondiale (Bloomberg et Crédit Suisse).

Enfin, s'agissant des Etats-Unis, Paul Krugman fait remarquer que depuis 2009, 60 % de l'augmentation va à 0,1 % des plus riches qui disposent d'un revenu annuel de plus de 1,9 milliard de dollars. D'où proviennent ces incommensurables inégalités ? Pourquoi ? Un facteur essentiel est l'éducation. A noter aussi à titre indicatif, que la Harvard Business School produit deux mondes : celui qui provient de familles fortunées et celui qui provient d'étudiants plus communs (Adford, 2013).

Cette conclusion serait toutefois incomplète sans l'observation suivante : les revenus les plus élevés proviennent du secteur financier lequel, lorsqu'il menaçait de s'écrouler, a été racheté par les contribuables.

Je voudrais cependant revenir sur ce pays « riche » que sont les Etats-Unis aux deux visages, car il est difficile de croire que 48 millions parmi les 317 que compte sa population totale ont faim et doivent leur survie à la soupe populaire.

Un élément nouveau est l'attitude ostentatoire des Crésus d'aujourd'hui qui considèrent que le « commun des mortels » doit se soumettre à cette inégalité d'une ampleur et aux conséquences sans précédent, mais qu'il doit aussi montrer à leur égard respect et admiration. Les déclarations de certains chefs de gigantesques établissements financiers sont excessivement choquantes. Je pense à l'une d'entre elles en particulier, faite récemment par Robert Benmosche, le PDG de la compagnie colossale d'assurance AIG, pour qui « l'âge de la retraite devrait être repoussé à soixante-dix ou quatre-vingts ans » (Krugman, 2013a). J'ajoute que onze multinationales auraient demandé au ministre Grec du Développement des salaires de 250-300 euros pour les jeunes contre des investissements (Nikos Vassos) !

Enfin, cette inégalité galopante permet pourtant de répondre aux questions inquiètes qui suivent et aux questionnements justifiés des habitants de notre planète :

• Comment explique-t-on que les populations s'appauvrissent alors que le PIB mondial est en constante augmentation ?

• Pourquoi impose-t-on des restrictions à l'Etat-providence, aujourd'hui plus qu'avant, puisque nous, les habitants de la Terre, sommes de plus en plus riches ?

• Comment est-il possible que les augmentations de la richesse mondiale régulièrement annoncées s'accompagnent de réductions considérables des salaires et pensions, sur toute la planète ?

Cette situation explosive, du point de vue social mais aussi économique (Negreponti-Delivanis, 2010a) est, hélas, le résultat de l'ineptie et de l'indifférence des dirigeants au niveau mondial, incapables de prendre, quand il le faut, des mesures pour l'éviter, mais j'ajouterais qu'elle est aussi le résultat de cette politique délibérément menée pour conduire les choses à ce point extrême. Vraiment, je ne vois pas d'autre explication à cette tolérance coupable des gouvernements actuels – et pas seulement les gouvernements grecs – à l'égard de la fraude fiscale qui, s'il y avait une réelle volonté, aurait été éradiquée depuis longtemps. A titre d'exemple, je rappelle qu'aux Etats-Unis, les rémunérations astronomiques des *golden boys* sont imposées, dans le pire des cas, à 15 % seulement. Même chose pour l'indifférence des gouvernements actuels – et surtout les gouvernements européens – à l'égard du chômage chronique qui vient en tête dans l'aggravation de la répartition des revenus. Le constat exprimé par le nobélisé Joseph Stiglitz est particulièrement révélateur de la montée des inégalités observable ces trente dernières années dans le monde entier : « Certains haussent les épaules à la vue des inégalités de revenus. Qu'est-ce que le profit et la perte d'une personne ? Ce qui compte, disent-ils, ce n'est pas comment le gâteau est réparti, mais la taille du gâteau. Cet argument ne tient pas. Une économie où une grande partie des citoyens vivent dans une situation qui se détériore d'année en année – une économie telle que l'Amérique – ne peut évoluer de façon satisfaisante à long terme ».

Cette longue campagne d'appauvrissement de la population mondiale coïncide avec la marche vers une gouvernance mondiale et en constitue l'un des paramètres les plus importants ; il est donc fort probable qu'elles font l'une et l'autre partie d'un processus concerté.

On pourrait cependant contredire cette opinion. Il est en effet possible que les gouvernements nationaux, mêmes les plus puissants, ne puissent pas tenir tête aux banques, à la bancocratie, à l'empire financier. J'en profite ici pour rappeler qu'il est intéressant de comprendre le genre de relations qu'entretient l'Allemagne, en tant que leader de l'UE et de la zone euro, avec le système financier. L'hypothèse selon laquelle la bancocratie est contre l'euro, se réjouit de la crise qu'il traverse, contribue par tous les moyens à la destruction de l'Etat social européen, et encourage les différentes phases d'appauvrissement des travailleurs dans le monde entier, semble peu éloignée de la réalité. Ces observations n'éclairent cependant pas le rôle particulier que joue l'Allemagne dans le présent et l'avenir de la bancocratie en route pour la gouvernance mondiale. Autrement dit, on peut se demander *dans quelle mesure l'Allemagne marche avec l'Europe et la monnaie unique ou si au contraire elle aspire à s'assurer une place de choix dans le futur gouvernement mondial. Une partie de la réponse se trouve dans le fait que le FMI se soit invité à jouer pour la première fois un rôle actif dans les affaires européennes, à l'occasion de la faillite de la Grèce. Rôle que, selon certaines sources, ne voulait pas tant le FMI, mais qu'il a accepté sous la pression de l'UE, autrement dit de l'Allemagne.*

On ne peut plus exclure cette version qui veut que l'Allemagne entend succéder aux Etats-Unis à la tête du monde, et prendre elle-même les commandes de la gouvernance mondiale de la bancocratie. Les épreuves endurées par la Grèce, en cette phase intermédiaire, sont des détails qui affermissent la position de l'Allemagne. Et il est fort possible que déjà l'Allemagne n'ait plus envie de voir le FMI se mêler des affaires de l'Europe du sud. L'affaiblissement des Etats-Unis, exposés à leur dette, renforce l'Allemagne qui ne cache pas qu'elle compte poursuivre le pompage de l'Europe du sud au moyen de la pérennisation de son excédent commercial.

6. *La création d'une monnaie mondiale*

Il y a plus ou moins deux ans, une monnaie virtuelle a vu le jour, le bitcoin. Elle ne nécessite pas de monnaie matérielle, et n'existe que sur l'Internet (Wikipedia). Utilisé pour le moment pour un nombre restreint de transactions, le bitcoin est de plus en plus pris en compte, et sa valeur ne cesse d'augmenter : initialement, il valait moins d'un dollar et il varie maintenant de 200 à 260 dollars. Même le nombre des transactions en bitcoins atteint quotidiennement un niveau impressionnant : 35 000 en septembre 2012, 55 000 en septembre 2013, alors que sa valeur est estimée à 3,1 milliards d'euros (Popper, 2013). La nature des transactions est absolument incontrôlable – au bénéfice de toutes sortes d'illégalités – mais cette nouvelle devise, une fois qu'elle aura surmonté les difficultés de sa forme logarithmique complexe, a de fortes chances de faire disparaître les monnaies traditionnelles, lesquelles sont émises par les banques qui agissent selon leurs propres intérêts et de façon en tout cas abusive. Les monnaies traditionnelles ont créé de cette sorte un petit groupe d'oligarques qui utilisent la dette pour asservir les populations. L'argent traditionnel est littéralement arraché aux plus pauvres et va s'accumuler dans les mains des Crésus oligarques. Nombreux sont ceux qui ont soutenu, après la rapine dont ont été victimes les déposants chypriotes, qu'ils auraient pu facilement sauver leur argent s'ils l'avaient changé à temps en bitcoins.

Une telle monnaie serait en principe parfaite pour servir l'idée d'une gouvernance mondiale, mais non pas ses objectifs opaques, voire infernaux, puisqu'elle supprimerait la puissance colossale que confère aux banques la possibilité incontrôlable d'émettre leur propre monnaie.

Par conséquent, le bitcoin est désormais envisageable comme partie, peut-être, de la gouvernance mondiale, mais néanmoins d'une portée toute relative, jusqu'à ce que les banques parviennent à garantir des mises au point – dans la mesure bien évidemment où cela est faisable pour une telle monnaie – qui permettent de maîtriser aussi le bitcoin.

7. *L'encouragement de méthodes en vue d'affaiblir l'identité nationale*

La mise en place de la gouvernance mondiale n'est envisageable, selon ses instigateurs, que si les différences existant entre les Etats encore souverains sont éradiquées, et si les individus, les religions, les langues, l'histoire et les cultures sont nivelés. Cette forme de mondialisation, d'œcuménisme, est une condition indispensable à l'instauration d'un gouvernement mondial, de sorte à contrôler les populations en même temps que leurs réactions. C'est en tuant la nation que pourront être garantis les résultats visant l'oubli, en l'espace de deux ou trois générations tout au plus. Or, la Grèce, de par son histoire, constitue un obstacle de taille aux projets des tenants de la gouvernance mondiale, c'est pourquoi elle doit être anéantie et nivelée. *C'est peut-être la raison pour laquelle l'offensive a d'abord été lancée en Grèce.*

Et plus concrètement, pour l'instauration de la gouvernance mondiale, il faudra d'abord que soit changé le *statu quo* des économies nationales. C'est-à-dire qu'elles devront obligatoirement abandonner leur souveraineté nationale mais aussi leur identité nationale, ce qui est parfaitement compatible avec la qualité de résident étranger mais aussi d'esclave.

Un premier pas, particulièrement décisif, vers l'abolition de la souveraineté nationale, a été fait avec la création de l'euro qui a fait disparaître les monnaies nationales. Les Etats membres de la zone euro ne disposent plus d'une monnaie propre grâce à laquelle ils pourraient accélérer leur rythme de croissance, et l'euro les oblige à demander un prêt à la BCE, laquelle décide chaque fois à quel moment et combien elle leur concèdera. On estime que plus de 90 % de l'argent mondial est concentré dans des banques contrôlées directement par l'Etat. Il est par conséquent important de bien comprendre qu'une nouvelle forme d'Etat est en train d'émerger, déjà tout-puissant, preuve que l'horreur des fondamentalistes néolibéraux pour tout ce qui est public est tournée, non pas vers l'Etat mondial en gestation, mais vers l'Etat national.

L'abolition de la souveraineté nationale a déjà été accomplie en Grèce, grâce à l'action d'un groupement peu nombreux encore qui parvient, pas à pas, à séduire et à gâter avec ses doctrines déviationnistes et dangereuses de nouveaux adeptes. Ceux qui appartiennent à ces groupements n'ont aucun scrupule à procéder à la falsification de l'histoire, et leur objectif final est d'effacer de la mémoire des Grecs les événements et les époques tragiques de leur histoire, mais aussi les épopées qui font la fierté de notre nation, qui font que notre histoire est singulière, nous redonnent courage dans les moments difficiles et nous donnent la force de survivre et de continuer, en tant que nation indépendante. De nombreuses générations de Grecs ont été élevées de sorte à s'émouvoir de la marche nationale, des symboles nationaux, des hauts faits de guerres, des luttes pour l'indépendance de l'ethnos, des réussites scientifiques, artistiques, humaines racontés par nos compatriotes.

Tout cela devra pourtant s'éteindre, disparaître dans le temps pour ne pas faire obstacle au nouveau système mondial. Il est bien évidemment connu que pour assimiler les populations en situation d'occupation étrangère, l'arme la plus efficace est d'interdire l'accès à leur histoire. Exemple relativement récent, les méthodes similaires appliquées par l'Albanie contre les Grecs vivant sur son territoire. L'enseignement de la langue grecque dans les écoles a été autorisé, mais l'histoire grecque avait, elle, disparu des programmes. Et afin d'éviter tout rapprochement entre les noms et l'histoire, les Grecs avaient droit comme nom de baptême, à des noms surtout de fleurs.

L'Allemagne, tout comme les autres Etats forts de la planète, ne sera pas concernée par cette tactique qui consiste à couper un peuple de son existence nationale, ce qui paraît logique car selon le projet de la gouvernance mondiale, elle fait partie de ces pays qui seront du côté de ceux qui oppriment les plus fragiles et les appauvrissent, s'assurant ainsi la continuité d'un chauvinisme tous azimuts.

Il est donc inadmissible, mais aussi excessivement dangereux pour notre survie en tant que peuple, de sous-estimer les négateurs et ceux qui sapent notre histoire, et qui plus est, de leur réserver des postes de choix dans la politique et les sciences de notre patrie.

8. L'altération programmée de la réalité

Un rôle très important pour la promotion et l'assimilation de ces mystérieux projets a été tacitement conféré aux médias, lesquels ont entrepris une campagne soigneusement planifiée d'altération de la réalité. Les informations litigieuses sont en effet altérées ou dissimulées. Et dans le même temps, des procédés pour diviser la population et créer un climat d'hostilité entre les différents groupes socio-professionnels sont mis en place. Ce n'est bien évidemment pas un phénomène nouveau ni une particularité locale. Il est d'usage, dans des situations difficiles ou politiquement anormales, que les médias soient mobilisés pour façonner une certaine réalité et la mettre au service des objectifs du pouvoir. Or, en Grèce, cette tendance est littéralement à son paroxysme et c'est avec un sérieux, une constance et une persistance inébranlables que les informations – à quelques exceptions près – diffusent une réalité complètement falsifiée, faisant par exemple passer le désastre du pays pour une « success story », les licenciements massifs barbares et arbitraires pour des « réformes », la strangulation de l'Etat-providence pour un « progrès » ou un « changement nécessaire », la récession si profonde et si longue et le chômage d'une ampleur incontrôlable pour de la « croissance », l'excédent primaire anémique, résultat d'une alchimie de comptabilité créative pour un « renflouement » – je rappelle que le gouvernement s'est dans un premier temps enorgueilli d'un excédent de 2,9 % du PIB qui s'est vite dégonflé pour finir à 0,4 % –, la non-viabilité de la dette, signe que « le pays va s'en sortir » et ainsi de suite. Dans le même sens va l'optimisme infondé qui lance des promesses avec une facilité admirable mais totalement irréalisables, laissant croire que *la Grèce va retourner sur les marchés en 2014*, que *le troisième mémorandum ne contiendra pas de nouvelles mesures*, que *2014 sera l'année de la croissance* – affirmation *vite démolie par des rapports étrangers* (Standard and Poor's, 2013 ; l'agence de notation prévoit pour 2014 que le PIB perdra encore une unité) –, que *la dette deviendra viable.* Autre type de désinformation bien calculée : *les mesures – pénibles – sont présentées comme des non-mesures.* C'est ainsi que dans le débat autour d'un troisième mémorandum, le gouvernement déclare qu'en 2014, il ne baissera pas les salaires et les retraites et... qu'il se tournera vers des « mesures structurelles » comme il se plaît à dire, c'est-à-dire qu'il procèdera à une réduction de 3,2 milliards d'euros des dépenses ainsi qu'à une réduction des investissements publics. Parallèlement, les propriétaires immobiliers, alors que leurs revenus ont déjà subi un véritable désastre, devront débourser jusqu'à 4,2 milliards d'euros d'impôts. Pour la énième fois, le gouvernement compte augmenter ainsi les recettes publiques, incapable de comprendre ce qui se passe depuis maintenant deux ans, c'est-à-dire que les augmentations d'impôts démentielles et mal conçues, loin de l'augmenter, font baisser la somme totale des recettes publiques. Et ceci parce que la destruction de la base productive de l'économie est accélérée par une surimposition insupportable. Or, le gouvernement semble ignorer que dans les sociétés civilisées, à côté du salaire direct et des retraites, il y a en complément du premier, le salaire indirect, ou social, qui consiste en services de santé, d'éducation et services d'utilité publique. Tous ces services, qui ont déjà été réduits et ont sensiblement perdu en qualité pendant ces quatre années de mémorandums, sont amenés à disparaître complètement. Dans ce sens, je cite la fermeture abusive de la radio-télévision publique grecque (ERT), plongée brutalement dans un noir définitif, et dont l'information a fait le tour du monde, provoquant un certain malaise. Cet acte s'explique par la pression tenace exercée par les autorités pour que les informations soient données selon leurs intérêts, c'est-à-dire transformées en profondeur. C'est ainsi que deux catégories de journalistes sont apparues : les porte-voix, qui se ridiculisent souvent à vouloir désespérément faire passer le noir pour du blanc, et ceux qui s'efforcent de préserver leur intégrité et l'indépendance de leur jugement. Ceux qui appartiennent à cette deuxième catégorie sont peu nombreux et travaillent dans des conditions de plus en plus difficiles. En tout cas, ce qui est étrange, c'est que malgré le fait que de nombreux signes témoignent de collusions entre les créanciers de la Grèce et les dirigeants Grecs, ces derniers sont pourtant très souvent laissés seuls dans les moments délicats, sans aucune protection et exposés aux commentaires sarcastiques et ironiques des partenaires de la zone euro. Cela s'est récemment produit, venant de la bouche de Jörg Asmussen, qui a rejeté fermement la dernière – pour le moment – idée lumineuse de notre ministre des Finances, Yannis Stournaras, lequel voulait combler le trou des finances publiques des trois prochaines années en allongeant le temps de maturité des obligations détenues par les banques. Le manque de coordination entre les créanciers de la Grèce et ses dirigeants ne change pas l'orientation des seconds qui se positionnent invariablement du côté des créanciers et contre leurs compatriotes. Ils cherchent le moyen, même s'il n'y en a pas, de mettre en place des mesures paranoïaques, destinées non pas à aider mais à ravager l'économie et la société grecques.

A propos, toujours, de l'information falsifiée et de la réalité, il me semble important de mentionner que l'UE, elle aussi, est accusée de propagande, soucieuse d'améliorer son image maintenant que l'Eurobaromètre révèle que les deux tiers des Européens – contre 52 % en 2004 – pensent que « leur voix n'est pas entendue ». En effet, un institut de recherches, *Notre Europe*, financé par Bruxelles à hauteur de 500 000 euros, a créé une petite station de radio à Nantes, elle-même financée en partie par Bruxelles à hauteur de 80 000 euros. Or on reproche à *Euradio* d'embellir la réalité en dissimulant le manque de démocratie en Europe, le taux élevé du chômage et les effets de l'austérité (Higgins, 2013).

Grâce aux préparatifs, sereinement présentés à titre indicatif dans les alinéas 1 *à* 6, *l'objectif final grandiose, à savoir la gouvernance mondiale, est facilité et promu sur le long terme. La gouvernance mondiale nivèlera finalement les particularités de la quasi-totalité des économies nationales, aussi bien religieuses, historiques, rituelles que traditionnelles, et le monde deviendra avec le temps, plat, neutre et ennuyeux. Il perdra ses couleurs, ses chants, ses hymnes et ses drapeaux, son sentiment national et sa fierté, sans compétitivité et certainement sans guerres aussi. L'idée d'une telle gouvernance paraît au moins aussi – si ce n'est plus – alléchante que l'Europe d'avant. Aussi, des associations d'idées se forment-t-elles automatiquement : solidarité, cohésion, paix, progrès constant, et tant d'autres. Or, sauf le cas très à part des Etats-Unis, où sur le plan économique, les Etats fonctionnent sur une base unie, au sens où lorsqu'ils sont en déficit, ils reçoivent des liquidités transférées par ceux en excédent, il n'existe hélas aucun exemple d'union économique d'Etats à avoir résisté à l'épreuve du temps. Ne serait-ce qu'une union simple, comme le fut l'Union soviétique. Tôt ou tard, des frictions apparaissent, des reproches pour mauvaise gestion, des phénomènes d'exploitation voilée mais aussi la résurgence, presque toujours, du sentiment national.*

9. La mise sur écoute de millions de personnes, aux Etats-Unis et ailleurs

Sous le couvert de menace terroriste, se cache une entreprise colossale d'écoutes téléphoniques, dans la continuité de la domination économique planétaire des Etats-Unis. Il s'agit, en fait, d'espionnage économique dans le but de faire obstacle à la montée des pays émergents dont le chef de fil est la Chine. De ce point de vue, les révélations d'Edward Snowden mettent en lumière des activités sans aucun rapport – du moins direct – avec la supposée lutte contre le terrorisme. J'ajoute le récent scandale des écoutes téléphoniques de millions d'Européens par les Etats-Unis et la Grande-Bretagne, jusqu'au téléphone portable d'Angela Merkel ! Des situations tragicomiques qui témoignent de l'insécurité générale et qui semblent annoncer une désagréable évolution des choses.

II. Les objectifs

La construction de la gouvernance mondiale, sommairement décrite dans le premier paragraphe, aspire à mettre en place un nouveau modèle de fonctionnement. Comme ce modèle n'a pas encore acquis sa forme définitive, il n'est possible de le décrire qu'en nous projetant dans l'avenir, et en nous basant sur des organes déjà en place. Certes, cet exercice n'exclut pas le risque de conclusions discutables. Et bien évidemment, dans un monde dynamique, en constante mutation, ce système planifié mondial peut très bien être renversé, en partie ou totalement, par l'euro. Je voudrais évoquer, à ce propos, la surprise provoquée par un tout nouveau et tout petit parti politique en Allemagne qui, à la veille des élections du 22 septembre 2013, est soudain apparu dans les derniers sondages, de façon tout à fait inattendue, enregistrant des résultats relativement élevés. Ce qui est intéressant, avec ce parti-là, c'est son nom : Alternative pour l'Allemagne. Il est hostile à l'euro et soutient que les choses allaient beaucoup mieux avec le mark. Il est vrai que l'on observe une forte montée de l'euroscepticisme en Europe qui inquiète beaucoup ses dirigeants, d'autant plus que les élections européennes approchent. Selon les résultats du sondage effectué pour l'Eurobaromètre, 72 % des Espagnols et 62 % des

Italiens n'ont plus confiance dans l'Union européenne ! Le bouleversement est total. Quant aux Allemands, ils sont 61 % à ne pas avoir confiance dans l'UE, et les Français 56 % ! Sans parler des Britanniques qui se montrent aujourd'hui sceptiques à 75 % et sont nombreux à ne pas vouloir entrer dans la zone euro (Ewing and Eddy, 2013). Même l'émergence nauséeuse des Néonazis, en Grèce et ailleurs, renforce le courant eurosceptique. *Tout ce que l'humanité espère et souhaite, c'est l'annulation de cette création monstrueuse, et ceci ne peut se faire que par une révolution européenne. Mais pour l'heure, aucun grondement ne se fait entendre, rien ne se voit à l'horizon, et c'est justement pour cela que je vais ici me baser sur l'éventualité d'une révolte.*

Les économies de la zone euro, depuis qu'elles ont bradé leur monnaie nationale pour l'euro, ont perdu une part considérable de leur souveraineté nationale, et pire, elles ont livré leur économie à la merci des dignitaires de l'Union européenne, autrement dit de l'Allemagne. Dès lors, les faits confirment la thèse que l'UE-zone euro, à pas mesurés et opportuns, se dirige vers la concrétisation d'une gouvernance mondiale inspirée du modèle de la gouvernance européenne. Un récent rapport de l'Union européenne est d'ailleurs intéressant à ce sujet, puisqu'il « cafarde » Berlin, prouvant l'existence d'une opposition et de réactions intestines. Ce rapport, publié sur le site internet de l'Union européenne et resté mystérieusement introuvable pendant vingt-quatre heures (*Olympiada*, 25.10.2013), reproche à Berlin son insensibilité face au drame vécu par la Grèce, parce qu'il refuse de consacrer une part de son excédent, ces dernières années, pour lui donner un coup de main. C'est même l'Allemagne qui serait responsable de l'aggravation de la crise dans l'Europe du sud, avec sa politique de strangulation financière.

Une question importante, qui selon moi n'a pas donné lieu à une réponse globalement acceptée, porte sur les relations de l'UE et des Etats-Unis avec le processus d'instauration de la gouvernance mondiale. La Grèce, vulnérable, semble avoir été choisie pour cela, afin de faciliter la suite. D'un certain point de vue, la zone euro est un premier pas vers la gouvernance mondiale et prépare le terrain aux autres économies de la planète. Un problème grave qui surgit de cette marche à l'unisson, est de savoir lequel aura la haute main sur les autres dès lors que l'objectif sera atteint : les Etats-Unis ou l'Allemagne ? Le fait que le FMI, venu en renfort à la demande de l'UE pour donner une accolade mortelle à ses victimes, en Grèce et en Europe en général, conteste déjà explicitement l'attitude de l'Europe envers la Grèce, est très révélateur. Il est évidemment clair que le FMI cherche une porte de sortie, bien conscient d'être derrière la destruction de la Grèce, parce que le plan qu'il lui a imposée et s'est avéré criblé d'erreurs tragiques mais aussi parce que la suzeraineté de l'Allemagne commence à déranger. Les Etats-Unis, eux, se contentent de stigmatiser l'austérité ravageuse imposée à l'Europe comme seule politique macroéconomique, mais sont loin d'imposer des solutions, manifestement freinés par l'existence opaque de zones d'influences sur toute la surface du globe. Notons qu'Angela Merkel, même si elle ne cesse de soutenir que « l'Europe et la zone euro sont au centre de ses préoccupations », ne peut ignorer que la politique d'austérité la conduit au suicide. On ne peut donc pas exclure le fait que l'obsession à tous crins d'Angela Merkel pour cette austérité éternelle finisse par lui être fatale.

Le mépris marqué de la troïka, la dégradation continuelle de la Grèce – mais pas seulement puisque le sud de l'Europe est lui aussi sévèrement affecté –, le plan de restructuration qui vise surtout à la punir et la mène à sa perte, l'atteinte à son indépendance économique, l'intérêt insatiable pour la mise en vente du patrimoine public mais aussi privé, l'ironie indicible du couronnement des mesures qui sont en train de la tuer ne laissent aucun, je dis bien aucun doute, quant à ses intentions finales. De toute évidence, la troïka exécute les ordres de ses supérieurs. La Grèce, après l'avalanche répétée des mémorandums, devrait devenir – si ce n'est pas déjà fait – la première colonie européenne en Europe, et fort probablement aussi du monde, mais là, elle ne sera bien sûr pas seule.

Pour les économies ravagées du sud de l'Europe, on prévoit que l'opposition politique droite-gauche va se distendre et qu'elle sera remplacée par un affrontement entre tenants de la mondialisation et nationalistes. Néanmoins, cet affrontement sera probablement de courte durée et pas assez violent pour renverser le nouvel ordre des choses. Les populations vivront dans la pauvreté, l'éducation sera entièrement vouée aux besoins de l'économie allemande, laquelle devrait dans un proche avenir être confrontée à un manque important de main-d'œuvre. Les nouvelles colonies seront notamment utilisées pour fournir une main-d'œuvre en abondance et bon marché mais formée de façon à satisfaire ses besoins. C'est ainsi que le monde vivra de nouveau dans le paysage des classiques, avec des salaires qui suffiront à peine à couvrir les besoins élémentaires des travailleurs et de leur famille, juste de quoi assurer assez de main-d'œuvre dans l'avenir.

Il va de soi que dans ce nouveau monde, la totalité des richesses des asservis passera aux mains des oligarques, des banques pour l'essentiel. Le processus s'est déjà amorcé en Grèce. Le revenu cessera naturellement d'être national, ce qui signifie que sa répartition se fera en fonction du PIB mondial, et d'une façon qui n'aura aucun lien avec les principes économiques selon lesquels la rémunération du travail est déterminée par sa productivité. Autant qu'on puisse se fier aux prévisions, à commencer par la réalité actuelle, ce PIB mondial échoira intégralement aux oligarques, lesquels en concèderont aux asservis une fraction infime. L'Etat-providence, qui a longtemps fait l'objet de la fierté européenne, ne sera plus, dans le nouvel ordre des choses, qu'un lointain souvenir. Comme la vie des asservis n'aura aucune valeur – déjà en Grèce, elle passe après le profit – et comme des politiques limitant la démographie seront mises en place, les populations seront frappées et décimées par des épidémies, comme au Moyen Age, et mourront sans soins médicaux, d'un simple rhume, comme ce fut le cas en Grèce sous l'occupation allemande. Les pauvres travailleront jusqu'à 75 ou 80 ans, et finiront leurs jours sans aide, sans retraite ni soins médicaux. Si l'on se penche de nouveau sur l'alinéa 5, *La montée de l'inégalité de la répartition des salaires – Généralisation de l'appauvrissement de la population*, qui traite de la façon scandaleuse dont est actuellement réalisée la répartition du PIB mondial, on voit qu'une part importante du plan a déjà été mise en œuvre.

Dans le contexte de la gouvernance mondiale, la démocratie fait partie du passé. Elle a d'ailleurs considérablement reculé en Grèce. A sa place, un régime fasciste, lequel imposera sans discussion ses positions, après avoir rendu obsolète la Charte des droits de l'homme et rattaché la justice au service des intérêts des oligarques. Les libertés seront abolies. *A la place de nos gouvernements élus, sera légalisé l'être impersonnel du pouvoir financier qui choisira lui-même le genre de croissance propice à l'augmentation tranquille et incontrôlée de la fortune des oligarques. Il est entendu que la répartition du revenu évoluera vers des inégalités encore plus flagrantes, comparées à celles enregistrées dans l'alinéa 5 de notre analyse.*

Ce nouveau système marque la fin du capitalisme démocratique en vigueur dans presque tous les pays de la planète, après la chute du socialisme réel. Et entretemps, c'est la structure du nouveau système international qui est promue, bâtie selon les principes d'une oligarchie totalitaire, avec un peu de bolchévisme, d'étatisme et de dictature. Ce nouveau système est introduit, de façon encore expérimentale, en Grèce et à Chypre. L'Etat impose des mesures d'appauvrissement et de destruction économique de la population entière. Prétextant la dette publique, les salaires et les pensions sont réduits, à un point tel qu'ils suffisent à peine à assurer la survie des personnes. Parallèlement, la propriété privée immobilière est attaquée, éliminée au moyen de la fiscalité dont le poids est devenu insupportable, et c'est ainsi qu'elle passe aux banques et que les dépôts bancaires privés sont hypothéqués. *Alléguant toujours la dette qui gonfle habilement avec le temps, le besoin continuel de jonction de nouveaux prêts, mais aussi en asséchant méthodiquement les sources des recettes de l'Etat, la totalité des richesses, publiques et privées, terrestres, aériennes, sous-marines et souterraines passeront aux banques.*

Notons ici que le nouveau régime international marquera la fin de l'Etat dans sa forme ancienne et surtout de l'Etat-providence, qui sera remplacé par un autre, tout-puissant, basé dans les établissements financiers et dont la mission sera de concentrer le pouvoir et les richesses mondiales dans les mains de Crésus de moins en moins nombreux. Ces descriptions sont devenues réalité en Grèce, et à l'exception des rares tenants du régime qui en tirent d'importants profits, la quasi-totalité de la population a glissé dans l'angoisse de l'avenir, dans le désespoir face à la dégradation de ses conditions de vie, et se laisse emporter par la colère lorsqu'elle entend parler de « success stories ». Le dernier rapport de l'OCDE sur la prospérité fait notamment état de la baisse du pourcentage des Grecs qui se déclarent « satisfaits de leur vie » : 34 % en 2011 alors qu'il était de 59 % en 2007. C'est le taux le plus bas de tous les Etats membres de l'OCDE.

La criminalité, du moins dans ses formes actuelles, sera quasiment matée par des peines beaucoup plus lourdes et peut-être aussi par le rétablissement de la peine de mort, abolie dans tous les pays développés occidentaux, à l'exception de certains Etats des Etats-Unis.

Reste à savoir si cet enfer, qui devrait arriver dans le sillage de la gouvernance mondiale, est promis à un long avenir ou s'il sera renversé par une révolution des opprimés.

En économie, les prévisions à long terme sont sujettes à caution, et celui qui s'y risque est très souvent démenti par la réalité, qui s'avère toujours très différente. Je vais néanmoins me laisser aller à quelques réflexions, au risque de me tromper.

La peur du communisme, dans le monde occidental, aujourd'hui encore où il n'y a plus d'alternative au système capitaliste, est encore très forte. C'est pourquoi l'on peut facilement supposer que les chefs du gouvernement mondial prendront des mesures draconiennes pour écarter tout risque de révolte des esclaves. Ces mesures parviendront à préserver le système pendant longtemps, peut-être une centaine d'années, à condition qu'il n'y ait pas d'interventions extérieures. Lesquelles pourraient être :

• Premièrement, des catastrophes climatiques qui bouleverseraient l'équilibre géographique et changeraient les rapports de force sur la planète. Dans ce cas, il est probable que les oligarques ne pourraient plus contrôler le reste de la population qui serait décimée, désorganisée et disséminée sur la planète, d'une façon incontrôlable et anarchique.

• Deuxièmement, il n'est pas exclu que les pays émergents, Chine en tête, imposent leurs règles et autres principes, complètement opposés à ceux du capitalisme déchu. Notons à ce sujet qu'un sondage récent, effectué dans 39 pays, a révélé que dans 23 d'entre eux, les gens pensent que la Chine a déjà pris la place des Etats-Unis comme première puissance économique mondiale, mais qu'elle n'est pas encore prête à assumer ce rôle (Pew Research Center).

• Troisièmement, une nouvelle guerre mondiale n'est pas à exclure, en Europe, ou entre les Etats-Unis et la Chine, ou même entre Islamistes et Chrétiens. Elle entraînerait nécessairement des mutations transversales qui remettraient en cause toutes les prévisions sur la gouvernance mondiale.

• Quatrièmement, la montée des partis politiques conservateurs et d'extrême droite en Europe, dont les visées sont en de nombreux points similaires à celles des partis d'extrême gauche, pourraient interrompre la marche vers la gouvernance mondiale. Je pense ici au Front National dirigé par Marine Le Pen et à ses idées, présentées par Michaïl Stylianou et Jean Catsiapis (2013). Certaines de ces idées, soutenues aussi par les intellectuels Français de gauche Jacques Sapir et Emmanuel Todd, sont :

— La souveraineté nationale sur le plan économique, c'est-à-dire l'abandon de l'euro et le retour à la monnaie nationale, la fin de l'austérité et la reprise de la croissance.

— L'opposition au néolibéralisme et le soutien à l'intervention de l'Etat dans l'économie.

— L'opposition à l'hégémonie allemande en Europe et à la suprématie mondiale des banques.

• Cinquièmement enfin, l'appauvrissement, le recul de la démocratie et des libertés, et l'encouragement d'un climat de terreur, n'empêcheront pas forcément une révolte des asservis. Le retour de la gauche, qui manque pour l'heure d'idées et d'ambitions, pourrait stopper la marche du règne des banques.

Voilà donc, ces quelques éléments en complément de l'analyse.

REGARD SUR LA DESTRUCTION DE LA GRÈCE

On peut tromper une partie du peuple tout le temps
et tout le peuple une partie du temps, mais on ne peut pas
tromper tout le peuple tout le temps.
Abraham Lincoln

Section 1

L'impasse des mémorandums

« Un jour viendra où la cupidité de la propriété, de la richesse et de la fatuité seront déposés dans les banques, dans les multinationales et à si peu de détenteurs que la plupart des non-détenteurs exploseront comme une colère divine qui fera de la vie des quelques détenteurs un enfer... »
Aristote Onassis

1.1. L'économie grecque à l'heure zéro (01.02.2010)

Ces derniers mois, la Grèce subit une tempête aux dimensions nationale, économique et politique sans précédent qui menacent de dégrader de façon dramatique son rôle sur la scène internationale, et d'exposer sa population à des risques et à un avilissement d'une envergure inattendue. En dépit des efforts du gouvernement du PASOK, au pouvoir depuis quelques mois, la situation se détériore chaque jour davantage, si l'on en juge par les rumeurs extravagantes qui dominent les *spreads*, gonflant ainsi le déficit budgétaire initial.

On peut néanmoins émettre de nombreux doutes quant au bien-fondé de ces rumeurs qui annoncent la *mort imminente* de l'économie grecque, qui disent l'économie grecque dans une situation désespérée, au bord de la *faillite*, risquant d'être expulsée de l'UE, qui disent inévitable son contrôle étroit par le FMI. Les doutes sont permis, non point parce que l'économie grecque jouit d'une *parfaite santé,* mais parce que ses difficultés ne sont pas insurmontables, qu'elles ne sont pas un coup de tonnerre dans un ciel serein, et que la Grèce n'est pas le seul pays européen à y être confronté. Il semble tout à fait évident que la tempête économique qui s'est abattue sur la Grèce n'aurait jamais pu éclater ainsi spontanément, qu'elle n'aurait jamais fait les premières pages de la presse internationale, ni figuré parmi les nouvelles les plus importantes dans les médias du monde entier, que sa taille modeste – elle ne représente que 2,5 % de l'économie de la zone euro et 4 % de son déficit total – n'aurait jamais pu attirer l'intérêt sinistre des spéculateurs les plus agressifs du monde en quête d'une nouvelle proie après la *bulle de l'immobilier*, si les responsables de l'UE avaient pris la peine de la protéger et d'apaiser les rumeurs.

Ajoutons encore que si l'économie grecque se trouve effectivement dans une situation désespérée, il ne s'agit pas d'une conséquence conjoncturelle mais plutôt – et cela ne fait aucun doute – structurelle ; c'est pourquoi les difficultés de la Grèce auraient dû, depuis longtemps, être connues de l'UE. Or, vers la fin 2007, le ministre des Finances du gouvernement précédent, Yorgos Alogoskoufis reçut les félicitations du directoire de l'UE parce que la Grèce était « le seul pays déficitaire de l'UE à avoir appliqué la directive de la Commission européenne pour diminuer son déficit structurel de 0,5 % par an de son PIB, de sorte à ce qu'en 2010, nous ayons un budget équilibré ».

Cette propagation effrénée dans tous ses détails, obstinément centrée sur la mauvaise, ou plutôt tragique, situation de l'économie grecque – d'après les médias internationaux toujours –, hormis un matraquage offensif de notre pays, a surtout encouragé la dégradation en chaîne de ses capacités d'emprunt par les grandes agences de notation financières américaines. Les très graves *erreurs* de ces agences, dans le passé, ont par ailleurs entaché leur crédibilité, soupçonnées de bénéficier d'*informations internes*, d'*intérêts particuliers* et de se livrer à des *jeux spéculatifs*. C'est ainsi qu'elles provoquèrent la colère de l'opinion publique américaine. Des particuliers ont déjà attaqué en justice certaines de ces agences et deux Etats américains vont faire de même. Sur la base de critères que je crois objectifs, j'ai le sentiment qu'une telle situation de panique n'est guère justifiée, surtout après le succès récent de l'édition de l'emprunt obligataire grec sur cinq ans. Par contre, c'est bien cette situation de panique qui permet aux spéculateurs de se ruer sur les bons du Trésor grecs, leur assurant ainsi des profits élevés, condamnant l'économie grecque à retourner dix ans en arrière et gonflant encore terriblement sa dette. On peut bien sûr penser que rien n'est fait pour décourager cette campagne internationale de dénigrement, car cela permet à l'UE de remettre sur la table des discussions la nécessité d'une union politique, notamment après qu'elle a pris conscience de l'échec des objectifs qu'elle s'était fixés, il y a dix ans, à Lisbonne.

Dans ce climat de panique générale, de spéculation criminelle et d'exagérations autour de la situation économique de la Grèce, le jeune gouvernement grec n'a pas encore eu le temps d'organiser sa défense et de mettre en place son argumentation en faveur d'un plan de redressement qui soit le plus efficace possible pour le pays. Par contre, confus et intimidé par cette polémique sans précédent, il s'est contenté d'un effort désespéré pour persuader le directoire de l'UE, et avant tout les spéculateurs, que *« la Grèce va satisfaire la totalité de leurs exigences. Que le gouvernement dispose d'un programme complet qui sortira le pays de la crise ».* Or, le problème est moins de trouver le moyen de satisfaire momentanément ceux qui contestent la crédibilité de notre pays, que d'arriver à dresser un programme capable de le sortir de la tempête. Et justement, pour quantité de raisons, il lui faut à tout prix contester l'efficacité des mesures imposées par le directoire et insister sur le fait que l'attente de résultats positifs, au prix de lourds sacrifices, présuppose la prise en considération des particularités de taille et fort nombreuses de son économie.

C'est pourquoi j'affirme que le problème majeur de la Grèce n'est pas celui mis en avant, à savoir la dette publique et le déficit budgétaire, qui ont largement dépassé les critères du Pacte de Stabilité, mais son incapacité à définir et appliquer des mesures qui lui permettraient de sortir de l'impasse. Il est donc nécessaire de rappeler certaines vérités évidentes, car le risque que soient prises des mesures inappropriées est trop grand. En effet, en dehors du fait que l'économie grecque risque de s'embourber dans un long marasme, le pire à craindre est que l'objectif primordial, c'est-à-dire sa capacité à contrôler dette et déficits, ne puisse être atteint, à cause de la restriction des ressources de l'Etat.

Il va de soi que la contestation des mesures que l'UE impose à la Grèce ne signifie nullement que nous sous-estimons sa qualité de membre de l'euro zone, ni que nous n'avons pas conscience des erreurs qui accablent le pays. Mais si la Grèce se trouve effectivement dans une situation aussi désespérée que les médias veulent bien nous le faire croire, il faudrait enfin qu'elle ose affronter, et sur un pied d'égalité, ses interlocuteurs de l'UE afin de leur rappeler certains faits indéniables, qui s'atténuent au fur et à mesure que s'éloigne le début de la crise. Il s'agit de :

• L'immense responsabilité du néolibéralisme dans l'éclatement de la crise globale actuelle, incontestable notamment après l'humble confession du prélat du système, j'entends l'ex-président de la FED, Alan Greenspan, d'après qui « le cadre dans lequel nous avons fonctionné était erroné ». Il est alors insensé, injuste et même criminel que la Grèce devienne la victime expiatoire sur l'autel des malheureuses recettes néolibérales ; il est absurde que la Grèce ne puisse recourir à des mesures d'inspiration keynésienne, vu que ces mesures ont déjà aidé et continuent d'aider l'économie mondiale à sortir de la crise. Ajoutons aussi que les puissantes économies européennes s'autorisent elles-mêmes à suivre des politiques économiques expansionnistes passant outre, quand il le faut, aux diktats du néolibéralisme effréné. Rappelons encore que ce type de discrimination à l'égard des pays faibles de l'Europe était déjà depuis longtemps coutumier, concernant l'application du Pacte de Stabilité.

• Le Pacte de Stabilité, imposé depuis des décennies, est sans nul doute largement responsable des souffrances actuelles de la Grèce, trop longtemps accumulées et qui viennent d'éclater aujourd'hui. Ce constat concerne certainement l'Europe dans son ensemble mais, dans le cas de la Grèce, les conséquences négatives s'en trouvent accentuées, en raison de ses nombreuses faiblesses structurelles. D'autre part, ce Pacte a également été fatal aux autres pays du sud de l'Europe et à l'Irlande, laquelle, durant des dizaines d'années, exhibait les résultats pour le moins *merveilleux* de la politique macro-économique européenne. Ainsi le danger que représente une politique macroéconomique commune imposée à des économies dont les stades de développement sont différents est, une fois de plus, vérifié.

• Ceci dit, il va de soi que la Grèce doit absolument mettre de l'ordre dans ses finances, et qu'en tant que membre de la zone euro, elle doit tenir ses engagements. Pourtant, il n'y aurait vraiment aucun mal à ce que, au lieu de faire descendre son déficit budgétaire au-dessous de 3 % de son PIB en trois ans, comme elle est à présent terriblement pressée de le faire, elle accomplissait cette tâche en six ou sept ans, à condition évidemment que chaque année, elle soit en mesure de prouver que les progrès requis ont été faits. Un allongement du délai s'impose car, dans le cas contraire, et en dépit des sacrifices exorbitants, surtout de la part des plus démunis, la réalisation de ce projet se révèlera impossible. Cet échec, qui paraît hélas inévitable dans les conditions actuelles, l'enfermera dans un cercle vicieux, aggravant son manque de crédibilité sur le plan international, et intensifiant les tendances spéculatives à son encontre. Il s'agit certainement d'un scénario peu souhaitable, pas seulement pour la Grèce, mais également pour l'UE, et qu'il est impératif d'éviter à tout prix.

Il est certain que la Grèce aurait dû, depuis des décennies, s'engager dans de sérieuses réformes structurelles. Pourtant ces réformes, non seulement ne sont pas mises en œuvre, mais en plus les modifications entreprises dans ce domaine vont gravement détériorer la situation, car elles sont à l'opposé de ce qui serait le plus indiqué. Je pense surtout à cette série de mesures, dans le marché grec du travail et pas seulement, visant à le rendre plus flexible. Ces réformes, si elles se poursuivent dans ce sens, vont plonger le pays dans le chaos, étant donné qu'elles se solderont par une saignée bien plus importante encore des salaires par les profits ; soit dit à une aggravation des inégalités du mode de répartition des revenus, à une désorientation de la demande effective, à l'intensification de l'émaciation de l'économie réelle en faveur de l'économie financière, à la spéculation et à la corruption.

Les réformes structurelles ont besoin de temps et aussi, pour être rationnelles, elles doivent obéir à une certaine hiérarchie. A titre d'exemple, je tiens à rappeler ici que toute critique concernant le *nombre excessif des fonctionnaires publics* dans une économie à faible participation des salariés dans l'emploi total telle que la Grèce, devrait tenir compte du contexte particulier, de sorte à choisir des solutions efficaces. En effet, et c'est justement le cas de la Grèce, le nombre *excessif* d'emplois dans le secteur public, quand le secteur privé n'est pas en mesure de créer assez d'emplois, apparaît comme le seul moyen d'éviter un taux de chômage trop important. Par conséquent, j'exprime de sérieuses réserves quant aux mesures que l'UE veut faire appliquer à la Grèce, qui consistent en une diminution radicale du nombre des fonctionnaires publics ; car il est clair qu'une telle diminution devrait suivre, et non point précéder, l'accroissement de la capacité de leur absorption par le secteur privé.

Si elle veut faire face à ses problèmes structurels, qui sont certes de taille, la Grèce doit avoir un plan bien adapté aux caractéristiques spécifiques et aux besoins particuliers de son économie. Mais avant tout, le pays a besoin de temps. Trois années ne peuvent évidemment suffire ; six ou sept années au moins sont nécessaires. D'autre part, le vrai dilemme de l'économie grecque quant aux mesures à prendre ne réside pas dans des mesures dures ou plus clémentes, mais dans le choix d'une politique conservatrice et restrictive ou expansionniste et tournée vers la croissance. Dans le cas présent, je suis convaincue que c'est le deuxième choix, celui d'une politique expansionniste tournée vers la croissance qui doit prévaloir. Ce qui signifie que les déficits doivent être envisagés dès le début avec des déficits encore plus importants, sans toutefois exclure, dans le même temps, des mesures complémentaires restrictives, s'il le faut. Très brièvement :

• Je suis convaincue que la restriction des salaires et des pensions va vite apparaître comme une grave erreur, si en fin de compte elle est adoptée. Malheureusement, il semble, alors qu'il avait d'emblée exclu catégoriquement de telles mesures, que le gouvernement grec n'ait pu faire autrement que de céder aux pressions de l'UE et des spéculateurs, annonçant ainsi un changement de cap. Rappelons simplement que la restriction des salaires réels en Grèce – depuis les années 1980 – est estimée à 13 unités du PIB, et qu'elle est attribuée à la généralisation du *marché du travail flexible,* au système fiscal extrêmement injuste dominé par la fraude, au chômage constamment élevé, à la pression du niveau des salaires vers le bas – notamment à cause des travailleurs immigrés clandestins –, à la délocalisation et aux menaces de délocalisation des entreprises, ainsi qu'au décalage entre niveau des salaires et productivité des travailleurs. C'est ainsi que le salaire moyen grec représente 65 % de son équivalent dans l'Europe des quinze, tandis que le niveau des prix est pratiquement le même dans les deux cas. Quant aux traitements, sachons qu'en Grèce, 70 % environ des retraités touchent moins de 600 euros par mois. Par conséquent, si cette mesure totalement inappropriée est adoptée, il est possible qu'elle apaise les inquiétudes au sein de l'UE et atténue l'intérêt sinistre des spéculateurs pour les bons du Trésor grecs, mais elle risque fort d'aboutir à des résultats diamétralement opposés à ceux escomptés, soit dit à une chute brutale des recettes fiscales, en raison d'une aggravation de la récession et de la forte hausse du chômage. Evidemment, on ne peut ignorer la menace, d'ailleurs inévitable, de l'agitation sociale. Il est clair que l'économie grecque a besoin d'atteindre, surtout à l'heure actuelle, un rythme de croissance plus rapide que celui de sa dette et de ses déficits, et qu'elle n'a certainement pas besoin d'une politique restrictive. Cela apparaît, en effet, comme sa seule chance de salut. C'est pourquoi, intensifier la demande intérieure, la production nationale et les exportations est d'une importance vitale. Toutefois, en cette période de crise, un tel objectif est difficile à atteindre, mais la Grèce n'a aucune alternative. Cet objectif nécessite naturellement des investissements publics, à une échelle aussi grande que possible, et qui doivent représenter un pourcentage suffisamment élevé de son PIB. D'autre part, si l'on prend en considération les particularités structurelles de la Grèce, à la réalisation de ces investissements publics devraient être ajoutée une redistribution généreuse du capital vers le travail, des plus riches vers les plus pauvres, afin de rétablir l'équilibre perturbé par les inégalités depuis si longtemps accumulées. C'est ce genre de dépenses qui peut expliquer le développement extrêmement rapide de la Chine, malgré la crise, mais aussi la reprise relativement rapide des Etats-Unis.

• La répression de la fraude fiscale et de la corruption, du moins en partie, devrait constituer l'objectif numéro un, qui n'a pourtant pas été réalisé au cours des dernières décennies. Il est de toute évidence décevant que pour le moment, le gouvernement en vigueur – comme d'ailleurs les gouvernements précédents – continue à diriger ses efforts vers les habituelles *victimes*, à savoir ceux qui ne peuvent dissimuler leurs revenus, comme les salariés, les retraités et les propriétaires immobiliers. Mais la marge d'une ponction supplémentaire de ces mêmes contribuables est très limitée et par conséquent, ne constitue pas une solution satisfaisante. C'est pourquoi il est indispensable d'attraper, aussi vite que possible, les vrais fraudeurs. La fraude fiscale, en Grèce, est en effet extrêmement développée car, hormis la corruption générale, elle est également la conséquence de la location de la main-d'œuvre ; j'entends le fait que le pourcentage des non-salariés dans l'emploi total, en Grèce, est presque trois fois supérieur à la moyenne du reste des économies de l'Europe des quinze. C'est d'ailleurs pour cela que le pourcentage des impôts directs dans le PIB grec figure parmi les plus bas des économies de l'OCDE. Les moyens d'enrayer la fraude et les fraudeurs, bien sûr, ne manquent pas. Mais pour cela, il faut de l'audace, de la persévérance et la force de résister à des pressions extrêmes, qualités dont les ministres des Finances, depuis quelques décennies, ne semblent guère pourvus. Faire face à la fraude si bien installée en Grèce exige aussi des nerfs d'acier pour résister aux réactions perfides et rusées de tous ceux *« qui vivent dans le luxe en déclarant un revenu de seulement... 800 euros par mois »*.

• La limitation du gaspillage dans le secteur public est une nécessité de tout premier ordre et devrait faire l'objet de mesures particulièrement sévères mais en même temps difficilement applicables. Ceci parce que, des dizaines d'années durant, les Grecs nommés à des postes importants – ou même moins importants – apparemment incapables de discerner les limites entre leur mission et leur personne, exploitent au maximum leur position. Ce « modèle » a été repris par la quasi-totalité des employés du secteur public. Et à ce point, je tiens à souligner qu'il me semble que le problème du secteur public grec n'est pas sa taille jugée trop importante, mais plutôt son inefficacité. C'est pourquoi je ne crois pas qu'une simple diminution du nombre des fonctionnaires publics apportera la solution au problème.

• La charge imposable totale doit absolument augmenter, parce que dans le cas contraire, la Grèce ne pourra pas sortir de l'impasse. Ainsi, ce qui prime, c'est d'abord une juste répartition enfin de la charge imposable entre les différents groupes socio-économiques, et un élargissement de la base imposable, c'est-à-dire un PIB augmentant à un rythme rapide.

Il est très regrettable que les relations de la Grèce avec le directoire de l'UE aient subi un coup aussi dur et que les deux parties continuent à se blesser quotidiennement. En effet, la cohésion entre les membres de l'UE devrait être un facteur essentiel, et son directoire devrait protéger à tout prix ses membres contre les rumeurs infondées et les attaques spéculatives. Si cela était, on ne pourrait concevoir que la BCE menace de ne pas accepter les bons du Trésor grecs du fait que l'agence Moody's ait mésestimé la capacité d'emprunter de la Grèce. En outre, il n'est pas très sérieux d'envisager pour celle-ci une sortie de l'UE, car pour une série de raisons évidentes, cela risquerait de causer des problèmes insolubles au sein même de l'Union.

La Grèce, en tant que membre de l'UE et de la zone euro, doit à tout prix rétablir le dialogue avec le directoire, afin de mettre un terme au dénigrement international dont elle fait l'objet, mais aussi à la saignée opérée par les spéculateurs. Un dialogue, quel qu'il soit, ne peut plus et ne doit plus se contenter, en guise de soutien et surtout après ce qui vient de se passer, d'adopter des mesures à l'aveuglette, peut-être orthodoxes à première vue, mais inappropriées dans le cas de la Grèce. Par contre, l'UE devrait plus que tout garantir à la Grèce un plan de redressement efficace et réalisable.

*

1.2. Restructuration de la dette : un faux problème ? (04.05.2011)

Tous les médias les plus sérieux mais aussi un grand nombre d'économistes Grecs soutiennent depuis longtemps l'évidence même. A savoir que la dette grecque n'est pas gérable, qu'elle gonfle chaque jour un peu plus, aussi bien par rapport au PIB qu'en termes absolus, qu'elle n'a atteint aucun, absolument aucun de ses objectifs, qu'elle est sans cesse remise à jour en raison de ses échecs, que l'économie grecque lutte pour sa survie, en butte au poids insoutenable des sacrifices inhumains exigés par l'hydre du mémorandum.

Certains pourtant, peu nombreux mais considérés comme compétents, s'obstinent, contre toute logique dirais-je – se gardant bien sûr d'avancer des arguments, puisqu'il n'y en a pas – et affirment que :

• « les débats relatifs à la nécessité d'une renégociation de la dette ne sont pas sérieux »

• « toute renégociation est exclue, car elle serait catastrophique pour la Grèce »

• « tout va bien et il n'est pas question de renégocier la dette ».

Les sources qui sont à l'origine de ces opinions totalement dépourvues de fondement, et qui en plus ignorent ostensiblement la quasi-totalité de la position mondiale sur ce sujet, sont alimentées par :

1. Ces Grecs qui ont signé le mémorandum criminel pour le pays et sa population – pour me consoler, je veux croire qu'ils l'ont fait dans l'ignorance des conséquences et surtout, sans le lire. Cette hypothèse va aussi dans le sens d'une information récente supplémentaire selon laquelle notre Premier ministre, plusieurs mois avant la funeste signature du mémorandum, alors même qu'il nous assurait que « de l'argent, il y en a », et qu'il n'y avait « rien de pire que le FMI », s'entretenait secrètement avec Dominique Strauss-Kahn, d'abord pour le convaincre d'envoyer ses chars à l'assaut du pays, et ensuite pour se soumettre, sans aucune négociation, à ses conditions inspirées du colonialisme. C'est ce qui permettrait de comprendre pourquoi nos compatriotes, une fois signée cette tragique compilation, se sont désespérément évertués à nous convaincre qu'ainsi, la Grèce sortirait de la crise. *Cela va sans dire, il serait de loin préférable qu'ils reconnaissent humblement la gravité de leur erreur et qu'ils se battent aux côtés de la population – et pas contre elle, comme c'est le cas –, pour expulser les troupes d'occupation et faire front à nos difficultés, comme les citoyens libres d'un Etat souverain, et non d'une colonie allemande.*

2. Une autre source opposée à la restructuration de la dette, c'est le directoire de l'UE. Ses représentants, naturellement, ont conscience que le mémorandum est une impasse. Ils sont néanmoins embarrassés, complètement démunis et ne savent que faire, face à cette situation explosive qui s'est répandue sur l'ensemble de l'Europe du sud. Et ce, premièrement à cause des difficultés chaque jour plus nombreuses et non réglées, auxquelles on ne peut plus exclure la dissolution de l'Union et la fin de l'euro, et deuxièmement, à cause de l'ouverture très importante des banques européennes aux obligations grecques. *Leur serait-il possible alors de ne pas s'opposer, officiellement du moins, à la restructuration de la dette grecque ?*

3. Des objections peu sérieuses à la restructuration de la dette proviennent aussi du chef du FMI, Dominique Strauss-Kahn, lequel est de toute évidence parfaitement conscient que ce refus ne tient pas, puisqu'une restructuration est inévitable. Sa position souvent ambiguë peut s'expliquer par son désir de ne pas exposer – plus que ce qu'elles ne sont déjà – les autorités grecques.

4. S'ajoute à cela un autre refus. Et celui-ci est le plus choquant pour la population, puisque les arguments vraiment risibles contre une restructuration – qui s'accompagnent aussi le plus souvent de menaces laissant entrevoir une catastrophe terrible à la simple évocation du sujet interdit – proviennent de politiciens Grecs que l'opinion publique avait pourtant classés dans la catégorie

des hommes politiques dits « sérieux et objectifs », et se rend aujourd'hui compte qu'elle ne peut rien attendre d'eux.

La restructuration de la dette, dont la part à effacer augmente de jour en jour et a déjà atteint 55 % – sans quoi elle serait inutile – est absolument incontournable, car le mémorandum ne produit pas les effets attendus et ne les produira pas, même si la population entière ne consommait que de l'eau de source pendant les trois prochaines décennies. *On ne peut nier, compte tenu du fait que nos gouvernements se sont montrés incapables au point de nous mettre sur le dos une telle dette, qu'un mémorandum prévoyant des sacrifices sur plusieurs décennies, est justifié. Des sacrifices certes, mais des sacrifices humainement acceptables, connus d'avance, justes, mais surtout, des sacrifices qui soient soutenus par la croissance économique.* Le contraire donc de la récession qui s'approfondit continuellement, qui restreint les salaires, qui fait grimper le chômage et multiplie les dépôts de bilan.

La restructuration, donc, est la seule certitude dont nous disposions face à l'ampleur de la dette. Et en ce moment même, les grandes puissances, comme jadis... ont entrepris de dépecer le cadavre de la Grèce, au moyen d'une restructuration arrangée selon leurs propres intérêts, chacune opérant dans le secret le plus total, et bien sûr, indifférentes aux effets que cela peut avoir sur les autres. Pour nous, pour la Grèce, une restructuration de la dette à nos propres conditions est une question de vie ou de mort plus qu'une simple nécessité. Nous devons faire vite, car bientôt il sera trop tard. Et dans ce cas, ce serait le début d'une longue errance, celle d'un territoire colonisé « protégé » par ses riches partenaires européens. La restructuration de la dette doit à tout prix se faire avant le bradage de la Grèce, avant que le plan inacceptable de 50 milliards d'euros ne soit mis en place.

Il va de soi que la restructuration – quelque restructuration que ce soit, car il ne s'agit bien évidemment pas d'un schéma unique – s'accompagne de nombreux effets pervers et cruels. Les adversaires de la restructuration brandissent, menaçants, les dangers qu'elle comporte. Or, nous, ce qui nous préoccupe est plutôt ce qu'il y a de l'autre côté. Et là, c'est l'impasse totale. Au moins trois générations perdues, et le pire : une possible tragédie sur le plan national, au-delà de la tragédie économique. C'est pour cela que la seule solution, autant que je puisse en juger, bien sûr, est de lutter pour une restructuration de la dette qui soit le moins douloureuse possible pour notre pays, et surtout ne pas attendre celle – ou celles – qu'*ils* nous réservent. Cessons, pour un temps, de croire que nous sommes entourés de philhellènes, car l'Union européenne est en réalité composée de 27 cavaliers seuls qui ne se soucient que d'eux-mêmes. Nous aussi nous devons nous soucier de nous-mêmes.

Des noyaux durs méritoires sont apparus dans cette situation proprement inadmissible. C'est le « mouvement des citoyens indépendants » de Mikis Théodorakis, la commission de contrôle de la dette, les démarches entreprises en vue de récupérer la dette de guerre de l'Allemagne, et certainement d'autres encore. Mais le temps presse, et je crains que nous n'ayons pas le temps d'en attendre les résultats.

*

1.3. Conférence de presse sur l'économie (12.09.2011)

Après la flambée d'enthousiasme du gouvernement qui a suivi le sommet européen du 21 juillet 2011, nous nous trouvons malheureusement de nouveau à un point limite. En cette heure ultime, essayons de comprendre sous quel jour exactement se présentent nos difficultés, et surtout, si nous disposons encore d'une marge de sauvetage.

I. La signature d'un mémorandum irréalisable et avilissant

La signature du mémorandum, et dans sa suite tous ses dérivés indescriptibles, constitue un véritable crime contre la Grèce et sa population. On se demande avec effroi, tout en examinant ce contrat de prêt léonin extrêmement offensant pour la population, comment des Grecs ont pu y apposer leur signature. D'aucuns avanceront le sempiternel argument que « nous ne pouvions pas faire autrement », que la Grèce allait être « en défaut de paiement ». *Or, c'est un fait, au moment où ce mémorandum a été signé, nous disposions encore de plusieurs issues de secours, mais nous les avons ignorées. Nous disposions aussi d'un tas d'arguments objectifs et forts qui sont restés inexploités.*

Depuis, tout le monde peut constater les dégâts terribles sur l'économie, la société, nos perspectives. Mon temps de parole est limité et ne me permet pas de m'étendre sur ce point, et c'est pour cela que je renvoie ceux que cela intéresse à mon dernier livre, *Toute la vérité sur la dette et les déficits et comment s'en sortir* [en grec], qui paraîtra dans les prochaines semaines aux Editions Ianos.

Je tiens cependant à souligner ici que le caractère tragique des difficultés de la Grèce tient, certes, dans les sacrifices énormes et sans fin demandés à sa population, soumise à l'hydre du mémorandum et ses dérivés. Mais le pire réside dans les mesures de la troïka, complètement inefficaces et extrêmement dangereuses. Leur inefficacité était évidente dès le début. Cette inefficacité, l'auteure, tout comme une foule d'économistes grecs et étrangers, l'ont constatée dès le début, et en ont analysé les causes. *C'est ainsi que toutes ces voix objectives ont été qualifiées en bloc par le gouvernement d'ennemis de la nation, soi-disant mus par des motivations intéressées, n'ayant donc pas intérêt à ce que la Grèce soit sauvée. Et c'est exactement de la même façon qu'a été reçue la conclusion du Bureau budgétaire du Parlement grec qui déclarait la dette non gérable. Les membres de ce Bureau, pourtant nommés par le*

Parlement, ont tout bonnement été renvoyés ! Dans cette absurdité tenace, les médias portent une lourde responsabilité.

Mais l'infortune de la Grèce ne s'arrête pas à la signature de ces inénarrables mémorandums et de ce qui les accompagne, elle suit son cours, sans obstacle, malgré les résultats lamentables de leur mise en œuvre qui a tout détruit : économie, société, administration, santé, éducation. *La Grèce ressemble à un pays pillé et ravagé, conséquence de ces mesures d'austérité d'une sauvagerie inédite*. Des mesures qui utilisent la Grèce comme animal de laboratoire. Des mesures qui ont échoué partout où elles ont été appliquées. Des mesures asphyxiantes qui menacent d'achever définitivement l'économie. Des mesures dont le résultat était connu d'avance, et c'est pourquoi les responsables ne peuvent prétendre qu'ils l'ignoraient.

II. « Les réformes » comme moyen de destruction

Au chevet de l'économie grecque à l'agonie, responsables grecs et étrangers réfléchissent à la suite de la cure, communément désignée aussi par le mot « réformes ». La Grèce a certes un besoin urgent de réformes, mais rappelons-le, ce sont des réformes d'une nature tout autre que celles mises en place jusqu'ici dont elle a besoin.

Le fait est que tout le monde, aussi bien ceux qui sont plus ou moins au courant, que les complets ignorants, tous évoquent la nécessité des réformes, l'urgence des réformes, mais aucun pourtant ne sait exactement ce qu'elles contiennent, sauf peut-être les émissaires de la troïka. Ces derniers les imposent petit à petit au gouvernement qui, avec une servilité à toute épreuve, s'empresse de les mettre à exécution, peu importe si elles détruisent le pays.

Or, les réformes en soi n'ont aucun sens si elles n'ont pas été au préalable rigoureusement définies. Elles supposent une étude sérieuse sur :

• les spécificités de l'économie en question qui est appelée à intégrer ces réformes,

• le stade de développement de cette économie, de même que les besoins de changement qui en découlent,

• les répercussions attendues de chacune d'entre elles, et surtout les moyens qui doivent être mis en œuvre pour en minimiser les effets négatifs,

• la hiérarchisation subséquente de leur mise en place.

Inutile d'ajouter que les réformes constituent une entreprise difficile et extrêmement risquée, car, au-delà des chiffres, ce sont des vraies vies humaines qui sont en jeu et risquent d'être violemment bouleversées. C'est pourquoi, avant d'entreprendre des réformes, il faudra que soient trouvés des responsables disposant des connaissances suffisantes en la matière et, plus que tout, il faudra que ces responsables aient conscience que le succès des réformes exige une maturation préalable de l'opinion publique. Il est irresponsable de prendre les réformes pour une affaire momentanée.

Or, dans le cas de la Grèce, les réformes qui sont décidées et mises à exécution font l'effet d'un « taureau » dans un magasin de porcelaine ; elles font irruption, démolissent tout autour d'elles, ne laissant que des ruines. Il faudra au pays des dizaines d'années pour redevenir – s'il redevient jamais – une nation souveraine. C'est pourquoi il est malhonnête, pour imposer ces mutations barbares, de les présenter comme des « réformes ». Il s'agit d'une destruction programmée qui vise notamment :

• à dépouiller l'économie grecque de tout ce qui peut assurer la subsistance des travailleurs et des retraités. Loin de la version classique des salaires et des retraites dont le niveau est censé satisfaire les besoins de survie des travailleurs et de leurs familles, nous sommes face à quelque chose de bien pire. *Il s'agit en fait d'une compilation de mesures visant la disparition programmée d'une part importante des travailleurs, prétendument en « surnombre », dans ce contexte où l'économie fonctionne au ralenti, est soumise à rude épreuve et donc minimise le degré d'exploitation de ses capacités productives, en vue de maximiser les profits du secteur financier.* C'est comme cela, et seulement comme cela, que l'on peut expliquer l'insondable cynisme avec lequel nos responsables nous informent de leur décision de jeter à la rue des milliers de fonctionnaires. C'est comme cela, et seulement comme cela que l'on peut expliquer la vague d'accusations menées contre les fonctionnaires, selon lesquelles ils sont « inutiles », « non productifs », « responsables des ennuis du reste de la population », et aussi « tire-au-flanc »... une persécution inédite des travailleurs qui a livré le marché du travail à la loi de la jungle au moyen de méthodes particulièrement subtiles. *Et c'est cette violence sans pareil que les responsables grecs et étrangers, en ce début de 21e siècle, appellent « réformes ».*

• La disparition pure et simple du secteur public, qui naturellement comprend aussi l'Etat-providence : santé, éducation publique, transports et télécommunications, et bien sûr, salaires sociaux.

• Le bradage total de la Grèce. Ils osent même nous présenter comme des « réformes » ce crime infâme qui est en train d'être commis et, si la population elle aussi menacée de disparition ne reprend pas ses esprits, nous allons définitivement faire faillite, nous allons devenir les mendiants perpétuels du monde, nous servirons de main-d'œuvre bon marché pour la gloire du riche nord de l'Europe.

Je le répète, nous avons grand besoin de réformes. De réformes par contre complètement à l'opposé de celles qui nous sont imposées. Et je rappelle aussi que nous sommes confrontés à nombre de difficultés sérieuses, qu'il nous faut gérer le plus rapidement possible. Mais pour les résoudre, c'est un statut économique indépendant dont nous avons besoin, et pas un statut de protectorat, pas néocolonial, pas de capitulation. *Malheureusement, le verbiage de nos*

« partenaires » est, pour beaucoup, une dérivation de la triste servilité de nos propres organismes gouvernementaux.

III. Des « réformes » basées sur des hypothèses totalement fausses

Notons tout d'abord que les hypothèses à l'origine de la barbarie qui s'est déjà imposée à l'économie grecque, ces prétendues réformes, sont toutes, absolument toutes, erronées et totalement infondées. C'est pourquoi il est inutile d'insister sur le fait que de ces changements, on ne peut attendre rien d'autre que des catastrophes. Effectivement :

• Le mythe sur le « secteur public grec surdimensionné » résiste, à en croire la version officielle toujours, et pourtant, ce diagnostic est totalement faux, très loin de la réalité. Par contre, il ressort d'une série d'éléments, qui concordent avec d'autres systèmes de mesure, que le nombre de fonctionnaires se situe exactement dans les limites internationales et européennes. Nul ne réfute le fait que le secteur public est inefficace, ou même qu'il est corrompu dans une proportion importante – personnellement, je n'en suis pas convaincue, pas plus qu'ailleurs en tout cas. Le problème est néanmoins complètement différent et nécessite des améliorations, pas de couper des têtes.

• L'étranglement de notre économie, avec les plans d'austérité, ne permet pas d'espérer une gestion de la dette et des déficits. Au contraire même. C'est pour cela que ces deux fléaux continuent de gonfler de façon systématique, alors que dans le même temps, des mesures sont mises en place et massacrent la population.

Il est donc clair que le pays a besoin d'une stratégie diamétralement opposée à celle qui lui est imposée par la troïka. Alors, la surprise est toujours désagréable, lorsque le gouvernement, docile, certifie à la troïka pour la rassurer qu'il va réaliser coûte que coûte les ordres irréalisables du mémorandum et de ce qui va avec. *Autrement dit, les responsables grecs continuent de promettre – tenez-vous bien – qu'ils appliqueront encore mieux cette politique, c'est-à-dire qu'ils promettent d'aller plus vite vers notre propre fin.*

C'est simple et cela devrait être compris par ceux qui ont notre sort entre les mains, et qui devraient surtout le mettre en avant comme condition sine qua non *lors de leurs interminables rencontres avec la troïka. A savoir que des mesures qui conduisent à l'augmentation des dettes et des déficits, à un rythme plus rapide par rapport à l'augmentation du PIB sont d'avance vouées à l'échec.* Rien n'y fait, elles ne peuvent gagner en efficacité. Et pourtant, ces mesures sans concession se poursuivent depuis maintenant deux ans, et même après que les émissaires de la troïka aient quitté Athènes, le gouvernement, pour les faire revenir à tout prix, est allé jusqu'à reconnaître sa responsabilité dans l'échec des mesures et c'est pour cela qu'il jure de… mieux s'y conformer à l'avenir. *En d'autres termes, il promet de poursuivre ce drame absurde, au prix de la disparition de la nation grecque.*

Une autre hypothèse sur le long terme, complètement erronée elle aussi, est celle qui soutient que les salaires doivent encore baisser, alors qu'ils sont déjà très bas pour une économie européenne, afin de soi-disant augmenter la compétitivité de l'économie grecque, même si :

– la minimisation de la rémunération des travailleurs restreint la demande intérieure, alors que le taux des exportations de la Grèce ne dépasse pas 20 % du PIB ;

– la moitié à peu près des exportations grecques est concurrencée par des produits exportés par des économies émergentes, où le niveau des salaires est si bas que la concurrence grecque ne fait pas le poids ;

– les difficultés de la Grèce résident surtout dans la désorientation de la production, vite remplacée par des produits importés, dans le cadre de l'UE et du libre-échange international.

Voici, à titre indicatif, les réformes dont nous avons besoin :

1) Transfert radical du revenu, du capital vers le travail, des revenus élevés vers les revenus plus bas à hauteur de 12 % au moins du PIB. Cette mesure est indispensable et elle est la plus importante pour la relance de l'économie où l'ampleur des inégalités n'a jamais été aussi grande, et fait obstacle aux efforts de normalisation et de fonctionnement rationnel. Le succès de ce mode de redistribution passe, premièrement, par un système fiscal plus juste, et deuxièmement, par la création d'un Etat-providence efficace – qui ne peut et ne doit pas être réduit.

2) Reconstituer notre économie détruite par la mondialisation, le fondamentalisme néolibéral, notre entrée prématurée dans l'UE-zone euro et des gouvernements, en Grèce mais aussi dans les autres pays, trop souvent gérés par des incapables – le journal *Le Monde* les qualifie de « gamins ». Il me suffit de rappeler une seule chose, qui dépasse l'entendement : la Grèce, économie agricole aux conditions climatiques idéales pour presque tous les types de cultures, a fini par réduire la contribution de l'agriculture dans son PIB à tout juste 3,7 %. Il faut donc planifier la reprise, et bien sûr, ne pas se cacher derrière des idées simplistes prétendant, par exemple, que le secteur public est mauvais, au contraire du privé qui est lui, valable, car l'économie a autant besoin des deux.

IV. Et… pendant ce temps, le loup guette

Et à ce loup, différents noms terrifiants sont donnés :

- *La faillite…* mais c'est déjà fait, et avec le bradage du patrimoine public, elle est définitive. Différents artifices sont utilisés, et personne ne s'en rend compte… et ne vient à penser que le « noyé n'a pas peur de l'eau ».

• *Nous risquons de perdre l'aide financière.* Nous sommes, pour ainsi dire, dépendants de ces tranches d'aide et par voie de conséquence, nous cédons plus facilement au chantage. Il est par contre temps de nous poser quelques questions : Où donc nous conduit cette aide ? Est-ce comme cela que les difficultés de la dette seront réglées ? Bien sûr que non. Elle la fait grossir au contraire, et la perpétue, puisque les mesures imposées vont dans la mauvaise direction.

• *Nous ne pourrons pas payer les salaires et les retraites.* Comment cela est-il possible, étant donné que dans le PIB, les intérêts des prêts représentent à peu près le double des salaires et retraites ? Par contre, ce qui est vrai, c'est que nous n'aurons pas de quoi payer les annuités, mais les salaires et les retraites eux, pourront être payés sans problème. Et pourtant... dans la population, nombreux sont ceux qui croient à ce mensonge, ont peur et ne réagissent pas...

• *Nous allons être renvoyés de la zone euro...* Les menaces sont proférées ouvertement. Sur ce point :

– Il faut bien comprendre que la peur est réciproque, nous leur faisons peur et ils nous font peur. Il est impossible de savoir lequel des deux pâtira le plus, au cas où le pays sortirait de la zone euro : l'Europe ou nous ? *Et puis, l'Europe risque plus avec l'austérité permanente qu'avec l'endettement de ses membres.*

– Il faut enfin nous accorder sur ce qui nous fait peur exactement... c'est-à-dire, ce qui va changer si nous en sortons, par rapport à ce que nous subissons en y restant.

– *Nous devons nous engager, même en cette heure ultime, dans une restructuration de la dette avec une* coupe *qui nous permettra au moins de vivoter, mais surtout d'assurer notre souveraineté nationale, la possibilité de choisir notre vie et celle de nos enfants sans avoir à obtempérer aux diktats de la troïka.* Si cela n'est en fin de compte pas possible – pour moi, ça l'est, du moins ça l'est encore – nous devons nous mettre en tête que nous ne sommes *pas du tout* un peuple :

• attardé
• handicapé
• dépourvu de capacités de croissance
• en perdition
• plus corrompu de d'autres (même si l'on tente, par différents moyens, de nous faire croire le contraire).

Et dès lors que nous aurons trouvé des alliés disposés à nous prêter de l'argent – je pense que nous y arriverons facilement –, il nous faudra nous retrousser les manches et faire tout notre possible pour relever le pays, pour le faire sortir de cette voie néo-féodale et le faire avancer vers l'avenir.

Et n'oublions pas une chose très importante, c'est que les sacrifices énormes exigés par la troïka et que nous avons docilement exécutés ont été rendus possibles par notre maintien dans l'euro... autrement dit, notre monnaie actuelle a au moins autant de chances de disparaître dans un avenir proche, que de nous faire expulser de la zone euro.

Il y a par contre un problème de taille, qui fait obstacle à une réorientation vers des choix plus rationnels. J'entends que les dirigeants et les signataires de ce honteux mémorandum s'accordent parfaitement. Ainsi, même si cela semble superflu, je tiens à le rappeler : le problème ne réside dans les partis politiques eux-mêmes, il est grec.

Vaines pensées, diront certains. Peut-être, mais... que les moins rêveurs d'entre nous, nous expliquent enfin ce que l'on peut raisonnablement attendre de l'avenir, de cette situation inextricable, c'est-à-dire de cette mise en œuvre incessante de mesures néfastes et inefficaces. Et j'ajouterai pour finir que rejeter une proposition nouvelle, même si elle est risquée à première vue, suppose qu'elle soit au préalable confrontée assidûment aux éléments positifs et négatifs de la solution appliquée à ce moment-là. C'est justement ce que nous devons faire au plus vite, pour définir le problème et ses solutions.

*

1.4. Toute la vérité sur la dette et les déficits et comment s'en sortir (23.11.2011)

Présentation de quelques points essentiels du livre de l'auteure qui paraît sous le titre : *Toute la vérité sur la dette et les déficits et comment s'en sortir.* Il s'agit de lignes et de pages écrites dans des circonstances très difficiles, marquées aussi par la colère et la rage :

A. Le premier point évoque le contexte paranoïaque dans lequel nous vivons depuis une vingtaine de mois, depuis la signature du mémorandum initial, ses réactualisations, le « plan à moyen terme » et l'inadmissible compilation qui l'accompagne. *Tout cela accumule, aux dépens de la population, des promesses impossibles à réaliser. Le problème était bien sûr manifeste dès le début. Car si la question est de savoir dans quelle mesure une économie en faillite peut un jour rembourser sa dette, cela demande un plan susceptible d'augmenter son PIB à un rythme plus rapide que celui de la dette.* Or, le mémorandum débouche sur un résultat totalement inverse. Il débouche sur une forte augmentation de la dette et sur une baisse du PIB. Je me contenterai de rappeler à ce propos que les sacrifices inhumains infligés à la population grecque depuis ces quelque vingt derniers mois, qui pointent non seulement les bas salaires et les petites retraites, mais aussi la classe moyenne, pilier de toutes les économies, ont fait augmenter la dette de 42 %. *Et maintenant, notre espoir – si l'on peut dire – est que cette dette, en tant que pourcentage dans le PIB, retrouve en 2020 le même niveau que celui de 2009, c'est-à-dire 120 %. Et nous savons qu'une dette dépassant 90 % du PIB n'est pas viable, car elle s'autoalimente !*

D'ici là, il ne fait aucun doute que les sacrifices se poursuivront sans résultats et à un rythme de plus en plus intense, jusqu'à l'explosion sociale. Je pense que cette limite n'est plus très loin et tout ce que je souhaite, c'est qu'elle ne soit pas sanglante.

Tels Sisyphe, nous sommes à l'épreuve des mémorandums et de leur cortège indescriptible, et il est inconcevable que gouvernement et médias se livrent à d'interminables discussions sans consistance sur la manière d'atteindre les objectifs de plans qui ne sont pas négociables. Et qui changent constamment. Qui deviennent de plus en plus odieux. Qui oppriment de plus en plus nos droits souverains et conduisent au bradage de notre patrie. Nos responsables ne cessent de nous assurer qu' « il n'y aura pas d'autres réductions de salaires et de retraites », ajoutant toutefois « si nous suivons à la lettre ce que les plans – de destruction à répétition – nous imposent ». Or, cette assurance gouvernementale ne signifie absolument rien, étant donné qu'ils exigent de la Grèce qu'elle mette sur pied un plan objectivement irréalisable. Sauf si… le pays se transforme en un paysage désolé, ce vers quoi il va déjà à grandes enjambées.

Je tiens à souligner à ce propos qu'il ne se trouve plus un seul économiste sérieux, en Grèce aussi bien qu'à l'étranger, ni un seul journal pour soutenir que le pays réussira à sortir de cette sombre situation. Même The Economist, *pourtant extrêmement conservateur et néolibéral, se prononce fermement ces derniers mois pour l'abandon de cette politique sans issue.*

Du côté de nos partenaires européens, vous aurez certainement entendu la chancelière Allemande déclarer récemment qu' « ils se sont trompés sur leurs estimations », et que « la récession en Grèce était plus profonde qu'ils n'avaient compté ». Voilà ce qu'elle a dit ! *A croire qu'ils ne sont que de simples chiffres sur le papier, ces sans-emploi qui frôlent le million, et qui augmenteront de façon exponentielle si rien ne change, ces milliers de fermetures d'entreprises qui font de la Grèce un pays ravagé et pillé, cette détresse indicible et la pauvreté qui a multiplié le nombre des sans-abris, de ceux qui font la queue pour un repas quotidien, des enfants au ventre vide qui s'évanouissent à l'école, de la montée en flèche des inégalités, sachant que 1 % de la population détient 17 % du PIB. Cette sauvagerie, ce sont les mémorandums qui l'ont provoquée.*

Il est on ne peut plus clair, depuis le début, que ces plans de destruction douloureux, avilissants, humiliants, ne feront pas sortir le pays de la crise, même pas dans cinquante ans. Aucune économie n'y arriverait dans de telles conditions. Par contre, ce qui est certain, c'est que le pays s'endette toujours plus, s'appauvrit et qu'il est en passe de devenir le premier pays européen colonisé par l'Europe.

Ne nous leurrons pas, ne nous laissons pas transporter ainsi naïvement. Les difficultés de la Grèce ne dépendent pas d'un simple changement de Premier ministre, ce n'est pas cela qui pourrait les résoudre. Ce qu'il faut, c'est changer cette mixture de politique macroéconomique. Soyons réalistes. Nos partenaires ne se soucient pas le moins du monde de notre sauvetage, surtout maintenant que l'édifice européen chancèle, fragile et déficient dès sa fondation. En revanche, ils s'efforcent de mettre en place le moyen de nous exclure de la zone euro à moindre coût, et d'ailleurs, le fiasco que devrait faire la prétendue décote de 50 % de la dette, devrait nous ouvrir les yeux. Si en fin de compte, l'accord du 26 octobre aboutit, il s'ensuivra quelque chose de paradoxal et inédit, c'est-à-dire que la dette de la Grèce sera régie par le droit anglais de façon que même si nous abandonnons l'euro pour retourner à la drachme, nous ne pourrons pas nous relever.

Ce qu'il nous faut, c'est de toute urgence un plan de croissance agressive et rapide, avec des prêts concédés pour la croissance et non pas exclusivement pour les créanciers, et qui proviendraient aussi de pays non-européens. Ce qu'il nous faut, c'est que la population tout entière participe à la reconstruction de notre patrie ravagée, et certainement pas ces froids licenciements massifs de 150-200 000 travailleurs. Et peu importe, bien sûr, si ces sacrifices sont demandés au secteur public ou au privé, car avec ces méthodes goebbelsiennes, une autre chose a bien pris : le secteur privé s'est tourné contre le secteur public.

Il nous faut des salaires et des retraites dignes d'une économie européenne du 21e siècle, susceptibles de raviver la demande effective moribonde, car elle constitue le pilier essentiel de la croissance de notre pays. Il nous faut un accord non léonin pour gérer notre dette. Autrement dit, retirer de la dette ses parties onéreuse et odieuse. C'est-à-dire retirer ce qui interdit à une économie d'assurer un Etat-providence acceptable et met en danger la santé publique et l'éducation : exactement ce que l'on observe en Grèce ces quelque vingt derniers mois. Un accord qui retirera aussi cette partie de la dette, très élevée dans notre cas, qui a déjà été copieusement remboursée par le biais des intérêts usuraires. Un accord aussi, qui retire de notre dette, la dette de guerre énorme de l'Allemagne pour les dommages qu'elle a provoqués en Grèce pendant l'Occupation, lors de la Deuxième Guerre mondiale. Cette dette est estimée par beaucoup à un trillion d'euros, en tout cas supérieure à 172 milliards d'euros. Il nous faut une langue commune qui corresponde à la réalité, une langue qui ne fausse pas la réalité de cette façon ostensible. Par exemple, comment peut-on présenter depuis si longtemps comme des réformes, nécessaires de surcroît, le licenciement par milliers de fonctionnaires, sous prétexte que le secteur public est surdimensionné, au mépris de trois études officielles selon lesquelles il se situe sans ambiguïté dans les limites de la moyenne européenne. Et puis enfin, il n'est pas possible que soit envisagés de la même façon un secteur public considéré comme inefficace et un secteur public considéré comme surdimensionné. On ne peut admettre que des sources grecques et étrangères cherchent continuellement à nous faire croire que la liquidation tous azimuts de la richesse publique du pays équivaut à sa mise en valeur. On ne peut accepter comme une réforme d'assainissement le retour au Moyen Age du marché du travail. Pour finir, il faut que cesse cette course aux impôts par trop imaginative et dangereuse, dans le genre de la récente trouvaille qui frappe l'immobilier.

B. Le deuxième point que je voudrais aborder aujourd'hui concerne quelque chose que je trouve extrêmement choquant. Il s'agit de la façon dont nous sommes arrivés là, sur l'ultime marche de notre autoflagellation, de notre mépris de nous-mêmes, de notre indignité nationale, de notre acceptation silencieuse des conditions et des qualificatifs insultants, abaissants et incompréhensibles. Comme la cession de nos droits de souveraineté nationale, comme l'accord de mise en vente de notre patrimoine national pour une bouchée de pain, comme la présence sur notre sol de Grecs disposés à signer de tels mémorandums et des plans à moyen terme à faire froid dans le dos, et qui se prêtent même comme exécuteurs de la liquidation de la Grèce, à coup de justifications viciées pour imposer la solution unique, prétextant que c'est notre seule planche de salut, et que c'est le seul moyen d'y arriver.

Je ne vais pas parler de ce qui a précédé et nous a conduits à la catastrophe. Comme je le développe dans mon livre, je considère criminel le fait que des mains grecques aient pu signer le premier mémorandum et tout ce qui a suivi... je m'efforce de me convaincre que ceux qui les ont signés, de même que les députés qui les ont votés, n'ont pas pris la peine de les étudier. C'est tout ce qui me console. Parce que moi, après les avoir lus, j'en ai perdu le sommeil. Inutile bien sûr de préciser que lors des négociations, qui n'ont jamais eu lieu, nous disposions – et continuons à disposer – d'un tas d'arguments solides et pour beaucoup évidents sur le fait que malgré nos erreurs et ces gouvernements incapables aux commandes du pays ces trente dernières années surtout, la dette a des causes autres que celles qui nous disent paresseux, incapables, inutiles et j'en passe. Des causes qui justement sont déjà en train de couler l'Europe dont nous ne sommes, en fait, que le maillon faible.

La question est maintenant de trouver le moyen de laisser tout cela de côté, et de prendre conscience qu'il n'y a pas de salut si nous restons sous le joug de la troïka, des mémorandums, etc. Je ne défends, en outre, rien qui ne soit déjà connu de tous, car c'est un fait, partout où il passe, le FMI ne laisse derrière lui que ruines et cendres. Est-ce que je me trompe ?

Or, nous ne serons en mesure de réagir qu'à la seule condition que nous nous libérions de syndromes tels que « tout est de notre faute, de la faute de notre déficience génétique ». Cette croyance est absolument absurde, en général mais tout particulièrement aujourd'hui, puisqu'en plus du sud de l'Europe qui est en train de couler, la France est elle aussi dangereusement cernée.

C'est un fait malheureusement irréfutable que la population grecque a été gagnée par la stratégie du choc si justement décrite par Naomi Klein. Car autrement, comment expliquer les si nombreuses déclarations compassées de nos compatriotes ? Ainsi entre autres : « comment la croissance peut-elle reprendre, puisque nous ne pouvons pas », ou « comment payer les salaires et les retraites puisque nous ne produisons rien », ou « ce serait mieux que les étrangers viennent nous superviser, car nous ne sommes capables de rien ». Voilà en effet le pire aspect de notre problème, le plus sordide et le plus honteux aussi. Car un peuple qui ne croit pas en sa force n'a aucun avenir. Il est voué à disparaître !

Dans le livre aujourd'hui présenté, je tente de démontrer l'absolu ridicule de telles conceptions, qui du reste recourent à des croyances qui ne sont pas sans rappeler celle de la supériorité de la race aryenne, avec les conséquences affreuses que l'on sait. Ces croyances se trouvent dans la même lignée de celles qui accusent certains pays de vauriens, de parias, d'assassins etc., tentant ainsi de légitimer des conflits armés et des catastrophes totalement injustifiables dont nous avons été les témoins tout au long de ces dix dernières années. Et pourtant, il semble que de telles idées nauséeuses se soient sournoisement immiscées en nous. Je ne citerai que quelques exemples de la stratégie du choc mise en œuvre chez nous, depuis que la crise a éclaté. Il s'agit d'abord de cet acronyme tenace et humiliant employé pour qualifier les pays du sud de l'Europe : PIGS. Cochons en anglais. Dans une note en bas de page du livre, je cite à ce propos la très bonne analyse d'Eugène Trivizas, professeur de criminologie en Grande-Bretagne, qui explique comment, par de telles méthodes et autres sobriquets, comme vermine, parasite etc., ont été tolérés les crimes génocidaires perpétrés dans les camps d'extermination nazis. Et puis, on dit que les Grecs sont paresseux de nature – alors que le temps de travail hebdomadaire est le plus élevé d'Europe –, alcooliques, même si le taux des alcooliques est bas ; on dit que les Grecs trafiquent systématiquement les statistiques pour accéder à des positions auxquelles ils n'ont pas droit, même si de toute évidence, la population n'avait pas idée des falsifications faites alors par le gouvernement Simitis, avec l'aide du gouverneur de la Banque de Grèce d'alors et actuel Premier ministre, et avec l'aide aussi de la Goldman Sachs qui nous est si familière, la banque qui réalise des profits faramineux en spéculant à nos dépens.

Et je poursuis en interprétant la baisse vraiment préoccupante du moral de la population, plombé par notre ex-Premier ministre déclarant à l'étranger qu'il « gouverne un peuple corrompu », que la Grèce est un « Titanic en perdition ». Plombé aussi tout récemment par cette vague de panique et de terreur propagée chaque fois qu'il est question d'une nouvelle tranche d'aide financière ou de prendre une décision infamante au plan national, par les cris d'alarme « nous sommes à court d'argent pour les salaires et les retraites », avertissant que « nous allons être expulsés de l'euro au pire moment ». Prétendant que la Grèce est en « faillite », alors qu'il y a longtemps qu'elle a fait faillite et que l'on nous maintient tant bien que mal à la surface. Certainement pas parce qu'ils veulent nous sauver, mais parce qu'ils nous utilisent comme cobaye. Ils s'efforcent – « ils », ou plutôt nous, les 2,5 % du total de la dette européenne – de sauver l'euro qui est manifestement en perdition.

En y réfléchissant bien, avec le recul, il est effectivement difficile de croire que l'UE n'ait pu parvenir à sauver la toute petite Grèce quand cela était encore possible et que la situation le permettait sans problème, faisant une montagne de ce problème mineur. Comment alors ne pas penser à cet article du *Monde* publié il y a quatre mois à peu près, « Ces gamins qui nous gouvernent » !

C. Le troisième et dernier point sur lequel je voudrais faire allusion, c'est le *thriller* du retour à la drachme. Des sondages sont ouverts dans divers journaux économiques internationaux, et enregistrent les votes *avec* ou *sans* l'euro pour la Grèce. Il s'agit bien évidemment d'un faux problème. D'abord, parce que de dilemme, il n'y en aura pas, si dans un avenir proche la zone euro se disloque, ce que l'on ne peut plus exclure. Ensuite, parce que les avertissements à la Grèce, selon lesquels nos partenaires élaborent plan sur plan pour se débarrasser de nous, sont de plus en plus clairs. Et enfin, parce qu'il n'est pas du tout certain que les possibles transformations de la zone euro, sous la lourde botte de l'Allemagne, nous laisseront objectivement toute latitude pour y rester.

Une grande part de la population s'est cependant laissé envahir par la peur et la panique, ressassant, désemparée et incohérente, les horreurs qui nous attendent si nous retournons à la drachme. Et en fait, nous sommes divisés en deux camps : il y a d'un côté ceux qui sont contre la drachme, et de l'autre, ceux qui sont pour. Or, il est malheureux, très malheureux selon moi, que le problème se pose de cette façon si simpliste qu'il en devient dangereux, car il nous rend apathiques et incapables de planifier des propositions alternatives, chose absolument indispensable pour un Etat qui se veut un tant soit peu sérieux.

Sans conteste, en supposant que la zone euro perdure, notre éviction ou notre sortie de l'euro ne pourra être présentée comme un choix de notre part. Cela ne se ferait pas sans dangers, prévisibles ou non, et ce serait certainement une aventure fort désagréable. Mais gare à nous, car le fait est que notre pays n'est pas confronté à ce seul danger. En effet, nous vivons aussi ce drame insoutenable de notre pays à l'agonie lequel, soumis à cette compilation, a perdu pour longtemps sa place au soleil, est condamné à vivre sous un régime d'austérité sans fin et particulièrement dur, sans croissance possible, dont les générations futures, mêmes lointaines, n'auront d'autre choix que d'aller tenter leur chance à l'étranger, hors de ce pays qui sera devenu une colonie européenne.

Non, le retour à la drachme ne peut être le résultat d'un choix. Mais... notre maintien dans l'euro, dans ces conditions toujours plus douloureuses, pour une durée indéterminée, ne nous laisse pas le moindre espoir. En revanche, sauter dans le vide avec la drachme suscite l'espoir, est une promesse de lumière, mais suppose néanmoins certaines conditions. Il est certain que détenir sa propre monnaie d'Etat souverain confère un large éventail de possibilités. Si nous nous préparons avec rigueur à cette éventualité et surtout, si nous cessons de nous voir comme un peuple d'attardés qui ne peut pas... n'est pas en mesure, ne croit pas en soi et cessons de nous flageller, alors peut-être, parviendrons-nous à quelque chose.

Et du reste, le retour à la drachme était dès le début une arme tout à fait efficace pour nous maintenir dans la zone euro, tout en nous assurant des conditions humainement supportables et négociables et, plus que tout, en nous assurant la relance économique, maintenant impossible. Cette arme, à savoir que la peur du loup est réciproque, qu'ils ont peur de nous autant que nous avons peur d'eux, est encore valable même si elle a beaucoup perdu de sa force. Il faut donc faire vite, si nous voulons survivre... nous, nos enfants, et notre patrie.

*

1.5. Analyse approfondie de l'impasse grecque (17.02.2012)

Le deuxième mémorandum honteux aussi bien pour la Grèce que pour sa population, et dont le contenu est bien plus odieux et infâme que le premier, a néanmoins été signé par 199 pères de la nation. Pour le premier mémorandum, certains n'en connaissaient pas, paraît-il, le contenu parce qu'ils « ne l'avaient pas lu ». Il semble que la signature du deuxième sera justifiée par le besoin de se conformer à la « discipline du parti », manifestement plus importante pour les signataires que leur conscience. J'avoue avoir du mal à discerner ce qui est le moins repoussant du point de vue de la population : le fait de réaliser que la baisse de son niveau de vie sur plusieurs décennies est décidée aujourd'hui par des députés qui s'avèrent à ce point irresponsables, ou bien le fait que dans ces moments particulièrement critiques pour notre pays, certains élus représentants de la nation acceptent avec une facilité surprenante le rôle de marionnettes. Je rappelle également que tout cela a lieu alors que les résultats mondialement connus de sondages sur cette question montrent que 90 % des Grecs sont opposés aux mémorandums et aux compilations qui vont avec.

I. Condamnés à disparaître

La disparition planifiée des Grecs a été décidée par quatre hommes politiques : le Premier ministre choisi par la bancocratie internationale, le ministre des Finances qui donne l'impression de ne pas connaître les bases de l'économie – mais après tout, où est le problème ? – et les chefs de deux partis politiques lesquels, après bien des hésitations, ont fini par accepter d'être la garde d'honneur du peuple grec pour aller au feu.

Le gouvernement et les médias aussi – à quelques rares exceptions près – rabâchent cet argument initial de plus en plus vicié, qui s'appuie sur le caractère salvateur des mémorandums, et de plus en plus souvent aussi sur le chaos qui nous attend, si cette deuxième monstruosité n'est pas votée. Des larmes plein les yeux, les marionnettes ont cultivé jusqu'au soir du 12 février un climat de suprême anxiété collective, non pas pour qu'il ne soit pas voté, comme cela aurait dû être, mais pour qu'il soit voté, ce deuxième mémorandum du désastre.

Le problème, du reste, au-delà des sacrifices insupportables et suicidaires exigés par nos partenaires, devrait logiquement être ce que l'on peut attendre de ces sacrifices, même quand la moitié de la population doit tomber d'inanition, quand le chômage doit dépasser la barre des 28 %, quand le PIB doit s'effondrer, quand deux magasins et entreprises sur trois doivent mettre la clé sous la porte, quand le pourcentage de la dette dans le PIB doit encore augmenter, quand les dépenses publiques doivent encore être coupées, quand six jeunes sur dix doivent émigrer, même lorsque la peur doit régner dans les rues et entrer dans nos maisons.

Notre Premier ministre, manifestement satisfait du vote de ce deuxième mémorandum, qu'il présente en l'occurrence comme l'un de nos nombreux « sauvetages », s'est employé à une vaste analyse des résultats prétendument positifs qui naîtront comme par miracle des cendres, des ruines et du pillage de notre pays. M. Papadimos y rabâche les célèbres arguments des fondamentalistes néolibéraux dont les théories sont à l'origine de la deuxième grande crise économique mondiale de 2007 – comme celle de 1929 – et qui, après une brève période d'autocritique, sont revenus, plus offensifs que jamais, sur la scène internationale, dictant des mesures censées gérer les malheurs qu'eux-mêmes ont provoqués. Parmi ces arguments banals par ailleurs et jamais vérifiés, il y a le soi-disant renforcement de la compétitivité qui proviendrait de la baisse du niveau des salaires, il y a la nécessité de supprimer l'Etat et plus particulièrement l'Etat-providence, il y a la nécessité de supprimer toute forme d'intervention étatique car, en fait, cela fait obstacle aux manœuvres *des mains invisibles* et ainsi de suite. Il s'agit donc d'une forme extrême des idéaux du fanatisme néolibéral, décrits non sans ironie par Paul Krugman : « ceux-ci – c'est-à-dire les néolibéraux – ne sont pas des technocrates, mais des romantiques ennuyeux qui imaginent des mesures pour une économie telle qu'ils voudraient qu'elle soit, mais telle qu'elle n'est pas ». Ajoutons à cela que même cette recette inefficace des extrémistes néolibéraux n'est pas correctement appliquée en Grèce. En effet, tout le monde sait que cette recette ne propose pas l'augmentation des impôts, qu'ils considèrent au contraire avec hostilité. Le plan imposé à notre pays est un cocktail empoisonné dont les doses mortelles vont en augmentant, chaque fois que la réalisation des objectifs visés, qui n'ont évidemment rien à voir avec notre sauvetage – mais plutôt avec l'appauvrissement de notre pays afin d'en faciliter la colonisation et la liquidation –, tardent à venir.

Les résultats lamentables du premier mémorandum, mais aussi les ruines que laisse traditionnellement le FMI derrière lui partout où il passe, appliquant ce modèle de délire néolibéral, devraient être une réponse largement suffisante aux attentes optimistes de jours meilleurs et malheureusement indéfendables du Premier ministre, pour l'inciter à écarter la signature vraiment criminelle du deuxième mémorandum. De plus, j'ai du mal à croire que le Premier ministre n'ait pas connaissance de tous ces articles publiés chaque jour et signés par les économistes les plus renommés de la planète, et qui sont tous fermement convaincus que ce deuxième mémorandum va nous achever. *On peut justement s'interroger sur ce que visent exactement ces promesses viciées du Premier ministre faites à une population déjà durement mise à l'épreuve.*

II. Nous allons droit à la catastrophe

Supposons que le Premier ministre et ceux autour de lui qui ont signé ce mémorandum désastreux à plus d'un titre, soient persuadés d'exprimer la vérité absolue, et que c'est ainsi qu'ils justifient leur mépris de l'opinion des personnes compétentes en la matière, qu'elles soient Grecques ou étrangères. Ainsi, outre les positions d'économistes reconnus, auxquelles nos responsables ne daignent pas s'intéresser, il y a aussi ces lourds nuages noirs qui s'accumulent tous les jours un peu plus au-dessus de leur tête face auxquelles les justifications de leurs signatures ne font pas le poids. Il s'agit de :

• la dernière analyse en date du FMI qui revoit à la hausse le pourcentage de la dette dans le PIB pour 2020, de 120 % – lors de l'estimation précédente – à 135 %. Cela signifie tout simplement qu'en 2020, l'économie grecque sera encore plus profondément endettée qu'elle ne l'était au début de la crise, en 2009. Cela signifie aussi que pendant onze ans, la population grecque devra se serrer la ceinture pour satisfaire les banquiers tandis que la dette du pays ne cessera d'augmenter. Cela signifie encore que d'ici à 2020 et même plus, le pays sera constamment obligé de recourir à des sacrifices suicidaires – des salaires, disons, à 200 euros – pour rendre la dette gérable, qui, soit dit en passant, ne pourra l'être que si elle reste au-dessous de 90 % du PIB. Faut-il donc supposer que l'optimisme du Premier ministre, lorsqu'il promet la sortie de la crise et le retour à la vie normale pour la population, est reporté aux années 2040-2050 au moins ? Or, *si les choses se passent comme cela, il est évident que l'ampleur des sacrifices infligés à la population pour une durée si longue ne préoccupent pas du tout ni le Premier ministre, ni les 199 députés qui s'y sont sali les mains, étant donné que la seule chose qui compte dans cette affaire, c'est que les créanciers récupèrent jusqu'au dernier centime l'argent prêté et les intérêts exorbitants. Les Grecs seront entretemps amenés à vivre l'enfer, mais cela n'émeut personne. En revanche, ceux qui ont imposé ce mémorandum estiment que les Grecs doivent être sévèrement punis, qu'ils doivent servir d'exemple à ne pas suivre au reste de l'Europe du sud, comprendre que bien qu'ils soient inutiles, la grandeur d'âme de l'Allemagne leur fait la grâce de ne pas les envoyer finir leurs jours dans des camps de concentration et d'extermination. C'est pour cela qu'ils doivent pacifiquement abandonner leur souveraineté nationale et leurs ressources publiques, aux Allemands certes, mais en fait à la bancocratie internationale.*

Et bien entendu, vers 2040-2050, il est très possible que l'optimisme du Premier ministre finisse par se vérifier, car d'ici là, la population grecque aura diminué, en raison de la faim ou de l'émigration. *Voilà comment notre Premier ministre se trouvera finalement dans le vrai, après coup, mais d'une façon par contre tragique.*

• Un problème de taille, systématiquement passé sous silence ces derniers temps, est que nos partenaires européens ont fini par se rendre compte que la dette n'est pas gérable. *Cette mauvaise évolution – semblable à celle du Portugal, même si celui-ci fait tout pour « ne pas être comme la Grèce » – est le résultat de la mixture des mémorandums qui ont détruit toutes les ressources du pays et ont asséché toutes les recettes de l'Etat, sans exception.* L'économie grecque est moribonde, et dans la situation où elle se trouve, son avenir s'annonce des plus sombres, sans la moindre lueur au bout du tunnel. *Par conséquent, il va de soi que les discussions et les solutions proposées s'appuyant sur l'hypothèse viciée que la dette grecque est gérable, devront abandonner cette voie et en chercher une autre. Inutile d'ajouter que c'est avec les mémorandums et les contrats de prêt que la dette passe pour gérable, et c'est sur la base de cette hypothèse qu'ils imposent à la population grecque des sacrifices durs et manifestement sans retour.*

• *De plus, il faudra sérieusement prendre en considération dans nos choix, quels qu'ils soient, le déroulement pas du tout satisfaisant du PSI (effacement partiel de la dette). Le paysage est plutôt brumeux, les paramètres de cette « coupe » sont comme le sable mouvant, et je crains fort que cela n'aboutisse à un « fiasco ».* La situation s'aggrave encore plus à cause de Standard & Poor's qui a décidé d'abaisser la note des bons du Trésor grecs et de la faire passer dans la catégorie à risque « en cessation de paiement ». J'ajoute sur ce point que la « coupe » aurait dû se faire au début, comme je l'avais par ailleurs préconisé ; il aurait alors suffi d'une décote de l'ordre de 20-25 % pour rendre la dette viable. Or, à ce moment-là, nos dirigeants affirmaient, et de surcroît avec une arrogance affichée, que « quiconque soutient la restructuration de la dette ou la renégociation du mémorandum est un ennemi de la nation, car le mémorandum constitue notre succès ». Et pendant que dans le pays l'on discutaillait de tout cela, nos créanciers gagnaient du temps pour se débarrasser des bons du Trésor grecs… si bien que maintenant que les responsables s'y sont enfin décidés, une « coupe » même de 90 % ne suffira pas à rendre la dette gérable. *Est-ce une ignorance lamentable des principes élémentaires de la finance ou bien quelque chose de pire ?*

• Ces évolutions tragiques auxquelles nous ont conduits nos partenaires européens, avec la collaboration de nos responsables politiques, ont réussi à transformer un problème tout à fait gérable apparu en 2009, en une montagne qui menace jusqu'à l'UE et la zone euro. Nos partenaires européens, incompétents ou paniqués, qui ne sont très certainement pas à la hauteur de la situation, ont peut-être été en partie comblés par la décision de condamner à mort le peuple grec ce 12 février, mais cela ne leur suffit pas. Ainsi, apparaissent-ils contradictoires, sans avoir pourtant complètement clarifié ce qu'ils attendent vraiment de notre petit pays, ni de quelle façon ils vont se l'assurer. Stimulés par la conviction que tout leur est permis, par l'obéissance passive de la Grèce qui s'incline devant eux en signe de respect dans l'attente des ordres, les dirigeants européens ont largement dépassé les limites de l'acceptable. Ainsi, certains d'entre eux n'hésitent pas à invectiver, à émettre des propos insultants et humiliants, oubliant qu'ils s'adressent à l'un des pays membres de l'UE, lequel en théorie du moins, se trouve être encore l'égal des autres. En foulant ainsi du pied ces principes de base de la démocratie, de l'égalité, de convergence et de solidarité qui ont érigé l'édifice européen et la zone euro, ce qu'ils cherchent, c'est le moyen de martyriser le peuple grec et pas de résoudre le problème de la dette.

III. Hellas : première colonie de l'UE

Les effets dangereux de l'intensification de la « stratégie du choc » infligée à la population grecque annoncent ce qui nous est réservé pour la suite. Ces évolutions dramatiques, qui malheureusement ne seront pas d'une nature proprement économique, se dessinent avec une persistance de plus en plus forte dans les élans quasi-quotidiens d'Angela Merkel, de Wolfgang Schäuble et autres représentants des pays de l'avant-garde allemande.

• Certaines de ces évolutions, déjà manifestes dans le paysage grec, sont :

a) La concession du contrôle économique absolu de notre pays, soit au ministère des Finances allemand qui siègerait à Athènes, soit – ce qui revient à peu près au même – à une caisse spéciale où serait envoyée la totalité des recettes de l'Etat, pour servir la dette. Et avec le reste, à condition bien sûr qu'il reste quelque chose, une partie des « indigènes » arriveraient peut-être à survivre. Et puis, il est prévu qu'un superviseur soit nommé dans chaque ministère, c'est à se demander à quoi serviront les élections. Et c'est alors que ceux qui jusqu'à présent mentaient en disant que « nous sommes à court d'argent pour les salaires et les retraites » se trouveront entièrement dans le vrai. A force d'imposer sans cesse de nouvelles mesures de plus en plus douloureuses, le pays ne pourra effectivement plus verser les salaires et les retraites.

b) Le niveau de vie moyen de la population va s'effondrer subitement, à 40-45 % du niveau actuel, car parallèlement le PIB continuera de baisser, étant donné que le plan de la troïka ne laisse guère de place à la croissance.

c) Les inégalités dans la répartition des revenus déjà dangereusement profondes vont s'amplifier encore davantage sous l'effet de l'augmentation du chômage qui va dépasser les 28 %, de la chute des salaires, de la fraude fiscale toujours intouchée qui pérennise le poids fiscal injuste imposé aux salariés et aux retraités, de la disparition des petits métiers et des commerces au profit des grandes multinationales, du soutien des banques qui bénéficieront toujours des prêts colossaux de la BCE, lesquels ne se diffuseront pas dans l'économie mais continueront de se capitaliser, de l'augmentation des exportations en raison de l'effondrement de la consommation intérieure et des prix maintenus à un niveau élevé. Ajoutons à cela l'effet de la Bourse d'Athènes qui, malgré le fait qu'elle se retirera progressivement, continuera de réaliser d'importants profits spéculatifs grâce au renforcement de phénomènes d'information interne. Cela, et d'autres encore, viendra à bout non seulement des plus pauvres mais aussi de la classe moyenne, augmentant ainsi le poids spécial des riches et des très riches dans la société grecque.

d) La population grecque va se décimer. Premièrement, à cause de l'émigration massive des jeunes et des plus qualifiés, qui cherchent déjà une seconde patrie dans n'importe quel pays de l'ouest ou de l'est. Et deuxièmement, à cause de l'augmentation dramatique des morts dues à la malnutrition, à l'absence totale de services publics de santé et de prévoyance, au manque de chauffage l'hiver, mais aussi aux suicides. En résumé, les générations futures seront confrontées, toutes proportions gardées, à des difficultés similaires à celles de la Deuxième Guerre mondiale et de l'occupation allemande. *C'est en cela que les diktats inhumains de la troïka peuvent être assimilés à un crime contre l'humanité.*

e) Le nombre des sans-abris, qui sont 30 000 aujourd'hui, devrait au moins doubler. A cette tragique évolution, la suppression des foyers ouvriers contribuera de façon décisive.

f) Deux commerces et entreprises sur trois vont fermer, laissant sans travail le personnel qui y est employé et non loués quantité de locaux.

g) Les recettes de l'Etat vont baisser encore davantage à cause de la récession, laquelle ne devrait pas s'inverser mais au contraire geler.

Or, tous les alinéas qui précèdent, de a *à* g, *ne sont nullement le produit d'une imagination délirante. Ils deviennent déjà réalité sous nos yeux et, si nous restons enfermés dans les mémorandums et tout ce qui va avec, si nous restons sous le joug de la troïka, la suite est déjà toute tracée :*

• *perte totale de notre souveraineté nationale et changement de notre statut en première colonie européenne,*

• *liquidation totale de notre patrimoine public.*

IV. Que pouvons-nous encore attendre de nos partenaires ?

La tension ne cesse d'augmenter, perceptible dans l'attitude révoltante de nos partenaires européens et il est fort probable que leurs expressions souvent sibyllines dissimulent leurs efforts pour nous pousser à sortir volontairement de la zone euro, compte tenu du fait qu'aucune disposition ne prévoit l'expulsion d'un Etat membre. Car il est clair que nous sommes un poids pour nos partenaires et que s'ils nous tolèrent, c'est seulement parce qu'ils ne savent pas si notre sortie contaminera l'ensemble du sud de l'Europe et si cela scellera la fin de l'euro. *Cette arme pourrait se révéler particulièrement efficace pour nous dans les négociations, ne serait-ce qu'à court terme, car il est certain que nos partenaires trouveront des moyens moins risqués, dans un avenir proche, de se débarrasser de nous.*

Depuis deux ans, nous vivons dans un environnement asphyxiant et toutes les données établissent comme complètement absurde l'espoir d'une quelconque amélioration. Tout renforce l'hypothèse au contraire que les chantages, les humiliations et la façon dont on nous envisage s'intensifieront chaque fois qu'il sera question d'obtenir une nouvelle tranche d'aide. Or, ce qui est certain, c'est que dans ces conditions asphyxiantes, ce besoin se perpétuera car la dette n'est pas gérable et ne sera jamais viable tant que nous resterons sous les mémorandums et la troïka. Dans cet intervalle interminable, nous serons mis sous complète surveillance et dans un état d'appauvrissement complet, alors que nous perdrons un peu de notre indépendance nationale et que notre patrie sera bradée un peu plus en échange, chaque fois, d'un nouveau prêt.

Il faut aussi désormais prendre très sérieusement en considération l'éventualité d'une dissolution de l'UE et de la zone euro, comme le prévoient de nombreux économistes reconnus qui situent la fin de cette expérience à grande échelle dans les trois prochaines années. Ce sera alors la preuve que tous ces sacrifices et surtout l'avilissement inadmissible, multiple et continu de notre pays, n'ont jamais eu aucun sens.

Quoiqu'il en soit, il ne fait plus aucun doute que nos partenaires, en agissant comme ils le font, nous poussent à la catastrophe. Il ne faut cependant pas oublier, à aucun moment, que l'ampleur de notre dette, non viable en 2012 pas plus qu'en 2020 selon certains pronostics, est entièrement due à l'austérité dictée par les mémorandums et leur cortège de mesures, diamétralement opposés à ce que préconiserait le bon sens. Si nous restons là où nous ont enfermés nos partenaires européens, il est certain que nous courons à notre perte, à une dissolution totale, à notre disparition de la surface de la Terre. Et je ne pense pas exagérer en affirmant que nous vivons une forme originale de génocide. C'est pour cela que chercher d'éventuelles solutions alternatives est une question de vie ou de mort.

Beaucoup d'opportunités nous ont bien évidemment été données, qui n'ont malheureusement pas été mises à profit, pour des raisons non seulement inexplicables, mais en plus réellement criminelles. Et maintenant ? Même maintenant où nous sommes en situation de détresse, nous continuons à subir menaces, chantages, ultimatums, humiliations et insultes sans réagir. Nos chefs politiques refusent de prendre en considération le fait que la souveraineté et la dignité d'un pays sont des valeurs non négociables. Et ils oublient qu'en acceptant systématiquement avilissements et humiliations, ils affectent gravement la population et la poussent à des réactions incontrôlables. Ils oublient aussi qu'ils ne sont pas habilités à permettre avec une telle facilité qu'une population soit ainsi outragée, saignée et ruinée.

Malheureusement, ces crimes, à savoir la subordination ainsi provoquée de la Grèce au FMI, la signature du premier mémorandum et sa non-négociation, la signature du deuxième mémorandum, la mise en œuvre de la liquidation du pays, la concession de la souveraineté nationale se poursuivent. Déjà, le centre de gravité s'est déplacé, semblant vouloir bloquer toute solution alternative venant de la population qui se trouve condamnée à rester enfermée et à griller dans l'enfer de la troïka et des mémorandums. Ce schéma continue d'être présenté comme notre « seule chance de sauvetage » et exclut, à coups de vétos, jusqu'à la simple idée d'une autre solution. Pire encore, même dans ce cas, les désormais célèbres procédés de la « solution unique de la pensée unique » sont suivis, récemment utilisés pour l'installation de la mondialisation, de notre subordination au FMI, de la non-négociation, de la signature aveugle des mémorandums, etc… Ces procédés agissent sur deux aspects qui fonctionnent en parallèle. Pour le premier, ceux qui se risquent à proposer d'autres solutions, en dehors de celle qui est imposée d'en haut à coup de matraque sont montrés du doigt. Ceux qui ne sont pas d'accord avec cette solution unique sont en général qualifiés de « conspirateurs » – le gang de la drachme –, sont accusés de se laisser mener par des aiguillons personnels et des intérêts illicites, sont présentés comme des ennemis de la nation et du peuple, alors que souvent, des arguments naïfs sont mobilisés de l'autre côté pour convaincre que ce sont eux qui disent la vérité. Le deuxième aspect de cette entreprise porte sur ces phénomènes terribles qui vont s'abattre sur nous si par malheur nous nous détournions du droit chemin, qui ne mène pourtant nulle part, si ce n'est droit à la catastrophe, celui de l'obéissance aux mémorandums et autres délires inspirés de la troïka : nous connaîtrons la faim, il n'y aura pas d'argent pour les salaires et les retraites, nos ressources vont s'évaporer, nous allons mourir de froid car le prix du pétrole sera prohibitif, notre niveau de vie va baisser de 85 %, surtout pour les plus vulnérables qui seront le plus affectés et bien d'autres joyeusetés encore, que d'aucuns soutiennent en l'air et sans la moindre étude préalable.

*

1.6. L'insoutenable légèreté, le grotesque et la pourriture règnent sur la période post et préélectorale (22.05.2012)

La colère et l'indignation ressenties par la population grecque sont justifiées face au revirement éhonté des architectes de sa destruction – ceux qui se sont sali les mains de son sang en signant les mémorandums et les textes de sa condamnation qui ont suivi – en adeptes véhéments de la nécessité d'une renégociation de tout ce qu'ils ont signé. Il s'agit des mêmes personnes qui jusqu'à hier défendaient passionnément la teneur prétendument sans alternative des mémorandums, et qui agitaient leur pouce vers le bas, menaçant le peuple appauvri par les mémorandums et leurs « ajusteurs », déclamant haut et fort qu'ils « doivent être appliqués à la lettre » « pour que nous sortions de la crise » car il n'y a pas d'autre voie possible. Il s'agit toujours de ces mêmes personnes qui ont refusé la renégociation de la dette quand il en était encore temps, pour obtenir un résultat positif, nous entraînant ainsi avec un retard impardonnable au fiasco du PSI.

Par contre, au lendemain de l'élection du 6 mai, les deux partis pro-mémorandums ont comme par enchantement disparu de la scène politique. On remarque soudain que le paysage n'est fait que de partis anti-mémorandums. Et dans le même temps, tout ce qui avant le 6 mai était présenté comme impossible, dangereux ou populiste, est maintenant défendu avec ferveur par les deux partis ex-pro-mémorandums. Il faudra certes souligner que ce revirement ne se limite pas aux frontières de notre pays, mais qu'il a atteint nos partenaires européens, lesquels oui, confirment cette vérité des chefs des deux grands partis pro-mémorandums d'avant. En d'autres termes, ils confirment que dorénavant le peuple grec pourra jouir de tous ces allègements de son martyre qui étaient rigoureusement exclus la veille encore. Maintenant, dans cet intervalle des élections législatives, nos partenaires, en accord avec les deux partis anciennement pro-mémorandums, nous invitent à une... renégociation amicale. Bien sûr, nos partenaires laissent planer une condition inviolable sur la concrétisation de cette invitation : à savoir que le gouvernement qui sortira le 17 juin doit être à leur goût. Ils veulent bien que « la Grèce reste dans la zone euro, mais... ». « La Grèce doit tenir ses engagements, sans ça... ». Ils veulent « un gouvernement responsable au sortir des élections... » etc., etc. sinon...

Sinon, ce sera l'enfer sur terre. Et toutes les menaces se cristallisent dans le dilemme suivant, formulé par Angela Merkel, demandant expressément d'organiser jusqu'à un référendum en même temps que les élections du 17 juin : *« dans l'euro ou pas ».*

Mais hormis le fait qu'au vu du résultat des récentes élections du 6 mai, les citoyens grecs ont déjà répondu – à savoir qu'ils désirent rester dans la zone euro –, cette question n'est pas seulement un faux dilemme, elle ôte aussi au processus préélectoral jusqu'à la dernière trace de logique élémentaire, faisant de ce « dilemme » un outil facile et abject de chantage. En effet, de nombreuses interrogations sans réponse sont générées par ce très profond parti pris antidémocratique de nos partenaires qui n'acceptent d'autre interlocuteur dans toute discussion sur une quelconque renégociation des mémorandums que les représentants des partis pro-mémorandums et non ceux des partis anti-mémorandums. Et on peut justement se poser la question suivante : selon quels arguments logiques pourrait-on soutenir qu'une telle discussion serait plus constructive si elle se faisait avec des représentants des partis pro-mémorandums, même si jusqu'à hier ils défendaient avec véhémence la nécessité de se conformer absolument aux mémorandums ? Il est donc clair qu'un tel « boycottage » de la part de nos partenaires inclut un autre chantage qui lui aussi, bien entendu, nage dans les eaux troubles de cette indescriptible période préélectorale, et qui consiste en cette injonction ostensible qui nous vient de l'étranger : « votez pour les partis pro-mémorandums si vous voulez atténuer votre supplice ». Ce chantage s'accompagne habilement de l'hypothèse complètement infondée selon laquelle un vote en faveur d'un parti ou d'une alliance anti-mémorandum jettera la Grèce hors de la zone euro, auquel cas la population, privée de salaires et retraites, mourra de faim, mourra de la pénurie de médicaments, et aussi de froid, à cause de la baisse des importations de pétrole et de gaz.

C'est maintenant le SYRISA [coalition de partis de gauche radicale] qui est ouvertement visé. La peur qu'inspire ce parti, en Grèce mais surtout à l'étranger, est liée aux conséquences de son possible succès aux prochaines élections. Un tel résultat serait précisément la démonstration éclatante de la nature asphyxiante de la politique du FMI, prise à-bras-le-corps par l'UE, sa nudité et le danger qu'elle représente pour les économies qui s'y sont soumises. Le sud de l'Europe, qui souffre tout entier de la politique d'austérité sauvage et sans perspective, va probablement se soulever. Il isolera et stigmatisera Angela Merkel et fera grincer les fondations du néolibéralisme. Enfin, il amputera les arrangements conspirateurs entre Athènes et la Commission européenne. Il est par conséquent absolument nécessaire, selon les responsables de cette situation, en Grèce et à l'étranger, d'éviter ce terrible danger. Voilà pourquoi le pas suivant consiste à laisser fuiter ce dilemme rebattu : dans la zone euro ou pas, qui peut être analysé ensuite comme ceci : « si vous votez pour un parti pro-mémorandum, vous resterez dans la zone euro, autrement vous serez exclus » ! La façon dont nous serons exclus n'est pas précisée, puisque deux versions circulent en même temps :

• Selon la première, si nous avons l'audace de voter pour un parti anti-mémorandum, notre punition sera l'exclusion de la zone euro, qui se concrétisera par l'interruption des prêts décidés tandis que nous serons entraînés dans une faillite incontrôlée.

• Selon la seconde, le chef du SYRISA Alexis Tsipras – ou du moins un quelconque chef de parti anti-mémorandum – annoncera qu'il fera sortir le pays de la zone euro.

Il ne fait aucun doute qu'à première vue, la voix de la raison s'opposera à l'une et l'autre de ces versions. On ne peut concevoir, en effet, que soient données à la Grèce – 2,5 % de l'Europe – les clés de sa destruction, on ne peut croire qu'elle consente elle-même à se suicider. Le coût de la dissolution de la zone euro qui menace de survenir dès lors qu'un seul des pays membres se retire, est évalué à 1-3 trillions d'euros, en raison de l'effet de domino qui ne manquera pas de suivre. Lors d'un colloque qui s'est récemment tenu à Florence, l'ancien chef du gouvernement italien et président de la Commission européenne, Romano Prodi, déclara : « Si la Grèce sort de l'euro, d'autres pays commenceront à s'effondrer comme un château de cartes, sous les coups de la spéculation ». « La Grèce ne représente que 2,5 % du PIB de la zone euro, c'est certainement très peu. Or, si elle se retire de la monnaie unique, la spéculation après avoir englouti Athènes, aura encore faim », ajoutant : « elle s'en prendra au Portugal, à l'Espagne et ensuite à l'Italie et à la France ». J'ajoute que les dépôts bancaires en Espagne, au Portugal et en Italie s'élèvent à 5,5 trillions d'euros, c'est-à-dire sept fois plus que les liquidités du Fonds Européen de Stabilité Financière (FESF). Et je rappelle aussi que les banques de Chypre ne se portent pas bien, qu'elles détiennent 10 milliards d'euros de titres de la dette grecque, et que si la Grèce retourne à la drachme, elles auront besoin d'aide.

Les dangers s'étendent également au-delà des frontières de l'Europe. Barak Obama s'en inquiète et propose des solutions autres que l'austérité sauvage pour combattre la crise, se déclarant radicalement opposé à l'exclusion de la Grèce de la zone euro.

Aussi grande que semble être la pugnacité d'Angela Merkel à l'égard de notre pays, il est fort peu probable qu'elle aille jusqu'à dissoudre volontairement l'Union européenne et la zone euro.

Et je termine avec un autre dilemme tout aussi étrange, qui comprend lui aussi une bonne dose de chantage : « sans mémorandum, pas d'euro » !

A quoi d'autre faut-il donc s'attendre d'ici le 17 juin ?

*

1.7. Les prédictions dantesques du rapport de la Banque Nationale de Grèce (29.05.12)

Concordant parfaitement avec les menaces provenant de l'étranger contre notre pays, et tombant presqu'au même moment que les déclarations empreintes de cynisme de Christine Lagarde, par lesquelles la directrice du FMI – ce Fonds censé nous sauver – nous informe qu'elle « n'éprouve aucune sympathie » à notre égard, un rapport de la Banque Nationale de Grèce des plus étranges a soudain fait son apparition, laquelle banque n'est d'ailleurs grecque que de nom.

Le rapport en question a un caractère d'urgence flagrant et dresse, avec une exactitude mathématique admirable, la liste effroyable de ce qui nous attend si nous osons sortir de la zone euro, des évolutions cruelles qui feront de nous les primitifs de l'Europe.

Il s'agit d'une étude analytique qui, autant que je sache, est publiée pour la première fois au niveau international, étant donné que toutes les tentatives précédentes apparaissaient simplement comme des pronostics contestables, et le plus souvent juste comme un scénario parmi d'autres. Et ceci, car ces évolutions portent sur une situation complètement inconnue, puisqu'aucun Etat membre n'a encore jamais quitté la zone euro, et qu'elles dépendront de quantité de données, absolument impossibles à prévoir, pas même en recourant à des exemples parfaits du point de vue économétrique.

Mais voilà que le rapport de la Banque Nationale de Grèce a contourné comme par magie toutes ces contraintes jusqu'à aujourd'hui infranchissables, s'évertuant à arriver avant la catastrophe et informer la population de ce qui l'attend, avec le plus de détails possibles et une exactitude mathématique, si l'idée lui venait de dévier de ses engagements envers le mémorandum (c'est-à-dire ceux que les « signataires » des mémorandums ont endossés sans demander son accord à la population).

Ce rapport fait malheureusement partie intégrante du sentiment de panique incommensurable si brillamment véhiculé, en cette période « interélectorale ». Nous sommes bombardés vingt-quatre heures sur vingt-quatre par les moyens d'information de masse – méritent-ils d'ailleurs ce nom ? – qui nous serinent ce que signifierait une sortie de la zone euro. Laquelle sortie de la zone euro est utilisée comme un épouvantail contre ceux d'entre nous qui auraient la velléité de voter pour un parti anti-mémorandum. Cette terreur, qui grandit à mesure que le 17 juin approche et pour laquelle, outre les médias, sont aussi mobilisés des organismes officiels et des institutions grecques ou étrangères, a clairement pour objectif le revirement brutal de la libre décision du peuple grec. Au fait, le résultat des élections, quel qu'il soit, pourra-t-il être considéré comme légal sachant que, de l'avis général, les préférences électorales du peuple grec auront subi une pression inouïe ? Lequel peuple, manifestement, passe pour immature, superficiel et incapable de choisir par lui-même dans l'intérêt de son pays. Et on se demande aussi, à ce propos, dans quelle mesure les sondages quasi-quotidiens, qui devraient normalement être « rassurants » pour les tenants du mémorandum, correspondent à la réalité. Or rassurants, il semble qu'ils ne le sont pas ! Ou bien est-ce que… peut-être… nous refilent-ils les désirs cachés des tenants des mémorandums, et pas tant les vraies intentions de vote du peuple grec ? Peut-être… peut-être que… ces résultats mirobolants sont dans la lignée des déclarations quotidiennes de ces fervents tenants des mémorandums, qui nous déconcertent avec leurs questions sans réponse, comme par exemple :

• pourquoi, oui pourquoi puisque c'était si simple (si simple qu'ils nous le présentent maintenant, en cette période post et pré-électorale), n'a-t-on pas cherché à renégocier le mémorandum, et au lieu de cela, voyait-on les pouces s'agiter vers le bas, menaçants, pour nous faire croire à tous que c'est fini, pour nous convaincre de nous laisser aller à la ruine en appliquant à la lettre les mémorandums criminels,

• pourquoi, oui pourquoi, puisqu'il était possible d'éviter la décapitation de 150 000 fonctionnaires, aujourd'hui – en cette période post et pré-électorale toujours –, les anciens fanatiques du mémorandum (qui exigeaient fermement leur révocation) promettent… de stopper les licenciements massifs, après les élections,

• pourquoi enfin, et comment explique-t-on le revirement de ces fervents défenseurs du mémorandum qui, jusqu'à la veille des élections du 6 mai se montraient « dégoûtés » par ce secteur public qu'ils jugeaient surdimensionné, profondément corrompu et pour une grande part inutile, alors que maintenant…

et bien, pas tant que ça… ce n'est pas tout à fait comme ça… Nous verrons comment nous allons le gérer, après les élections. Des promesses encore !

Venons-en maintenant au contenu de la « catastrophe » épouvantable, agitée devant nos yeux par le rapport de la Banque Nationale de Grèce, qui va s'abattre sur nous si le résultat des élections du 17 juin n'est pas conforme à ce que veulent les tenants du mémorandum, Grecs et étrangers. Une telle exactitude dans ces prévisions pour ce qui concerne la conflagration de l'économie grecque et de la société, après l'admiration initiale face à la « prouesse » de ce rapport, entraînent quantité d'interrogations, telles que :

1) Quelles étaient les hypothèses initiales de cette étude concernant le retour à la drachme – monnaie nationale et internationale ou bien divers scénarios, et dans ce cas, lesquels exactement ? –, concernant le rythme de croissance de l'économie du pays – le modèle suivi était-il statique ou dynamique ? –, concernant les chances de s'assurer des prêts extra-européens et les conséquences sur le niveau de vie, concernant la restriction de l'importation des biens de luxe, concernant les capacités de sauvetage – et non de liquidation – des ressources nationales, en négociant l'extraction, par exemple, avec les puissances extra-européennes et ainsi de suite ? Parce que les « chiffres terrifiants » dudit rapport ne veulent évidemment rien dire s'ils ne tiennent pas rigoureusement compte de toutes les occasions qui s'offriraient à l'économie grecque en cas de retour à la monnaie souveraine, tous les effets positifs d'une croissance rapide, impossible si nous restons sous le régime des mémorandums, alors que seuls les dangers sont partialement énumérés. Pourquoi ?

2) Cette « étude » montre les paramètres de la catastrophe biblique qui, selon ses rédacteurs, se jettera sur la Grèce au cas où elle sortirait de la zone euro. En revanche, il n'y est pas du tout question, comme cela devrait être :

A) Des avantages nombreux et indéniables que représente une monnaie nationale. C'est justement l'absence de monnaie nationale qui est responsable des énormes difficultés auxquelles sont confrontées aussi bien la Grèce que l'UE et la zone euro.

B) De l'autre côté, c'est-à-dire celui qui vaut depuis maintenant deux ans, c'est l'enfer, sans espoir de rémission et sans espoir tout court pour au moins trente ans – comme le laissent présager nombre d'études sérieuses. Cette situation, qu'il n'est pas exagéré de qualifier de génocidaire, le présent rapport la considère *a priori* comme préférable à un retour à la drachme. Pourquoi pas... mais alors dans ce cas, ce sont des preuves scientifiques, des conclusions d'analyses comparatives qu'il nous faudrait, au-delà des menaces et de la peur propagée par ce rapport vicié et dénué de toute consolidation rationnelle. Et il est clair qu'un oubli si énorme, surtout maintenant que le sort de la Grèce est scellé pour des décennies, est indéniablement criminel.

C) Du fait que le rapport passe sous silence, sans la moindre explication, ces valeurs non négociables que sont pour une nation sa souveraineté et sa dignité, mais aussi la préservation de sa richesse. Il n'y a pas d'autre solution, lorsque ces valeurs sont menacées, que de les défendre coûte que coûte. Or malheureusement, ces valeurs sont depuis longtemps cruellement piétinées par les solutions des mémorandums, lesquelles semblent largement approuvées par le rapport de la Banque Nationale de Grèce.

3) *De nombreuses études sérieuses, européennes mais aussi mondiales, prévoient un grave bouleversement au cas où la Grèce quitterait la zone euro. Un bouleversement qui affecterait bien sûr la Grèce, mais aussi dans une large mesure ses partenaires européens et pas seulement, puisque cette perspective fait déjà trembler les Etats-Unis et la Russie. Les études sur ce sujet parlent de pertes, hors la catastrophe en Grèce, qui devraient s'élever à 1 ou 3 trillions d'euros*. Et on se demande, à la lecture des « révélations » du rapport, si ses motivations – ce qui bien évidemment ne serait pas rationnel – s'appuient sur l'hypothèse forcément naïve que l'UE et la zone euro, et aussi le reste du monde, remettraient si facilement les clés de leur destruction à la Grèce, dont la dette ne représente que 2,5 % du total de l'Europe.

4) Depuis longtemps, de nombreux signes témoignent des multiples impasses de l'UE-zone euro, et surtout de la déficience congénitale de l'euro, alors que fusent les scénarios de sa dissolution. Ces dernières semaines, le râle de l'Espagne agonisante s'intensifie, le pays étant affecté par une dette que l'UE ne parvient pas à gérer, tandis que l'Italie semble elle aussi perdre pied. Les paris qui culminent sur la dissolution de la zone euro lui donnent 39,50 % de chances pour les prochains mois. Quel sera alors le sort de notre pays, si pendant ce temps, sa vie est bradée à ses créanciers, et s'il cède définitivement sa souveraineté ? Une étude sérieuse, surtout lorsqu'elle provient de la Banque Nationale de Grèce, ne devrait-elle pas, au lieu de terroriser la population, contenir aussi ce scénario qui, en outre, se trouve être le plus probable ?

5) On parle beaucoup de l'abandon de l'euro par la Grèce, ces derniers temps. Indépendamment de cette éventualité et du fait que ces débats cherchent peut-être à éviter un résultat indésirable lors des prochaines élections, la Banque Nationale ne devrait-elle pas s'employer à une étude véritablement sérieuse, au lieu de terroriser la population ? Ne devrait-elle pas indiquer les moyens de minimiser la gravité des conséquences d'un retour à la drachme ?

Et pour finir avec le rapport de la Banque Nationale de Grèce, je me contenterai de signaler que « tout autre commentaire serait superflu ».

*

1.8. L'erreur du FMI passée sous silence (12.03.2013)

En janvier, le grand macroéconomiste Olivier Blanchard a reconnu que le FMI s'était trompé au sujet de la Grèce. Ce n'est pas la première fois que l'efficacité de la stratégie imposée à la Grèce est remise en cause. Il y a en effet quelques mois, Olivier Blanchard déjà, Christine Lagarde, l'ancien directeur du

FMI Dominique Strauss-Kahn, mais aussi l'économiste de l'OCDE Reza Lahidji avaient exprimé leurs réserves, mais c'est la dernière en date qui a provoqué des réactions.

Ainsi, un certain effort de décryptage est-il nécessaire, pour comprendre l'inertie systématique mais aussi les réactions anormalement tardives face aux mises en garde proférées contre les effets négatifs des mémorandums. Je pense ici à cette occasion tombée du ciel, le *mea culpa* du FMI, que le gouvernement grec a laissé filer sans chercher à l'exploiter. Et de l'autre côté, l'étranger qui s'efforce, à l'aide d'arguments peu convaincants, d'éluder la question. Autrement dit, la Commission européenne soutient la politique erronée d'austérité au lieu de la corriger.

Il est fort probable que si les haut placés au FMI ont tant tardé à reconnaître leur erreur, c'est parce qu'ils ont conscience que la dette grecque n'est pas viable. Je rappelle ici que d'après la bibliographie existante sur ce sujet, toute dette qui dépasse 90 % du PIB est considérée comme non gérable. Et on espère que la dette grecque qui, malgré l'alchimie électorale de juin 2012 a été décrétée viable, devrait dans le meilleur des cas, être d'à peu près 124 % du PIB en 2022. Dans de telles conditions, l'aveu officiel d'Olivier Blanchard n'est rien d'autre qu'une exhortation à l'abandon immédiat de cette malheureuse stratégie imposée à la Grèce.

Et c'est cela qui a déclenché des réactions contradictoires dans le pays mais aussi à l'étranger. D'abord, l'aveu d'Olivier Blanchard a provoqué un malaise évident au sein du directoire de l'UE, qui est même allé jusqu'à en démentir la teneur, tandis que les gouvernants Grecs se sont retrouvés extraordinairement désarmés, à croire que la nouvelle ne les concernait pas, et évitaient toute friction avec le directoire. Ces réactions ambiguës semblent refléter l'opposition rampante entre le FMI et l'UE. Leur désaccord ne se limite pas seulement à la gestion par l'UE de la Grèce, mais concerne surtout le régime de l'austérité sauvage qui étouffe tout espoir de croissance en Europe, menaçant d'entraîner avec elle aussi les Etats-Unis dans une profonde récession.

Tout laisse à penser que la vraie raison du malaise de l'UE est idéologique. La Grèce a en effet été utilisée comme une arène d'où ne sortirait gagnante que l'une des deux cosmothéories : l'interventionnisme de Keynes opposé au libéralisme de Hayek et Friedman qui voient la disparition de l'Etat. S'agissant des mémorandums et de ses effets, on ne peut parler d'erreur mais plutôt d'une expérimentation, la première de l'histoire économique, ce qui, en l'occurrence, est strictement interdit dans les sciences sociales. Cette expérimentation consiste en la dévaluation intérieure. Les maîtres d'œuvre de cette opération ont toujours su qu'elle aboutirait à la disparition irrévocable et définitive de l'héritage de Keynes, puisqu'elle démontrerait que l'austérité, rien que l'austérité mène à la croissance.

Mais l'expérience a tourné au fiasco. Un énorme fiasco. Elle est par contre responsable de 4 000 suicides, de l'appauvrissement de 3,5 millions de personnes, de la baisse de deux ans de l'espérance de vie ; elle est responsable aussi d'un taux de chômage qui dépasse l'entendement, de l'explosion du nombre d'interruptions volontaires de grossesse et d'abandons de nourrissons pour des raisons purement économiques, du démantèlement de vies humaines et de familles, du nombre incontrôlable des SDF dû à la destruction progressive de la classe moyenne, de l'insupportable spectacle des Grecs qui, au 21e siècle, sont de plus en plus nombreux à chercher de quoi manger dans les ordures, du démantèlement de l'Etat-providence, et de bien d'autres horreurs encore.

Bien que l'expérience « Hellas » ait été dès le début vouée à l'échec, le fanatisme presque religieux de la troïka pour l'austérité en a repoussé le constat. Au contraire même, la troïka a longtemps soutenu, et contre toute logique, que le plan de sauvetage ne fonctionne pas sous prétexte que les Grecs sont incapables de mettre en œuvre les mesures d'austérité qui leur sont imposées. Mais la principale raison de cet échec, hormis l'acharnement farouche à l'austérité, est que ces mesures sont fondées sur des idées fausses. Citons pour exemple la façon dont la troïka envisage le problème de la fraude fiscale – qui est effectivement un gros problème. A aucun moment, elle ne tient compte de la cause première.

Le taux des non-salariés par rapport à l'ensemble des travailleurs est effectivement trois fois plus élevé en Grèce que dans le reste de l'UE. Cette particularité exige naturellement des méthodes capables de la neutraliser, comme celle de Nicholas Kaldor qui préconise une imposition progressive de la consommation et non du revenu. Tout aussi fausse est cette autre idée dont se nourrit la troïka, la taille disproportionnée du secteur public grec. Notons simplement qu'en Grèce, le secteur public se situe lui aussi dans la moyenne européenne.

Et pourtant, la Grèce a été félicitée pour ses prétendus progrès par l'OCDE, par Angela Merkel mais aussi par le ministre allemand des Finances particulièrement exigeant, Wolfgang Schäuble. Alors, pourquoi s'acharnent-ils à rejeter la responsabilité de l'échec de la politique d'austérité sur la Grèce ?

C'est ici qu'un aveu d'échec du FMI s'impose. L'UE n'était par contre ni prête ni disposée à reconnaître son erreur, et Mario Draghi, Olli Rhen, Jerry Rice, Wolfgang Schäuble, Christine Lagarde pour ne citer qu'eux, se sont empressés d'exprimer leur désaccord par une pluie de déclarations publiques, minimisant l'erreur de calcul du FMI, la mettant en doute, et puis démentant les propos d'Olivier Blanchard, allant jusqu'à émettre très formellement que son point de vue ne représente pas la position officielle du FMI. Et pourtant, c'est bien l'UE qui a demandé en renfort le FMI – expert en la matière – afin d'élaborer ensemble un plan de sauvetage de la Grèce.

Malgré l'erreur de calcul du FMI, responsable de l'augmentation de presque 200 % de la récession par rapport aux pronostics et de la tiermondialisation du pays, la politique d'austérité dévastatrice est poursuivie. Sans qu'il soit possible d'en discuter ou de demander des explications. Autrement dit : *« fais ce que je dis et tais-toi »*.

Pendant ce temps, les défenseurs des mémorandums, aussi bien en Grèce qu'à l'étranger, assurent qu'ils commencent à discerner une lueur dans l'obscurité du tunnel. Premièrement, grâce à l'accélération des réformes, même si leur teneur reste difficile à cerner, notamment celles qui ont été mises en place sur une base complètement fausse et qui ont des effets dramatiques. Deuxièmement, en attirant des investissements étrangers qui, en fait – personne ne peut le nier –, consistent en un grand bradage dans l'urgence, à un prix défiant toute concurrence : ports, aéroports, chemins de fers, îles, immeubles, littoral, services publics, sources de richesses inexploitées à haut rendement potentiel.

L'erreur reconnue du FMI a été une belle occasion manquée d'interrompre la course folle de la Grèce vers le précipice.

*

1.9. Le FMI s'apprête à nous faire ses adieux (28.11.2013)

Tout montre que le FMI est sur le point de quitter la troïka à laquelle est lié le sort de la Grèce depuis maintenant quatre ans, en raison de son désaccord avec les différentes *success stories*. Son retrait imminent, aussi incroyable que cela paraisse, est motivé par son sentiment de culpabilité pour s'être trompé d'une façon si tragique dans son estimation de l'ampleur de la récession qu'aurait provoquée son plan de redressement en Grèce. Il est logique de supposer qu'après l'aveu sans ambiguïté de son erreur, au début de l'année, le FMI attendait quelques réactions naturelles de la part de l'UE, mais aussi des responsables Grecs. Des réactions qui auraient modifié en profondeur cette mauvaise politique macroéconomique aux conséquences tragiques. Au lieu de cela, d'un côté l'UE, par la bouche de Wolfgang Schaüble a ordonné, et qui plus est d'une façon qui laissait paraître son agacement, aux *locaux* de continuer le train-train des réformes, et de l'autre, les dirigeants Grecs ont déclaré, le plus innocemment possible, n'avoir « remarqué absolument aucune erreur dans le plan du FMI » – laissant entendre que la seule erreur du FMI, c'est d'avoir fait son *mea culpa* !

Malheureusement, ni les soi-disant *success stories*, ni l'annonce du fameux excédent primaire n'ont pu dissimuler la tragique vérité sur la dette de la Grèce. Autrement dit, alors que la dette, avec 120 % en pourcentage du PIB en 2009 pouvait être considérée comme viable, l'OCDE vient d'annoncer qu'en 2020, c'est-à-dire onze ans plus tard, quand la Grèce sera complètement ravagée, le pourcentage de la dette dans le PIB devrait s'élever à 157 %.

On sait que le règlement intérieur du FMI ne permet pas d'aider un pays dont la dette n'est pas viable. C'est pour cela qu'en essayant de faire oublier l'erreur commise en acceptant de participer à la troïka, malgré le fait que depuis le début la dette de la Grèce était indéniablement non viable, le FMI a essayé de corriger les choses après coup. C'est ainsi qu'il a proposé une solution sur le long terme, qui ne pèserait pas sur les contribuables et les salariés, comme c'est aujourd'hui le cas. Il propose que les détenteurs de bons du Trésor participent aux pertes de l'économie qui s'effondre. Or, cette proposition – comme on devait s'y attendre – se heurte à une vive réaction, d'abord de la part des banques, ce qui est naturel, lesquelles ne voulaient rien entendre, mais pas seulement, puisque l'UE s'y est elle aussi opposée, et aussi les Etats-Unis, même si le FMI a partie liée avec eux. Ce refus est officiellement expliqué par l'instabilité des marchés internationaux qui risqueraient d'être perturbés par des solutions si novatrices.

Le conflit entre le FMI et l'UE sur la politique à suivre pour régler la dette grecque dure déjà depuis plus d'un an. Ainsi, il semble qu'après cette rencontre cruciale à Washington, cet automne, où Jörg Asmussen, représentant de l'Allemagne à la Banque Centrale Européenne, a mis son véto à la proposition du FMI de restructurer la dette de la Grèce, celui-ci a jugé qu'il n'avait pas d'autre choix que de se retirer.

Il est temps, je pense, de prendre conscience qu'une deuxième restructuration de la dette – même si la première a abouti à une véritable tragédie – doit absolument être exclue et, par conséquent, cesser d'être utilisée par certains partis politiques comme solution alternative pour sortir le pays de la crise.

Au contraire, tous les signes, tous sans exception, soulignent déjà l'impasse de la situation de la Grèce :

• Angela Merkel n'avait effectivement aucune raison d'être impolie au cours de sa dernière rencontre avec le Premier ministre Antonis Samaras, lequel voulait lui demander de l'aide. Ainsi, elle n'a rien, absolument rien promis, et s'est juste contentée de lui exprimer sa satisfaction pour les *progrès accomplis par la Grèce* ! Je veux croire qu'elle ne contredira pas le fait que ces... *progrès* signifient l'appauvrissement progressif des Grecs. Cette position d'Angela Merkel, d'ailleurs suivie par l'ensemble des dignitaires de la zone euro avec une constance absolue, exprime simplement cette conception allemande selon laquelle *la restructuration est une solution à condition de n'avoir lieu qu'une seule fois.*

• Même en supposant que l'Allemagne veuille bien résoudre le drame de la Grèce, la vérité est qu'il n'y a pas de solution indolore. En effet, selon des estimations récentes, les gouvernements de la zone euro détiennent des bons du Trésor d'une valeur de 6,5 trillions d'euros, et la décision de les attaquer risquerait de déclencher l'effondrement du système. D'où l'embarras général de nos partenaires qui s'engagent vaguement à *nous aider, sans pour autant préciser de quelle manière,* qui parlent évasivement d'*un allègement de la dette* et j'en passe...

• Sur la base de cette dure réalité que nous ferions bien de regarder en face, la troïka est venue à Athènes, s'est abstenue de *féliciter le gouvernement qui attendait cela avec impatience – et j'ajouterais avec naïveté* – pour la prouesse que représente cet excédent primaire anémique qui en fait ne mène nulle part, et a demandé par contre la prunelle de nos yeux. Pourquoi ? Mais... tout simplement parce que, ne voyant aucune solution, elle cherche une issue plus sûre et ne sait comment le dire.

Et pourtant, l'attachement aux fauteuils ministériels et aussi l'attente de quelque chose de mieux, autorise les responsables en activité et en devenir, à s'en remettre à des solutions pleines d'imagination, censées nous tirer d'affaire, comme la restructuration après renégociation de la dette, excluant ainsi celles, ou plutôt la seule qui existe encore et permettrait d'espérer, celle-là, de nous sortir des enfers. Si seulement cette renégociation était possible et débouchait sur une deuxième restructuration, avec cette fois-ci des résultats positifs sur l'économie grecque ! Or, cette solution est pour le moment exclue. De plus, cette solution hypothétique ne dépend malheureusement pas de nous et de nos efforts.

Que reste-t-il à faire ? Les Grecs sont 10 millions, ils doivent s'unir sous le drapeau de la Grèce et pas autour de partis politiques – j'ai perdu le compte, il s'en crée un nouveau chaque jour. Et la solution, tout comme le désastre sans cette solution, nous concerne tous. Il faut, sans se laisser emballer par la peur ou la passion, et si possible sans briguer de fauteuils, voir où nous en sommes, où nous allons ainsi à toute vitesse, et comment éviter le désastre.

Et alors, quand les mythes, les fantasmes, les espoirs infondés, les *success stories* s'effondreront, nous réaliserons enfin qu'ils n'y a que deux possibilités. Soit nous continuons ce dans quoi nous nous sommes engagés il y a quatre ans et alors nous allons à la catastrophe, soit nous faisons le grand saut – imaginons que ce train en marche nous emmène dans un camp de la mort du genre de ceux de la Deuxième Guerre mondiale – dans un effort surhumain pour nous remettre sur pieds. Peut-être y arriverons-nous, peut-être pas. En revanche, si nous ne faisons rien, ce qui est sûr, c'est que nous sommes définitivement perdus.

*

1.10. Dans l'Europe ou pas ? (16.01.2014)

Supposons, pour le moment, que notre Premier ministre, M. Samaras, n'avait aucune idée des véritables raisons pour lesquelles nos partenaires nous ont jetés dans la fosse aux lions, c'est-à-dire dans les bras de la troïka, et pourquoi ils nous ont ainsi froidement empoisonnés avec les mémorandums. Supposons qu'il avait de bonnes intentions, que c'est un bon Européen, et que c'est pour cela – même si l'ensemble était contradictoire – qu'il croyait que... les mémorandums allaient nous sauver, que nous avons un besoin urgent de réformes – qui consistent en fait à transformer le marché du travail en jungle, à démanteler le secteur public sans raison, jetant dans la rue 150 000 fonctionnaires, à démanteler la santé publique et l'éducation, et pour finir, à brader toute la Grèce. Admettons que le Premier ministre et son entourage croyaient, en effet, aux... bonnes intentions de nos partenaires, même s'ils voyaient avancer de jour en jour notre destruction, même si notre économie allait – et va – de plus en plus mal. Admettons encore que M. Samaras ait réellement cru que l'excédent primaire, une bulle de sang grec de 0,4 % du PIB, serait peut-être notre salut. Admettons…

Mais voilà, après qu'Olli Rehn – et pas seulement – a avoué d'une façon claire, absolument sincère et cynique au possible que... « la Grèce a été sacrifiée pour sauver l'UE », pour quelle Europe exactement M. Samaras nous demande-t-il de voter ? Pour une Europe qui nous appauvrit, nous calomnie, nous a ramenés plusieurs décennies en arrière ? Voter pour une Europe délibérément criminelle qui nous a détruits et qui n'a pas l'air de vouloir corriger ce crime prémédité ? Qui a au contraire même, l'incommensurable audace de nous pousser à… continuer avec la mauvaise mixture, c'est-à-dire à accélérer et achever notre destruction !!!

Le théâtre de l'absurde dure depuis beaucoup trop longtemps en Grèce. Il faut absolument que cela cesse ! Parce que personne, maintenant, dans la Grèce ravagée – sur décision de l'UE – n'a le droit de soulever la question « dans l'Europe ou pas », parce que cette question maintenant n'est pas seulement naïve, elle est surtout une menace pour notre survie. Par contre, si nous voulons vraiment rester dans l'Europe, le seul moyen que nous ayons est de réagir avec force et tous ensemble contre elle parce qu'elle nous condamne à disparaître, et puis nous devons aussi lutter pour une Europe meilleure, pour qu'elle retrouve ses principes et ses promesses originelles, et pour notre salut, si c'est possible, pour la changer. Sinon, pour la Grèce, l'Europe c'est fini !

*

1.11. La réponse à une seule et unique question pourrait sauver la Grèce (16.03.2014)

Depuis quelque temps, alors que la Grèce est traînée à vive allure et dans un vacarme assourdissant vers le stade ultime de sa ruine, une question me vient à l'esprit, toujours la même, qui aurait dû être réglée depuis longtemps mais est restée sans réponse jusqu'à aujourd'hui. La réponse, bien qu'évidente, du moins pour l'écrasante majorité de la population, semble devoir être officialisée de façon à jouer un rôle de premier plan dans le processus de sauvetage du pays. Je pense que cette réponse tant désirée, si elle était appuyée par un référendum, mettrait un terme à la lutte entre les émissaires de la troïka et le gouvernement qui, chaque fois qu'il faut payer nos créanciers, ravive désormais ouvertement le *théâtre de l'absurde*. Le *versement*, censé nous faire éviter la faillite – bien que celle-ci soit bien une réalité puisque notre dette n'est pas viable – est toujours donné, mais seulement après que le gouvernement, notre représentant à tous, qu'on le veuille ou non, s'est laissé abaisser. Plus précisément, nos gouvernants attendent leur tour, des heures durant, font les petits élèves face à la troïka, et là se font remonter les bretelles, se font injurier et accuser par ses sous-fifres, sous prétexte que pendant tout ce temps, « ils n'ont pas accompli leurs devoirs de façon satisfaisante ». Nos dévots dignitaires, tête baissée, n'osent pas répondre, reconnaissant ainsi leurs torts. Ils les implorent néanmoins de toutes leurs forces, leur demandent d'avoir pitié cette fois encore, c'est-à-dire de recevoir leur *versement.* Dans le même temps, dans un état de misère totale, ces individus qui représentent la Grèce promettent que oui, à l'avenir ils seront plus obéissants, ils se soumettront davantage aux diktats des émissaires de la troïka, plus responsables eux, et plus efficaces... pourvu que le *versement* soit donné.

Mais de quoi s'agit-il exactement ? Quels sont ces devoirs dont nos dirigeants ne se sont pas complètement acquittés et qu'ils sont appelés à le faire, et comment promettent-ils de se corriger à l'avenir ?

Les principaux devoirs du gouvernement grec face à la troïka sont clairs, particulièrement simples et peu nombreux. Il leur faut tout d'abord, à nos responsables en charge du pays, accélérer la marche et maximaliser les licenciements, de façon à atteindre les *normes de productivité.* Il s'agit de licenciements aveugles, c'est-à-dire que les émissaires de la troïka se fichent pas mal de savoir qui sera licencié et de quels services du secteur public. Il suffit que chaque mois, le nombre des « défenestrés » corresponde exactement à ce qui a été arrêté, et pas un de moins. Concernant le secteur privé, là, le procédé diffère légèrement, au sens où l'objectif de la maximisation des licenciements est atteint par la suppression de toutes les mesures de protection des travailleurs, mais aussi par des interventions qui changent les lois sur les syndicats. Avec ces méthodes, d'autres objectifs sont aussi automatiquement atteints, tels que le travail dominical sans que personne n'y voie d'objection, les embauches à temps partiel qui dans les faits se transforment en plein temps sans augmentation de salaire, la signature par les travailleurs attestant qu'ils ont perçu leur treizième mois, mais qu'ils sont contraints de... retourner, et bien d'autres encore.

Dans l'affolement, nos dirigeants doivent aller de l'avant aussi vite que possible, car ils ont déjà pris soi-disant beaucoup de retard, avec des réductions de salaires et retraites plus importantes, et aussi la suppression des augmentations prévues après trois ans de services. Les émissaires de la troïka jugent en effet ces augmentations superflues : le salaire initial à l'embauche sera le même jusqu'au jour où le travailleur sera licencié de son service. Un autre domaine important, dont les dirigeants Grecs promettent d'augmenter la productivité et d'atteindre les *normes fixées*, c'est le bradage de la Grèce. Le retard, sur cette question aussi, est inexcusable selon les émissaires de la troïka. Le gouvernement grec a l'obligation de *tout brader*, et la troïka se fiche pas mal si les prix de vente chutent jusqu'à un dixième de la valeur réelle. Et puis aussi, les émissaires de la troïka exigent l'accélération de toutes sortes de mesures au moyen desquelles la santé publique ne sera plus qu'un vieux souvenir, et le plus vite sera le mieux. Les résultats obtenus jusqu'à présent, qui laissent chaque jour quelque 2000 malades privés de soins dans les services publics de santé, sont insuffisants, selon la troïka. *Toutes proportions gardées bien sûr, les normes, la productivité des licenciements, l'appauvrissement des travailleurs etc., m'amènent souvent à penser à d'autres normes et exigences de résultats toujours plus importants et rapides : aux camps de la mort lors de la Deuxième Guerre mondiale.*

Entre une chose et l'autre, en cinq ans de crise de la dette, il est établi que l'économie grecque a perdu douze années de sa « vie », retournant aux conditions de 2001. Voici :

	2013	**2008**	**Baisse en milliards d'euros**
PIB	182,1	233,3	51,2
Par tête	12,354	17,374	5,020
Consommation des ménages	128,63	165,75	37,12
Consommation publique	31,34	42,34	11
Investissements	23,6	56,0	32,4
Exportations	53	56,2	3,2

Source : Elstat

Et je voudrais ajouter à cela le taux de chômage réel qui, dès lors que l'on tient compte de ces travailleurs employés quelques heures à peine par semaine tout en étant considérés comme ayant un emploi, avoisine les 34 % (Confédération Générale des Travailleurs Grecs).

Voilà, en résumé, les résultats, dans les domaines les plus importants, de la politique de la troïka en Grèce. Une véritable catastrophe biblique. Et même en admettant que la *fameuse croissance* reprendra en 2015 – chose que la quasi-totalité des analystes un tant soit peu sérieux ont peine à croire –, il faudra des dizaines d'années pour que l'économie grecque retrouve son niveau de 2008.

Je reviens donc à cette question que je considère cruciale, aujourd'hui plus que jamais, et qui doit absolument être posée au peuple grec sous la forme d'un référendum : « Pensez-vous que les mesures imposées par la troïka sont faites pour sauver notre pays ? »

Et autant que je peux préjuger la réponse pour le moment hypothétique du peuple grec, je dirais, sans bien sûr en avoir les preuves – que le pourcentage des grands naïfs et de ceux qui ont manifestement un intérêt spécifique ou obscur, ne peut dépasser 7 à 10 %.

Avec une telle majorité écrasante de « non » à cette question, la poursuite de la politique des mémorandums, tant les anciens que le nouveau qui arrive, serait un *oxymore, irait à l'encontre de la logique la plus élémentaire*. Il faudrait par conséquent que soient absolument trouvées et sans aucune perte de temps, d'autres voies pour combattre la crise et en sortir.

Et même l'argument récurrent selon lequel « toute autre solution sera pire » ne suffirait plus, étant donné que rien ne peut être plus menaçant, pour un peuple ou pour une nation, que la mise en place forcée d'un plan de sacrifices inhumains qui, loin de viser à son sauvetage, le pousse à la catastrophe.

Alors que les élections municipales, régionales et européennes approchent, il serait souhaitable qu'un nouveau parti politique apparaisse, qui s'engagerait à accepter le résultat de cette question. Une réponse qui, bien évidemment, n'aurait pas été précédée des célèbres procédés de lavages de cerveau. Cette réponse serait déterminante et déclencherait une évolution de la situation très rapide, naturellement vers une direction totalement opposée à celle de la soumission aux mémorandums. Le pourcentage de cette réponse serait, je pense, automatiquement lié ensuite au pourcentage désastreux des partisans de l'euro dans presque tous les Etats membres de la zone euro.

Quelles évolutions s'ensuivraient-elles ? De façon disjonctive :

• Le sentiment démocratique se réveillerait, et ne permettrait pas la poursuite de politiques, en Europe, qui recueillent un taux d'assentiment inférieur à 50 %. Et peut-être qu'une telle évolution obligerait l'Europe à changer radicalement sa politique macroéconomique.

• Le rythme de la dissolution de la zone euro et de l'Union européenne s'accélèrerait.

• Les peuples opprimés de l'Europe des mémorandums et de l'austérité se soulèveraient et réclameraient un autre traitement.

Section 2

Des mesures criminelles et paranoïaques

« Dans un pays bien gouverné, la pauvreté est une honte.
Dans un pays mal gouverné, la richesse est une honte ».
Confucius

2.1. Nous refusons de sacrifier deux générations de Grecs pour la dette (10.03.2011)

S'agissant de Moody's et autres organismes similaires, on comprend malheureusement que l'on a affaire à de lugubres corbeaux attirés par l'odeur du sang. Ils sont absolument tous livrés à eux-mêmes, avec l'ensemble du système bancaire international, dans l'impunité la plus totale et la spéculation la plus débridée. En dépit du fait que la deuxième grande crise économique de 2007 ait été provoquée surtout par leurs activités, ni l'Europe ni le Président Obama n'ont pu – ou n'ont voulu – mettre de l'ordre dans cette situation extrêmement périlleuse.

Moody's donc – et je crains que nous n'en restions pas seulement à elle – exploite tout simplement, depuis un an, les difficultés de la Grèce qui s'est laissé entraîner par le *mémorandum, honteux et totalement inefficace, signé de nuit et sans même avoir été préalablement lu.*

Dès le premier instant, de nombreux économistes étrangers mais aussi Grecs, parmi lesquels l'auteure elle-même, tentèrent par des articles, des livres, des entretiens et des interventions, d'expliquer les raisons pour lesquelles le mémorandum, non seulement n'est pas la solution, mais surtout signifie la destruction de la Grèce.

Les économistes étrangers ont été totalement ignorés, quant aux Grecs, ils sont devenus les ennemis de la nation.

Ensuite, et parce que malheureusement le contenu aux relents colonisateurs de cette compilation qui brade ce qu'il y a de plus sacré porte la signature du ministre Grec des Finances mais aussi celle du gouverneur de la Banque Nationale de Grèce, ce qui restait à faire pour nous en sortir, c'était de parvenir à la fois à une restructuration et à une renégociation sur tous les plans, et par-dessus tout, de nous libérer de la troïka et autres émissaires, autrement dit du mémorandum *de la catastrophe.*

Or, cette proposition, si elle avait été bien menée – et pas avec des remerciements pour les injures et la ruine – aurait pu être salvatrice, mais elle a été accueillie par le gouvernement avec hostilité, sous prétexte que « ce serait une catastrophe pour la Grèce » et autres foutaises, sans que soit précisées naturellement les raisons du refus enragé de l'unique espoir visible dans ce triste horizon.

A ce point, je m'empresse d'aller au-devant de l'objection : « mais, nos partenaires (c'est-à-dire nos créanciers) ne l'accepteraient pas » ! Cela m'étonnerait qu'ils ne l'acceptent pas, car ils savaient qu'ils nous imposaient des conditions impossibles à tenir. Tout compte fait, peut-être pas si impossible que cela. *Dans ce deuxième cas alors, et en commençant par l'implacable réalité,* à savoir que nous sommes déjà en faillite avec un sursis de deux ou trois ans, *notre unique porte de sortie aurait dû être : « Arrêtons de payer les annuités et les dettes ».*

Que se serait-il passé ?

Il serait intéressant de voir ce qui se serait passé, dès lors que nos créanciers auraient compris qu'au lieu d'un haircut *de la dette de 25-30 %, ils perdaient tout. C'était bien cela notre arme de poing, pas l'autre, celle du Premier ministre, mais elle est finalement restée inutilisée.* Et ce n'est pas tout, car le *démontage* de la zone euro et de l'euro est en train de commencer. Bien sûr, cette solution n'aurait pas été du tout honorable pour la Grèce ! Mais... ce mémorandum, qu'ils n'ont pas hésité à nous mettre sur le dos, est-ce qu'il est honorable ? – bien entendu, ils disent chaque fois à ce propos : « Mais pourquoi n'avez-vous pas réagi ? Pourquoi n'avez-vous pas négocié ? Pourquoi avez-vous signé ? Pourquoi ne vous êtes-vous pas défendus ? ».

L'agence de notation Moody's – et ses compères – a patiemment attendu, persuadée dès le début que les objectifs du mémorandum étaient tous pure fantaisie, une citadelle bâtie sur du sable. Voilà pourquoi les paris sur la faillite de la Grèce s'élèvent déjà à des milliards ! Et maintenant que la représentation de ce théâtre d'ombres des « tout va bien », des « jours meilleurs arrivent », des « sacrifices finissent par payer » etc., etc., touche officiellement et de façon extrêmement douloureuse à sa fin avec l'apparition de la quatrième tête de l'hydre du *mémorandum*, celle qui met la Grèce aux enchères, l'agence

Moody's donc et ses compères estiment que son heure est enfin venue ! Et Moody's s'est attaquée à ce pays à la dérive, vulnérable et si durement éprouvé. *Un pays qui a accepté docilement de livrer son marché du travail à la loi de la jungle, comme celle qui régnait au début du 19e siècle.*

Et maintenant ?

Ce serait bien de porter plainte contre l'agence Moody's. Pourquoi pas, en effet. Mais il faudrait, au-delà de cela, entreprendre quelque chose de plus efficace, puisque nous sommes en train de couler. Quoi ? Il est certain que notre ineptie criminelle a désactivé nombre de nos armes initiales. Mais maintenant, il faut mettre en branle l'adage qui dit que « le noyé n'a pas peur de l'eau ». *Et faire valoir la suprême impuissance de la zone euro. Oublier bien sûr le faux dilemme « mémorandum ou faillite » qui nous a fait marcher grâce au lavage de cerveau pratiqué par les médias, et nous remettre sur pieds.*

Nous, les Grecs, dans l'UE ou pas, dans la zone euro ou pas, mais toujours avec l'Acropole, notre histoire riche, nos hauts faits, nos côtes innombrables, mais aussi nos sous-sols riches qui devront, lorsqu'ils commenceront à donner, être défendus bec et ongles pour rester entre les mains grecques.

Nous, nous ne sommes pas seulement des Européens. Nous sommes aux fondements de l'Europe des civilisations. Cela, pour nous donner le courage de tenir… tête, de tenir tête à madame Merkel avec des arguments imparables.

Nous devons lui rappeler que l'Allemagne nous doit quelque 172 milliards d'euros pour ses crimes inqualifiables contre l'humanité.

Nous devons lui montrer que l'effondrement du sud de l'Europe et de l'Irlande, qui pût jadis se targuer d'être le miracle du néo-libéralisme, n'est pas le fait de ce peuple paresseux, alcoolique et indigne que sont les Grecs.

Nous devons lui souffler à l'oreille, à madame Merkel, ce qu'est la corruption liée à Siemens, avec des frégates vieillissantes et des prêts à la Grèce destinés à l'aider, mais concédés à un taux de 5,5 % quand l'Allemagne emprunte à 1,5 %.

Nous devons lui montrer que notre dette est sordide et odieuse, et que nous refusons de sacrifier pour elle deux générations et que, même la mort dans l'âme, nous préférons quitter la partie.

Nous le pouvons certainement, et avons beaucoup à dire… beaucoup. Mais ce qu'il nous faut, ce sont des chefs dignes de ce nom…

*

2.2. Le bradage de la Grèce..! (22.03.2011)

Pendant un an et demi, nos agents du gouvernement, en collaboration avec la majorité des médias, nous ont bernés avec des histoires tout aussi naïves que douteuses, telles que « tout va bien », « bientôt nous retournerons sans problème sur les marchés », « les sacrifices de la population donnent des résultats » et d'autres du même acabit. A côté de cela néanmoins, la troïka et ses chefs étaient eux aussi en général satisfaits, pris, à intervalles réguliers, du besoin de faire des déclarations du genre : « L'économie grecque va bien », « nous sommes satisfaits des efforts de la Grèce » etc., etc.

Entre autres choses, en cette période amère, et avant de crever l'abcès de la tromperie, on se demande qui se fichait de qui et pourquoi. Malgré l'aspect dédaléen des voies empruntées par les multiples falsifications de la réalité, une chose est absolument certaine, c'est que cette sinistre fabrication visait à désorienter la population grecque. Après avoir été avilie par des déclarations telles que « on a tous ensemble mangé l'argent », et après avoir été terrorisée par le spectre de la faillite, de l'exclusion de la zone euro et par la prétendue impossibilité de l'Etat de verser les salaires et les retraites, la population a accepté des attaques répétées et déchirantes sur son niveau de vie, espérant ainsi être sauvée. Et dans la confusion provoquée par cette duperie des travailleurs, je voudrais me focaliser juste sur un point, particulièrement significatif. J'entends les interminables débats, refus, confirmations, promesses de nos responsables pour qui toutes ces coupes dans les salaires, allocations, treizième et quatorzième mois, retraites, la suppression des contrats collectifs – autrement dit, ce désastre général – qui devaient toucher au début un secteur seulement ou une branche, ne s'étendraient pas au reste de l'économie. Y a-t-il un seul étudiant en première année d'économie qui ne sache pas que les différents secteurs et branches d'une économie fonctionnent en vases communicants ? Et tout à coup, en plein milieu de la représentation, il est vrai des plus mal conçues, la population apprend que les sacrifices énormes qui lui ont été imposés n'étaient en fait qu'une mise en bouche pour les créanciers, lesquels réclament maintenant et sans délai le plat de résistance, c'est-à-dire les ports grecs, les aéroports, les plages, les îles et le Parthénon – en discussion, à cause de la difficulté de transport !

Quiconque a cherché à s'informer du contenu de ce monstrueux mémorandum auquel l'infortunée Grèce est pieds et poings liée, sait que nous avons donné aux créanciers le droit de tout nous prendre. Mais pas seulement, puisque ce droit, nos créanciers peuvent le transmettre à qui ils veulent. Par exemple, à la Turquie, pourquoi pas ?

Le thriller *Hellas* avance bien. Il avance d'une façon inadmissible et prend une ampleur terrible. Et cela doit cesser maintenant, sinon nous allons finir par disparaître de la surface de la Terre.

Les ressources publiques d'un pays appartiennent à son peuple et aucun gouvernement, même élu à la majorité, n'a le droit d'y toucher et encore moins de le vendre. Comme je le soutiens depuis le début, notre seul moyen de nous en sortir était de renégocier et de restructurer la dette, en la coupant d'au moins 35 % aujourd'hui – ce taux augmente de jour en jour puisque la dette continue, en toute logique, de grimper. Dans le cas où nos créanciers ne donnent pas leur consentement – chose pour moi impensable –, les solutions alternatives ou complémentaires sont :

• Déclarer la dette comme « onéreuse ». Ce ne sera pas chose difficile, puisque la dureté de ses conditions n'a pas de précédent historique.

• Exiger de l'Allemagne qu'elle s'acquitte des quelque 172 milliards d'euros qu'elle nous doit pour le prêt que nous avons été contraints de lui accorder, en plus des crimes contre l'humanité commis par ses ascendants dans notre pays pendant l'Occupation.

• Approcher la Chine pour qu'elle nous aide, en lui proposant l'exploitation de notre richesse publique – pas de la lui vendre – pour un temps donné.

• Cesser de payer l'étranger, et voir ce que nous allons faire, quitte à nous faire exclure de la zone euro, même si ce risque est faible, si nous comptons avec les difficultés énormes de l'UE et de l'euro. Il faut cependant mettre sur la balance cette éventualité qui, à mon avis, devrait peser moins que notre disparition définitive.

• Sortir immédiatement de cette stratégie funeste du mémorandum, et établir un plan simple de croissance économique, centré sur l'augmentation de la demande des revenus faibles et moyens.

Il va de soi qu'il nous faudra passer à la vitesse rapide, et nous doter d'un gouvernement composé de personnalités fortes, afin d'éviter le soulèvement social latent qui risque d'être violent et de faire de nombreuses victimes, comme on a pu le déplorer en Argentine, à une époque où ce pays était dans une position similaire à la nôtre.

*

2.3. La Grèce dans les griffes d'assassins économiques (09.02.2012)

I. Les ravages subis jusqu'à aujourd'hui

Maintenant qu'un pas seulement nous sépare du gouffre béant prêt à nous engloutir.

Maintenant que la Grèce s'enfonce, après avoir été cruellement traînée dans la boue deux années durant, sous le regard passif de l'étranger.

Maintenant que dans notre pays dévasté déambulent les tristes fantômes de ce million et plus de chômeurs, les milliers de sans-abris qui hantent les nuits de nos villes, l'armée de nos compatriotes pauvres (près d'un Grec sur trois), ceux qui cherchent à manger dans les poubelles, les petits élèves qui s'évanouissent de faim dans les écoles, les chefs de famille de la classe moyenne contraints de fermer leur entreprise l'une après l'autre.

Maintenant que pas un seul Grec, pour un peu judicieux qu'il soit, ne se laisse plus leurrer par l'idée que les mémorandums, les contrats de prêt, les plans à moyen terme et leur honteux cortège sont le fruit des efforts de nos partenaires européens qui se font du souci pour eux et soi-disant se sacrifient pour les sauver.

Maintenant que les indicibles sacrifices de la population qui durent depuis plus de deux ans ont abouti à un véritable fiasco, reconnu d'ailleurs par la plupart des grands économistes, aussi bien en Grèce qu'à l'étranger. Oui, la mixture du FMI est indigeste et excessivement dangereuse. Je rappelle simplement, à ce propos, que nos malheurs ont commencé en 2009 avec une dette de 120 % du PIB, et il y a quelques semaines, nos partenaires ont réussi à nous convaincre, sans en rougir le moins du monde, que nous devrions être contents si en 2020 aussi, nous arrivions à avoir le même taux d'endettement qu'en 2009. Autrement dit, tels Sisyphe faisant rouler son rocher, les sacrifices démentiels qui nous auront été imposés pendant onze ans ne seraient pas récompensés. Or, il relève d'une analyse toute récente du FMI, restée confidentielle en Grèce, qu'en 2020, le pourcentage de la dette dans le PIB sera non pas de 120 %, mais de 135 % – aujourd'hui, il est de 160 %. Cela explique pourquoi nos partenaires se sont enhardis ces derniers temps et se laissent aller à des déclarations contradictoires.

On a décemment du mal à admettre que ces vérités ne soient pas comprises des responsables Grecs et étrangers... C'est d'ailleurs pour cela que l'attitude des pères de la nation à notre égard paraît si *mystérieuse*.

II. Le nouveau contrat de prêt : sauvetage ou finalisation de la destruction ?

Le 8 février, les masques sont tombés et maintenant, nos prétendus sauveteurs nous enfoncent résolument le couteau dans le cœur ; ils nous demandent déjà, en plus de notre richesse, nos vies mêmes. C'est notre sang qu'ils veulent, et des sacrifices humains. Maintenant, ils raflent tout sans aucun scrupule, et peu leur importe s'ils privent ainsi la population entière des soins médicaux les plus élémentaires, du minimum d'éducation, de nourriture, de prestations sociales. Autrement dit, nos partenaires qui se comportent ouvertement en assassins économiques, nous obligent maintenant, avec une dureté incommensurable, à un génocide sur le long terme.

Comment est-il possible qu'une tentative génocidaire se dote de mesures légales ? Comment peuvent-elles être légales, ces mesures meurtrières tournées contre un peuple en temps de paix ? Comment peuvent-elles être conformes à la loi, ces mesures, quand leur inhumanité est à ce point flagrante, qu'elle se rapproche de celle des camps nazis de la Deuxième Guerre mondiale ? Comment, en ce 21e siècle, peut-on accepter des mesures qui ruinent ainsi un petit peuple européen, le poussent au suicide, et d'Etat souverain font de lui une misérable colonie du IVe Reich ?

Pourtant, certains chefs politiques, s'efforçant d'écarter leur décision prise d'avance de voter pour la condamnation à mort du peuple grec, ont prétexté le besoin de se faire confirmer – par qui exactement ? – que les mesures meurtrières qu'ils signeront seraient bien légales ! Ensuite, cette requête a été tout naturellement oubliée, mais l'accord sur l'appauvrissement du peuple restait.

Et que dire des grands médias qui, au lieu de s'inquiéter du danger d'un éventuel vote de ce nouveau contrat, présentent sa signature comme allant de soi ?

III. Tout pour l'euro

« Ils nous ont sauvés » donc, cette fois-ci encore, en ce 8 février 2012 ! Bien évidemment, pour justifier, la gorge nouée toujours, toutes ces choses inacceptables et meurtrières, l'argument est bien connu et sans cesse répété : c'est pour éviter la faillite et rester dans la zone euro.

Or, s'agissant de faillite, il se trouve que nous le sommes déjà en faillite, comme l'est toute économie dans l'impossibilité de servir sa dette. Simplement, la conjoncture n'est pas favorable à une annonce officielle, car les préparatifs nécessaires ne sont pas encore au point, afin de protéger des effets de notre faillite les autres économies du sud de l'Europe, même si elles aussi sont prises dans la tourmente. C'est pour cela qu'ils masquent notre faillite en nous maintenant en vie artificiellement. Cependant, les changements dans les déclarations, surtout des Allemands, doivent bien nous faire comprendre que cet état de grâce arrive à son terme, et que les couteaux sont affûtés. A mon avis, la faillite de la Grèce – sauf imprévu – va très bientôt être officiellement déclarée, dans des termes malsains au possible qui écarteront tout espoir de redressement dans au moins les cinquante années à venir. Si ce monstrueux contrat vient à être signé par les députés Grecs, ce sera la fin. Colons et serviteurs dans notre propre pays, nous vivrons des restes que voudront bien nous laisser nos oppresseurs, lesquels exploiteront nos ressources, notre climat et l'ensemble de notre superbe patrie. Cela commencera dans la douleur, avec le refus du prêt de 130 milliards d'euros, dont nous ne toucherons que 30 milliards destinés à aider les banques.

Pour ceux qui se refusent encore à reconnaître l'existence d'un plan préparé à l'avance, je rappelle qu'en 2009, il aurait suffi d'un petit effort, et la dette de la Grèce aurait facilement pu devenir viable. Cette totale incapacité toujours plus pesante de gérer la dette est le résultat des normes programmées par la troïka, suscitant maintenant le refus du FMI de continuer ses versements auprès de la Grèce. Ce sacrilège est dû au seul mémorandum, qui pendant deux ans a sciemment étranglé toute possibilité de croissance de l'économie ; il est dû aux taux d'emprunt exorbitants, qui ont atteint 6 % ; il est dû aussi au refus catégorique de la troïka de s'engager dans une restructuration et renégociation de la dette quand cela pouvait être fait. Il s'agit donc d'une décision de destruction, de conquête et de pillage bien préparés à l'avance.

Et s'il y a pire… c'est bien que nous serions soi-disant responsables de cette destruction programmée d'avance, car soi-disant toujours, nous n'étions pas capables d'exécuter correctement les plans grandioses de la troïka. Quant à nos dirigeants, au lieu de sortir et de crier à l'extermination, par tous les moyens et dans toutes les directions de par le monde, ils se fondent dans le courant de Georges Papandréou disant qu'il « gouverne un pays corrompu », le paraphrasant pour l'occasion, en faisant des Grecs un « peuple d'incapables et d'attardés ».

La destruction de la Grèce constitue indéniablement un crime contre l'humanité pour lequel, s'il se trouvait un jour un tribunal objectif, il nous accorderait des réparations colossales pour reconstruire le pays ravagé par nos partenaires européens.

Or, les pères de la nation continuent de signer des papiers qui nous enfoncent toujours plus et nous conduisent à la mort. Ils se fichent pas mal du gouffre insondable qui s'est formé entre leurs décisions et la volonté populaire. Peu leur importe s'ils ne peuvent plus marcher dans les rues grecques, comme des hommes normaux, sans se faire huer. Ils continuent de soutenir qu'ils « sauvent le pays ».

IV. Mais… l'euro est à l'agonie

Et maintenant, venons-en à l'euro, même si nous savons très bien que ce sujet est interdit dans notre pays. Cela signifie que, contrairement au reste de l'Europe où depuis longtemps différents scénarios sont élaborés avec le plus grand sérieux, afin de faire face au naufrage de l'euro, en Grèce c'est un climat de terreur qui est cultivé, ou alors, ce sont des déclarations infondées et farfelues qui nous avertissent de la débâcle qui s'ensuivra si… Et pour éviter cela, nous sommes prêts à tout accepter. Vraiment tout :

- attaques violentes contre notre souveraineté nationale
- liquidation générale de notre patrimoine public
- colonisation de notre patrie
- soumission au IVe Reich
- africanisation de notre marché du travail
- baisse significative de notre niveau de vie
- désagrégation totale de la société, de l'économie, de l'Etat-providence
- destruction totale de notre capacité productive.

Tout ça pour l'euro ! Pour cet euro dont les perspectives concernant son existence même sont des plus sombres.

Il est évident que pas une seule personne saine d'esprit ne déciderait à froid de quitter l'euro et de retourner à la drachme. Et c'est la raison pour laquelle, de ce côté-ci, les élans du genre « restons dans l'euro ! » sont complètement superflus. Par contre, si notre maintien dans la zone euro doit nous faire disparaître de la surface du globe, si nous devons nous persuader qu'il n'y a pas d'espoir de sortie de crise dans l'environnement hostile de la troïka, si en restant dans la zone euro nous anéantissons notre pays, il nous faut alors nous résoudre à sauter dans le vide. Et à cet instant-là, face au vide, tout mouvement d'hésitation trahirait un manque de confiance dans nos capacités. Ce serait la preuve qu'en Grèce, la stratégie du choc a bien fonctionné.

C'est faire preuve d'une extrême légèreté que de chercher à évaluer l'étendue de nos difficultés en cas de retour à la drachme, surtout quand on n'est pas spécialiste. Car ces difficultés sont pour ainsi dire inconnues, étant donné que ce sera la première fois qu'un Etat membre quittera la zone euro.

Néanmoins :

1. Se préparer à un tel changement limitera de façon notable les éventuelles répercussions négatives.

2. C'est une erreur que de chercher à évaluer les conséquences possibles dans un environnement statique, car la croissance, qui devra se faire au prix de gros efforts et sera forte après une période de récession si longue et si profonde, portera très vite ses fruits.

3. Naturellement, nous aurons besoin de prêts qui seront utilisés dans leur totalité pour la croissance, à commencer par l'agriculture, de sorte à assurer notre subsistance.

4. Le recours à la drachme pourrait également nous maintenir dans la zone euro, améliorant de façon significative notre sort, et permettant au pays de sortir de la crise. Quoi qu'il en soit, avec le FMI et la troïka, aucun salut n'est possible.

Une chose encore. L'argument massue pour faire taire ceux qui osent aborder la question de la drachme, c'est que ce sont eux les méchants, parce qu'ils ont mis leur argent à l'étranger et attendent de s'enrichir avec le retour à la drachme. Hormis la naïveté d'un tel argument, ceux qui l'invoquent oublient que justement, cet argent, lorsqu'il rentrera en Grèce après l'occupation étrangère, constituera un facteur important de croissance rapide. Et, concernant les inégalités dans la répartition des revenus, qui semblent leur faire si mal, elles seront faciles à combattre, dès lors que nous aurons un gouvernement vraiment décidé à en finir avec la fraude fiscale et à instaurer un système fiscal juste.

*

2.4. Si nous ne réagissons pas maintenant… (06.04.2011)

Au sommet européen du 11 mars 2011, notre pays a fait l'objet d'une duperie d'une ampleur inédite. Lors de ce sommet, la Grèce a été contrainte de présenter aux pieds des banques françaises et allemandes, il est vrai sans aucune résistance de sa part, ce qu'elle a de plus précieux : ses bijoux de famille les plus sacrés dont font partie sa culture, son histoire ancestrale, mais aussi le labeur des générations précédentes. Et en échange ? En fait, rien, pour ne pas dire qu'elle perd, compte tenu du fait que le délai de remboursement déjà rallongé l'oblige à verser des annuités totales plus élevées malgré la baisse d'une unité du taux d'intérêt, alors que l'occupation avilissante du pays par la troïka se poursuit. Et pourtant, aussi incroyable que cela paraisse, de nombreux médias n'ont pas hésité à présenter cette tragédie nationale comme un triomphe, et qui plus est, consacrer des heures et des pages à faire le compte de ses effets prétendument positifs !

Je pense qu'il est inutile de m'étendre sur le fait que les 50 milliards d'euros exigés par nos partenaires européens, et que nous avons échangés contre *rien*, n'ont évidemment rien à faire avec la mise en valeur de notre patrimoine public, comme le présentent, pour nous rassurer, nos agents gouvernementaux et les médias, mais plutôt avec sa mise en vente à laquelle sont rattachées les privatisations et les dénationalisations.

Le non-respect de la légalité ne semble néanmoins poser aucun problème à nos dirigeants qui ont imposé le mémorandum en contournant, avec une aisance admirable, la procédure légale du Conseil Juridique de l'Etat qui aurait dû normalement l'examiner et statuer.

L'argument récurrent allégué pour justifier aussi bien le mémorandum initial que ses ajouts ultérieurs – preuve irréfutable de son échec –, parmi lesquels les 50 milliards que nous sommes forcés de dénicher au plus vite, vise à attiser la peur de la faillite et de notre expulsion de la zone euro.

Tentons donc de trouver ce que signifie la teneur de cette faillite. D'abord, il n'est pas du tout exagéré d'affirmer que nous sommes déjà en situation de faillite avec sursis, puisqu'après 2012, ce sera un miracle si les prêts continuent d'être versés. Cependant, au-delà de cette réalité impérieuse, une fois que notre patrimoine public aura été vendu, forcément à bon prix, on pourra vraiment parler d'une faillite de la Grèce. C'est-à-dire que la vente de notre argenterie familiale, qui était l'alibi, ne nous fera pas échapper au danger.

Et puis, il y a aussi la menace d'exclusion de la zone euro qui plane. Prenons donc sans plus tarder une balance. Mettons-y d'un côté, tous les malheurs qui devraient nous arriver si nous quittons la zone euro, exclus et ruinés, pour retourner à la drachme. Il s'agit d'une situation sans précédent et il n'est évidemment pas possible d'en prévoir les détails. Acceptons l'idée que nous devrons faire face au chaos accompagné d'une démonstration de dédain de la part des marchés au moment de nous prêter de l'argent et d'une généreuse dévaluation de notre monnaie, la drachme, et que nous serons amenés à vivre des heures très difficiles. Mais après la confusion des premiers temps, nous pourrons être pris au sérieux et nous jeter dans la relance économique de notre patrie, en valorisant aussi vite que possible ses potentialités, ses ressources terrestres et sous-terraines, et ce qui restera du patrimoine public. Dans un temps relativement court, le rythme de croissance redeviendra positif, les marchés qui, comme cela s'est avéré, ont la mémoire courte, nous pardonnerons, et nous nous sentirons de nouveaux maîtres chez nous et de notre destin, loin de la botte conquérante de la troïka. Notre avenir et celui de nos enfants nous appartiendra de nouveau. Sur l'autre plateau de la balance, empilons cette période interminable qui peut très bien durer pour toujours. Et dans cette éternité, le peuple grec sera condamné à vivre sous un régime d'austérité sauvage, d'esclavagisme et d'africanisation qui ne fera que se durcir avec le temps, puisque, à part les créanciers, les termes extrêmement étranges du nouveau Pacte de Stabilité, qui exigent des baisses continuelles de salaires, devront être tenus. Les conditions « moyenâgeuses » du marché du travail pèseront de plus en plus sur les travailleurs dont le salaire moyen se réduira à 400-450 euros par mois, assurant ainsi une main-d'œuvre très bon marché et non assurée, adaptée aux besoins des économies du riche nord de l'Europe et notamment de l'Allemagne. Et bien plus encore, puisqu'elles assureront aussi une main-d'œuvre spécialisée, grâce à l'apprentissage technique imposé à la place de l'enseignement littéraire et artistique. La Grèce se transformera ainsi en colonie de l'UE, laquelle se sera transformée en une union d'Etats soumis à l'Allemagne.

Est-ce de la science-fiction ? Je le voudrais bien, mais je ne le crois pas, étant donné que l'évolution rapide des choses, en Europe, conduit à un paysage qui corrobore la réalisation des prévisions précédemment citées.

La population grecque se trouve aujourd'hui au carrefour de décisions importantes.

Or, ces choix, quels qu'ils soient, doivent se faire très vite, car bientôt ils ne seront plus valables. Ce sont plus particulièrement les jeunes qui doivent prendre conscience de la mauvaise voie empruntée par notre pays et se dépêcher d'enrayer la catastrophe, inévitable dans les conditions actuelles.

*

2.5. Assoiffés de sang… ils demandent des sacrifices humains (04.10.2011)

Une attaque rangée, de type goebbelsien, a été menée contre le secteur public. La prétendue taille excessive de ce secteur, la prétendue fainéantise de ses employés avec leurs salaires vertigineux, excessivement corrompus par rapport à la moyenne nationale et réputés « tire-au-flanc », tout cela a bien préparé le terrain. Ainsi, ceux qui se trouvent dans l'antichambre de la mort ne sont plus présentés que comme des chiffres, de sorte à en diminuer l'importance aux yeux des chefs politiques, si ce sont 30 000, 70 000 ou 200 000 qui passeront à la trappe. Au contraire, plus il y aura de sacrifiés, plus vite cette entreprise sera couronnée de succès, mieux ce sera, du moment que « les réformes s'accélèrent vu qu'elles ont pris du retard ».

Sans que l'on ait connaissance d'une quelconque liste de ce que contiennent exactement ces fameuses réformes, il est vrai que les licenciements massifs relèvent de celles qui sont « depuis longtemps nécessaires », que nous n'avions pas le courage de mettre en œuvre pour sauver le pays ! Mais aussi ce ramassis indescriptible de mesures décidées au pied levé, annoncées triomphalement chaque fois comme un « sauvetage » de plus, le matin pour être retirées le soir même, partant d'un diagnostic erroné des problèmes et d'une ignorance totale des dangers subséquents qu'ils font encourir au pays.

Et pour revenir aux sacrifices humains qui vont frapper le secteur public, le long lavage de cerveau a malheureusement réussi à convaincre une grande part de nos compatriotes que « nos problèmes viennent justement du secteur public », que « si nous l'éliminons, nous serons sauvés », que « l'ennemi du peuple, c'est le secteur public ». En suivant les diverses émissions à la télévision, où l'on discute soi-disant avec objectivité des problèmes du secteur public et des licenciements massifs, on voit avec horreur que les solutions recherchées ne visent pas à renverser ce crime bien préparé et abominable, mais plutôt à trouver les moyens d'en éviter les conséquences qui pourraient retarder leur mise en œuvre. Autrement dit, on cherche entre autres à empêcher les personnes licenciées de défendre leurs droits en justice, on cherche à les priver de tout soutien et amélioration de leur sort, on cherche à les dissuader de revendiquer leur droit à une indemnisation et on cherche aussi le moyen de les faire disparaître complètement, à moindre coût. Ah ! Et un détail encore : le prétexte trouvé à cet acte sacrilège, j'entends les licenciements en masse des fonctionnaires, ne vaut rien. Car il est un fait que la taille du secteur public grec, qui avec insistance, nous est présenté comme gigantesque, se trouve être exactement dans la moyenne des Etats membres de l'Union européenne. Une foule de statistiques et d'études convergent vers cette conclusion. Or, cette constatation n'empêche pas les divers « petits perroquets » de rabâcher les mêmes bêtises, insistant sur la confusion volontaire entre la taille importante et l'inefficacité du secteur public. En essayant donc de donner une solution à un problème, purement qualitatif, au moyen de mesures quantitatives cruelles et barbares.

Depuis longtemps, les émissaires de la troïka ont conscience d'être totalement libres d'exiger et d'obtenir du gouvernement tout ce qui leur passe par la tête, d'un gouvernement ayant manifestement choisi de céder à toutes les formes de chantage, de se montrer toujours la tête baissée, incapable de soutenir ne serait-ce qu'un seul argument invoqué par notre peuple, expliquant comment nous en sommes arrivés là, et perdant ses moyens dès qu'il sent leur mécontentement. C'est pourquoi notre pays est devenu le cobaye de luxe dans le laboratoire insondable du néolibéralisme le plus radical. Pour commencer, afin de renforcer leur position, ils ont supprimé en une nuit presque tous les droits des travailleurs, acquis après des années et des années de luttes. Des droits qui visaient à contenir l'exploitation du travail, des soupapes de sécurité. Ces droits ont été supprimés pour permettre à la Grèce de parvenir à un plus haut degré de compétitivité. Déjà, le salaire moyen en Grèce, pays européen je le rappelle, tend à se fixer à 400-450 euros mensuels, dans les faits les horaires et les jours fériés ne sont pas respectés, il n'y a pas de garantie de l'emploi pour le lendemain, la flexibilité du marché du travail poussée à son maximum ne permet plus d'assurer les droits à la retraite. D'un pas vif et déterminé, le régime du travail en Grèce retourne à ce qu'il était au Moyen Age.

Cependant, les émissaires de la troïka ne sont toujours pas satisfaits car le secteur public, et qui plus est l'Etat-providence, sont encore sur pieds. Rien, absolument aucune trace du secteur public ne doit rester. Et c'est dans ce vacarme assourdissant qu'est menée à bien la grande liquidation de la Grèce. Tout passera par le marteau du commissaire-priseur… au meilleur prix… tout passera aux mains du privé.

Les émissaires de la troïka commencent à montrer des signes d'impatience, leurs désirs tardent à se réaliser. Maintenant, ils veulent du sang, pas de temps à perdre… ils veulent que ça coule à flots. Et notre gouvernement les rend furieux, ils lui demandent de prendre sans cesse de nouvelles mesures toujours plus sanguinaires, le but étant d'accélérer le processus. Il va sans dire que ces mesures inhumaines n'ont pas en vue le sauvetage de notre pays, évidemment, puisque les sacrifices n'ont pas de contrepoids, mais pire : ces sacrifices aggravent le problème. Or, les pères de notre nation n'ont pas le cran de tenir tête à la troïka. Au contraire, eux-mêmes terrorisés, ils transmettent leur peur à la population, annonçant la venue de monstres apocalyptiques si nous ne nous conformons pas systématiquement, consciencieusement, rigoureusement aux diktats de la troïka.

Faillite… éviter la faillite ! C'est un vilain mot, la faillite, et c'est pour cela qu'il est défendu de l'utiliser, et ceux qui insistent se doivent de recourir à un dictionnaire, à des dictionnaires de toutes les langues, pour se convaincre que le mot « faillite », en fait, ne signifie pas la faillite.

Or, est-il possible de ne pas comprendre que nous sommes déjà en faillite et que nous sommes maintenus en vie artificiellement ? Avons-nous le droit de fermer les yeux sur le fait que le seul souci quotidien de tous les médias étrangers et sérieux est par quel moyen sauver les banques (et bien entendu pas la Grèce) avant que nos partenaires étrangers nous jettent au feu ? Est-il possible de ne pas avoir été informés du fait que les mixtures de la troïka ne comptent pas même une seule réussite et qu'elles laissent toujours derrière elles des ruines fumantes ?

En dernière analyse, de quoi devons-nous avoir le plus peur si ce n'est de l'enfer au quotidien, où nous sommes contraints de vivre et dont on nous dit qu'il sera bien pire demain ? Je m'excuse pour cette expression peu élégante avec laquelle je vais clore cet article, mais la seule image qui me vienne à l'esprit, est une Grèce forcée d'avaler le poison jusqu'à vomir ses entrailles. Que pouvons-nous espérer ? Les mémorandums, les plans à moyen terme et leur triste cortège de mesures plongent le pays dans un désespoir de plus en plus profond, le mettent au pied d'une montagne de plus en plus infranchissable. Nous devons donc, d'une façon ou d'une autre, enrayer notre chute effrénée vers le fond du gouffre.

*

2.6. PSI : Requiem pour la Grèce (31.03.2012)

Produit d'un chantage éhonté, accepté sans aucune soupape de sécurité avec la servilité de notre gouvernement, le PSI – en langue courante, effacement partiel de la dette – a fait l'effet d'un « taureau » dans un magasin de porcelaine, foulant du pied avec une barbarie indicible tout espoir de redressement de l'infortunée économie grecque. Ainsi, les conséquences positives des quatre milliards d'euros qui seront économisés annuellement, sont annulées par les promesses sur le court mais surtout sur le long terme faites à nos créanciers et qui ont littéralement signé notre disparition de la surface du globe.

Depuis la fin de 2010, je soutiens dans de nombreux articles ce qui me semble être l'évidence même : à savoir qu'il n'y a d'autre voie pour rendre la dette viable sans conduire la population à la ruine que sa restructuration et renégociation. Cependant, cette solution a été rejetée par le gouvernement sous prétexte qu'elle serait *catastrophique pour la Grèce, avec l'aisance des naïfs convaincus de détenir la vérité absolue*.

Et c'est ainsi que depuis lors, allant droit vers l'inévitable catastrophe finale, nous nous sommes laissé entraîner, sans aucune résistance, dans une restructuration et renégociation de la dette, obligatoires et unilatérales, pour le plus grand bénéfice de nos créanciers et au détriment du peuple grec.

Après cette coupe effectivement effrayante dans la dette grecque, qui va certainement faire des jaloux car nous allons entrer dans le Guinness des records économiques pour nous être mis en faillite, je vais essayer de poser les paramètres de notre nouvelle course vers le fond, en trois parties : je vais examiner d'abord ce que nous avons entrepris et ce que nous avons réussi, ensuite les conséquences du PSI et enfin, comment faire renaître l'espoir dans le pays.

I. But recherché et succès du PSI

1. Rendre gérable la dette

Le recours à l'effacement partiel de la dette est, d'une manière générale, un aveu d'échec car cela signifie que le service de la dette est trop lourd. L'effacement partiel vise justement à la rendre contrôlable. Sur la base d'études plus récentes, une dette est considérée comme viable quand elle ne dépasse pas 90 % du PIB d'une économie donnée. Or, dans le cas de la Grèce, il semble que le problème ait été abordé d'une *façon particulière*, puisque le FMI accepte le fait qu'à 120 %, elle peut être perçue comme viable. Il a donc été décidé que nous devrions être contents, – « nous », c'est-à-dire la troïka d'abord, et puis nous les Grecs – si en 2020, c'est-à-dire après onze années d'insupportables sacrifices, notre dette retrouvait son niveau de 2009, point de départ de notre mise à l'épreuve. Naturellement, ce retour signifierait que pendant ces onze années, le peuple grec subirait le châtiment de Sisyphe. *Or, même ce scénario supposé « favorable » s'est vite avéré impossible à mettre en œuvre, puisqu'un récent rapport de la Commission européenne estime qu'après le PSI, la dette dans le PIB pour 2020 sera ramenée à 145,5 %.*

2. Eviter la faillite

Bien que la faillite ait été officialisée – depuis que les CAC ont été activés, rendant la restructuration obligatoire et non plus volontaire dans son sillage, et qui ont ainsi relancé les paris sur les CDS –, c'est-à-dire reconnue comme événement de crédit, notre gouvernement a essayé de passer sous silence cette opération, soutenant à coup d'acrobaties intellectuelles que *la faillite de la Grèce n'est pas exactement une faillite. Et pourtant, les nombreux sacrifices, et plus que tout le Mémorandum II, réellement criminel, ont été propulsés avec la promesse irréaliste que la faillite serait ainsi évitée.*

3. Atténuer le poids des sacrifices imposés à la population

Le gouvernement, même s'il traite toutes les formes de planifications, de désorientation, de terrorisme psychologique auprès de la population en annonçant la venue des bêtes monstrueuses de l'Apocalypse si nous n'obtempérons pas aux directives, aux voies à sens unique, aux chantages asphyxiants, aux menaces de sanctions sévères et bien d'autres, je pense que ses arguments tragicomiques ne tiennent plus, selon lesquels le PSI a limité le désastre, pour moi génocidaire. Je pense qu'il est désormais clair dans l'esprit de la population, que nos « sauvetages » à répétition nous entraînent en réalité dans une voie sans retour. Car maintenant, le peuple grec sait que ses nombreux « sauvetages », provenant aussi bien de la Grèce que de l'étranger, l'ont condamné, contre son gré, à survivre dans son propre pays en colonisé, réduit à mendier les restes des plantureux repas de nos créanciers.

4. Ouvrir la voie à l'amélioration de l'économie grecque

Juste après le PSI, le Premier ministre est apparu, les larmes aux yeux et la gorge nouée par cette « fin heureuse », et bien sûr, sans se livrer sur les détails des multiples bénéfices pour la Grèce de notre « sauvetage » numéro dix, et prévoyait que « la voie de la relance s'ouvre ». Cela finira peut-être par se révéler juste. Car, si la population du pays est décimée, à cause de l'émigration des jeunes, à cause de la faim et des vicissitudes qui affectent chaque jour un pourcentage toujours plus grand, si les suicides qui se multiplient à cause de la prolifération effrénée des dépôts de bilan, à cause du chômage hors de contrôle, que viendront gonfler très bientôt les quelque 150 000 fonctionnaires qui seront jetés à la rue comme des moins que rien, si le nombre des naissances continue de baisser, si les victimes de cambriolages et de meurtre augmentent, alors oui, les prévisions « optimistes » du Premier ministre se vérifieront. Car alors, le peu qui restera du labeur des Grecs sera effectivement suffisant pour garder en vie le reste du peuple grec dépité.

Conclusion numéro un : aucun des objectifs habituels mis en place dans la coupe de la dette n'a été réalisé dans le cas de la Grèce. A cause justement de cette coupe, la situation s'est gravement détériorée.

II. Les conséquences du PSI : comment faire renaître l'espoir

Il y a quelque chose de problématique dans les sondages, qui se répète et aboutit à une combinaison incompatible de préférences de la part de la population grecque. J'entends ces 80 % de Grecs qui sont opposés à la politique des mémorandums, ce que l'on peut tout à fait comprendre, mais qui en même temps, toujours à hauteur de 80 %, s'opposent à l'éventualité d'un retour à la monnaie nationale, et par conséquent, expriment le désir de rester dans la zone euro.

Or, malheureusement, il n'est pas possible de servir à la fois Dieu et le Diable. Malheureusement, il doit être clair que nous sommes tolérés dans la zone euro seulement dans la mesure où nous obéissions aux mémorandums, et seulement en tant que peuple soumis, disposé à céder sans broncher sa vie à ses oppresseurs.

L'Union européenne et la zone euro vont très probablement s'effondrer dans un proche avenir, mais d'ici là, elles avancent de plus en plus profondément dans des schémas de gouvernance qui sentent fort l'autoritarisme.

Si nos partenaires européens étaient vraiment décidés à nous sauver, ils se seraient dotés de solutions alternatives. La première d'entre elles pourrait être l'octroi d'un prêt de 130 milliards d'euros à la Grèce, qu'elle utiliserait exclusivement pour la croissance, pour résorber le chômage et moderniser son économie. Nos partenaires devraient aussi reconnaître l'effacement de notre dette, d'au moins la moitié, nous faire grâce d'une période de quinze ans pour commencer à rembourser le reste, à un taux d'intérêt qui ne dépasserait pas celui auquel empruntent les banques, c'est-à-dire 1 %. Un contrôle discret de la façon dont serait utilisé ce prêt serait inévitable, mais il devrait se faire dans le respect absolu de nos droits souverains. *Inversement, un prêt soumis aux conditions de ce dernier, qui ne laisse absolument aucune chance à la croissance, n'a rien d'une aide, mais ne fait que prolonger les souffrances de la*

Grèce. Une deuxième forme d'aide qui permettrait de sauver la Grèce, serait d'effacer une partie de cette dette visiblement odieuse et onéreuse, de séparer la vraie dette des taux d'intérêt relevant effectivement de l'escroquerie, qui étaient estimés jusqu'à depuis peu à 212 milliards d'euros, de même que sa compensation avec les réparations de guerre et le prêt d'occupation que l'Allemagne n'a jamais réglés. Si cela était, c'est l'Allemagne qui nous devrait de l'argent, et pas nous. Une autre solution encore qui aiderait réellement la Grèce serait de nous dégager temporairement de la zone euro et de ses contraintes, d'intensifier le processus de croissance, disons sur trois ans et d'y retourner plus tard, en commençant alors seulement à rembourser les annuités et les intérêts, avec le produit de la croissance et non à travers les ponctions sur les salaires et les retraites.

Or, aucun signe encourageant de la part de l'UE ou de la zone euro ne permettent d'envisager un recours à des solutions telles que celles proposées ci-dessus. C'est pourquoi nous ne devons pas avoir peur ni nous laisser emporter par nos obsessions et devons examiner soigneusement un à un les termes, de même que les avantages et les inconvénients d'un retour volontaire à la drachme. Il va sans dire qu'une cessation des paiements extérieurs aura précédé, que les mémorandums et ce ramassis de suppléments auront été dénoncés, que la panique dans nos banques aura été anticipée, que la parité initiale appropriée drachme/euro aura été étudiée, que des prêts auront été accordés dans la mesure du possible par des sources extra-européennes, qu'un plan de croissance rapide aura été établi surtout centré sur la redistribution des revenus afin de stimuler la demande interne etc., etc. Une telle déclaration pourrait tout aussi bien constituer une menace pour l'UE et la zone euro et nous assurer de ce fait des termes plus favorables, au cas où, en fin de compte, notre pays reste dans la zone euro. Cependant, plus le temps passe, plus nos partenaires se protègent face à ce genre de menace, et moins nous avons de chances de réussir dans cette direction.

En évaluant les aspects positifs et les aspects négatifs d'un retour à la monnaie nationale, il ne faut surtout pas négliger un fait d'importance, à savoir que l'UE cherchera en douce à convaincre la Grèce de s'en aller, de son plein gré puisque le renvoi d'un Etat membre n'est pas prévu. C'est peut-être sur la base de cette hypothèse, que l'on pourrait interpréter l'attitude effectivement inacceptable de nos partenaires qui n'hésitent pas à nous mettre sur le dos des mesures de plus en plus lourdes, de plus en plus inhumaines et de plus en plus inefficaces, qui enfoncent l'économie grecque dans une récession sans fin. *Pour nous mettre dehors !*

La solution de la drachme gagne discrètement du terrain, chaque jour un peu plus, alors que le climat d'intimidation se tend, nous faisant entrevoir ce qui nous attend en dehors de la zone euro. Paradoxalement, personne ne cherche à comparer cet enfer supposé venir en même temps que la drachme, avec l'enfer que nous vivons déjà depuis deux ans et demi au sein de la zone euro.

Dans un avenir proche, et puisque la formule ne va pas changer, je pressens une baisse du PIB de plus de 30 %, un taux de chômage de l'ordre de 28 % de la population active, des salaires et des retraites qui se stabiliseront autour de 300 euros par mois, la fermeture de 50 % des entreprises et commerces, une pauvreté qui touchera la moitié de la population, une accélération du rythme de la chute des recettes publiques et de la TVA, une dissolution complète de la santé publique et de l'éducation, la réduction de l'administration publique, une perte de 60 % de nos jeunes qui quitteront la Grèce ; quant à la population, elle se bouclera chez elle à cause de l'augmentation de la criminalité, et le pays sera bradé à nos oppresseurs. Dans ces conditions, je trouve peu sérieuse cette estimation qui prévoit un rythme de croissance de 2,5 % en 2014.

De l'autre côté, il y a assurément de nombreux et sérieux avantages à ce qu'une économie dispose de sa monnaie souveraine nationale. Le fait est que de nombreux dangers nous guettent, pour la plupart indéterminés, car si la Grèce retourne à sa monnaie nationale, elle se retrouvera en terre totalement inconnue.

Je pressens pourtant que persister dans cette situation tragique et sans horizon augmentera de jour en jour le nombre de Grecs qui voudront le retour à la drachme. La drachme, à mesure que le désespoir en Grèce gagne du terrain, s'imposera de plus en plus comme la seule solution pour sortir de la crise. Pour être minimisés, les dangers de cette transition requièrent un plan soigneusement préparé, mais aussi un chef éclairé capable d'y faire face avec succès.

*

2.7. L'épouvantail de la drachme (23.04.2012)

Parler de la drachme ou même du probable retour à la drachme est en fait interdit. Quiconque se risque, malgré cela, à aborder la question, se heurtera à la « direction » politique qui fera de lui un « ennemi de la nation », un membre d'une « mafia de la drachme », qui l'accusera de vouloir « faire fortune grâce à l'argent mis exprès à l'étranger », dont le but final est de le ramener en Grèce pour… s'enrichir. Quiconque s'y risque, se heurtera aux vociférations des autorités qui agiteront la perspective des monstres prêts à engloutir la population tout entière au cas où la drachme reviendrait, du froid polaire que nous devrons subir sans mazout et de la disette, car à cause de la drachme, la production sera au point mort et les importations cesseront. Bref, le retour à la drachme, c'est la fin du monde.

Ces menaces permanentes, évidemment renforcées par les médias, même si elles ne s'appuient sur aucun argument sérieux, ont fini par terroriser les gens, les plonger dans une confusion inouïe et leur ôter toute possibilité d'affronter raisonnablement le problème. Dans le cas présent, on peut dire que le « lavage de cerveau » est couronné d'un immense succès. Le simple citoyen grec, même celui qui dispose d'un certain niveau d'éducation, supporte des discussions sur la tragédie vécue par son pays, sur les graves erreurs de ses politiciens, sur les tentatives de sortie de la crise jusqu'au moment où la question litigieuse de la drachme est abordée. C'est alors que le sang-froid disparaît, le regard se durcit, les mâchoires se serrent. Nul doute qu'il se trouve face à l'Armageddon pour l'assaut final. Chaque fois, la discussion tourne court, et quiconque entend malgré cela la poursuivre sera considéré comme un ennemi.

Malheureusement, ce qui précède n'est pas du tout exagéré et les conclusions de sondages sur ce sujet confirment sans cesse cette suprême confusion. En effet, tous les sondages montrent que 80 % environ des personnes interrogées se déclarent contre les mémorandums, résultat en outre tout à fait logique, étant donné que ces derniers sont la cause de tous les malheurs de la population. Par contre, ce qui n'est pas logique mais est certainement le résultat de l'intimidation féroce exercée sur elle, c'est que le même pourcentage, c'est-à-dire 80 % à peu près des personnes interrogées, veut que le pays se maintienne dans la zone euro et ne retourne pas à la drachme. Il n'est pas impossible que les deux puissent coexister un jour, mais ce qui est plus probable, c'est que les choses prennent une toute autre tournure. Premièrement, comme nos partenaires nous le font clairement savoir par tous les moyens, ils ne veulent pas de nous dans la zone euro, et s'ils nous tolèrent, c'est seulement par crainte des conséquences de notre départ. C'est aussi parce qu'ils visent très probablement notre sortie de la zone euro sans couper le lien colonial qui s'est déjà forgé entre l'Allemagne et la Grèce. Deuxièmement, parce qu'il est fort probable que l'euro déficient, déjà attaqué de toutes parts, va très bientôt se dissoudre complètement, en dépit des efforts spasmodiques faits par les dignitaires européens pour le sauver. Ainsi, quand cela arrivera, il est à craindre que la Grèce tout entière aura déjà été vendue, que sa base productive aura été complètement détruite et qu'elle aura succombé à l'appétit arrogant de l'Allemagne. Et troisièmement, parce que dans le contexte actuel, le retour à la drachme constitue notre dernier espoir de survie, sachant qu'il pourra garantir au pays :

• une monnaie souveraine avec laquelle il sera en mesure de se lancer avec succès dans une politique offensive de croissance, et grâce à laquelle il remboursera cette partie de la dette qui n'est pas onéreuse et odieuse – je rappelle que tout au long des quinze dernières années, nous avons payé en taux d'intérêt et en annuités 422 milliards d'euros, c'est-à-dire un montant à peu près égal à notre dette – et qui sera compensée par les réparations de guerre et le prêt d'occupation.

• La possibilité de contrôler la quantité d'argent en circulation et à travers elle, contrôler l'intensité de l'activité économique, le niveau des prix, le niveau des rémunérations des facteurs de production et enfin, de tracer une politique macroéconomique qui servira les besoins de notre propre économie.

• La redistribution du revenu, en faveur des bas salaires et des petites retraites, primordiale dans la réussite du processus de croissance économique.

• Et même la possibilité de rembourser la dette en drachmes inflationnistes.

Le retour de la Grèce à la drachme constitue un sujet de conversation quotidien pour la directrice du FMI, le ministre des Finances Allemand, ainsi qu'une foule de grands économistes étrangers. Parfois d'une façon menaçante ou méprisante à l'égard de notre pays, parfois soutenant que c'est notre seul recours possible, ou encore qu'un retour à la drachme peut être envisagé pour une durée limitée. En outre, il est connu que des banques étrangères et des multinationales ont depuis longtemps préparé des scénarios sur l'attitude à adopter, en cas de retour à la drachme de notre pays.

Il est donc clair que dans le contexte actuel, la campagne visant à terroriser la population grecque face à la drachme constitue un autre crime commis à son encontre. Car, tandis qu'elle est appelée à se sortir de cette tourmente sans précédent, on la prive de la confiance en soi qui lui permettrait de se remettre sur pied et de se tirer d'affaire. En fait, cette campagne d'intimidation de la population se trouve sur la même longueur d'onde que les accusations méprisables qui la font passer pour corrompue, paresseuse et inutile, pour un navire en perdition, incapable et indéfendable, et ainsi de suite. Ainsi, la Grèce devient la victime expiatoire dans le sauvetage de l'euro.

En réalité, cette peur exagérée ressentie par l'ensemble des Grecs, cultivée méthodiquement dans le pays pour servir les intérêts politiques, les persuade de leur incapacité à remettre leur pays sur la voie de la croissance, à le protéger des prédateurs, et à le mettre en valeur. Cette entreprise sordide d'intimidation vise à faire croire à la population qu'avec la drachme, elle aura faim, alors que l'euro ferait son bonheur, peu importe si sa vie est devenue un enfer. Autrement dit, le théâtre de l'absurde se joue continuellement, à nos dépens.

Et tandis que l'on pourrait attendre d'un gouvernement censé partager la souffrance du peuple qu'il administre, qu'il veille à l'élaboration d'une étude sur ce qu'il conviendrait de faire dans le cas fort probable d'un retour à la drachme, de sorte que les désavantages et les dangers de cette entreprise soient minimisés face à ses avantages, c'est là aussi au contraire une politique de l'autruche qui est suivie.

Il serait assurément aventureux de retourner à la drachme. En revanche, cela procurerait de l'espoir, ce qui est impensable sous le régime de la troïka. Et nous devons absolument sauver certaines valeurs non-négociables, telles que la souveraineté nationale, notre survie nationale, notre patrimoine national et notre dignité qui ne sont pas à vendre, car elles n'ont pas de prix. Ce sont justement ces valeurs qui sont en passe de disparaître avec l'euro, alors que leur dernière chance repose dans la drachme.

*

2.8. La Grèce entre complots et conspirateurs (28.04.2012)

Avec la récente révélation, provenant de source officielle, que notre mise sous tutelle du FMI n'était pas la seule alternative, mais qu'elle a en plus été provoquée, il est naturel qu'une foule de questions s'ensuivent, sur les raisons qui ont amené notre pays à se mettre dans l'engrenage du plus dur et froid des organismes internationaux de la planète. En effet, après les révélations de WikiLeaks par son fondateur Julian Assange, il est difficile pour le citoyen moyen de ne pas aller soupçonner l'existence de conspirations derrière des situations difficilement explicables. Dans le cas de notre pays, il y a une suite infinie de signes extrêmement douloureux que je vais simplement citer, laissant à chacun le soin d'en tirer les conclusions par soi-même.

• Le recours au FMI. Le 3 juin 2009, le Premier ministre d'alors, Georges Papandréou déclare ceci sur la chaîne en ligne TVXS : « Le FMI en particulier n'est réputé ni pour sa justice sociale, ni bien sûr, pour son efficacité. Il va dans d'autres pays en voie de développement et leur demande, leur dit : « vous avez trop emprunté, et maintenant, il faut faire des coupes budgétaires, et vous allez couper en premier dans l'éducation », par exemple. Voilà comment il agit, c'est prouvé. En fait, il détruit l'avenir du pays. Ce pays peut très bien amasser un peu d'argent pendant un ou deux ans, mais en fait, il le condamne au sous-développement permanent. Donc, nous n'avons, nous, aucune raison d'entrer dans une telle négociation qui nous fera glisser dans des conditions négatives pour l'avenir de notre pays ». Nous avons la preuve que bien avant cette déclaration, et même avant la Noël de 2009, Georges Papandréou faisait pression sur Dominique Strauss-Kahn par téléphone, lui demandant de mettre la Grèce sous la tutelle du FMI. Ensuite, en novembre 2009, alors qu'il était connu que la Grèce ne pouvait faire face à ses obligations, le ministre des Finances d'alors, Georges Papakonstantinou refusa l'offre de la Goldman Sachs qui proposait 50 milliards d'euros avec un taux d'intérêt relativement raisonnable. Moscou elle aussi s'est vue refuser le prêt de 25 milliards d'euros qu'elle proposait, et de même la Chine. Si nous avions accepté ces offres, le drame avec le FMI aurait été évité. Alors, POURQUOI les avons-nous déclinées ? A l'heure qu'il est, aucune raison, aucun démenti n'ont encore été apportés.

• Le gonflement artificiel du déficit public et Elstat [Institut statistique hellénique]. Cette affaire a été rendue publique par les accusations de Zoé Géorganta, professeure à l'Université Macédonienne de Thessalonique, et elle a été présentée à la justice. Et comme il ressort de déclarations…

• le prêt d'occupation accordé à l'Allemagne et les réparations de guerre. Il est vrai que l'Allemagne a versé des réparations à toutes les économies sinistrées par l'armée nazie au cours de la Deuxième Guerre mondiale, mais elle n'a pas dédommagé la Grèce, qui est pourtant le pays ayant subi le plus de destructions. Personne ne met en doute l'existence de cette dette qui, si l'on y ajoute les intérêts accumulés durant toutes ces années, dépasse très probablement la dette grecque. Or, les « pères de la nation », qui se sont taché les mains de sang en signant le premier mémorandum et son sinistre cortège, n'ont pas demandé de compensations, comme ils avaient le devoir de le faire (ce qui est l'évidence même), peut-être parce qu'ils n'ont pas pris la peine de le lire. En juin 2010, lorsqu'il fut demandé à Georges Papandréou ce que devenaient les réparations de guerre allemandes, il répondit que « la Grèce n'abandonne pas son droit, concernant les réparations de l'occupation allemande, mais... ce n'est pas d'actualité ». On se demande à juste titre quand est-ce que cette question aurait été davantage « d'actualité », à partir du moment où la patrie est en danger de mort et où la population est ruinée, et que notre débitrice Angela Merkel s'arroge le droit d'insulter et d'avilir la Grèce ? Et à un moment donné, il y a peu de temps de cela, sur une initiative extérieure au gouvernement, la question fut posée au Parlement. Et là aussi, le ministre des Finances Philippos Sahinidis déclara être... « à la recherche du dossier qui existait il y a des dizaines d'années à la Direction Générale du Trésor Public concernant des réparations de guerre. Je le cherche et je mettrai à la disposition de la Commission tous les éléments existants ». Or, une enquête de *zougla.gr* sur le dossier des réparations de guerre de la Direction Générale du Trésor Public qui, selon le ministre des Finances a « disparu », révèle que ce fameux dossier non seulement existe, mais qu'en plus il est complet, qu'il contient tous les éléments des ayant droit de ces réparations, les décisions de justice qui ont été publiées mais aussi les ordres de paiement donnés à la Banque Nationale de Grèce !

De grâce ! Que dire d'autre au sujet de cette affaire ?

Mais alors, pourquoi les réparations de guerre n'ont-elles jamais été demandées à l'Allemagne ? Pourquoi, alors qu'il y avait tant de discussions et d'inquiétudes autour de ces réparations, aucun gouvernement n'a jamais entrepris de discussion sérieuse sur ce sujet ? Et puis, pourquoi, quand il lui est devenu impossible de se dérober, le ministre des Finances ne pouvait-il mettre la main sur ce dossier ?

• Le pétrole. Comme le prouvent aujourd'hui des éléments irréfutables, les responsables connaissaient l'existence de pétrole en Grèce depuis 1965, grâce à l'étude du chercheur Stavros Katrakis, professeur à l'Université polytechnique Nationale d'Athènes. Pourquoi le pétrole n'a-t-il pas été exploité depuis toutes ces années, sachant qu'il aurait radicalement amélioré l'image de la Grèce et la vie des Grecs ? Mais encore... pourquoi, en 2003, lorsqu'il a été demandé à Georges Papandréou s'il y avait du « pétrole en Grèce », a-t-il répondu par la négative ?

Une enquête approfondie sur ces sujets pour le moins étranges et sur bien d'autres encore permettrait, je pense, de jeter la lumière sur maints aspects de cette tragédie qui affecte la Grèce.

*

2.9. Les 9 crimes mortels des gouvernements grecs (29.08.2012)

Maintenant que nous sommes pris dans la course vers la faillite incontrôlée, maintenant que l'inertie de nos gouvernements a donné le droit à nos partenaires – essentiellement aux Allemands – de dire qu'ils vont « nous jeter de l'euro », maintenant que la Grèce, d'un bord à l'autre saigne et s'écroule, maintenant que toute forme de restructuration ou de renégociation de la dette n'a plus de raison d'être, maintenant que ce qui a été construit tout au long de ces soixante dernières années s'est disloqué et que l'image de la Grèce à l'étranger s'est ternie, faisons le compte de nos crimes, des crimes inqualifiables qui ont conduit le pays et son peuple à cette sinistre situation :

Crime numéro 1 : Insistance – inexplicable – de Georges Papandréou, en vue de placer la Grèce sous la tutelle du FMI, sachant que cela pouvait être évité.

Crime numéro 2 : Signature du premier mémorandum par nos dirigeants, les yeux fermés et sans pourparlers, et dans la foulée, le reste de ce ramassis de mesures immondes qui ont lié pieds et poings le peuple et l'ont livré à ses créanciers.

Crime numéro 3 : Refus injustifié et inadmissible autant qu'impardonnable de nos responsables politiques de chercher à renégocier et restructurer à temps la dette, qui représentait alors notre seule planche de salut.

Crime numéro 4 : Refus de nos responsables politiques de saisir l'occasion – quand c'était encore possible et que nos créanciers ne s'étaient pas encore débarrassés de nos bons du Trésor – et déclarer mettre le pays en cessation de paiement ou que la Grèce se retirait de la zone euro.

Crime numéro 5 : Acceptation de la « coupe » de la dette, désastreuse et extrêmement tardive, rendant celle-ci encore moins gérable et siphonnant les caisses de retraite, les établissements d'enseignement supérieur, les hôpitaux, les musées, etc.

Crime numéro 6 : Attitude indigne et servile de nos dirigeants face aux sous-fifres du FMI et à leurs patrons, lesquels, à mesure que nous reculions, saignions, nous nous enfoncions dans la ruine, à mesure que le pays se tiermondialisait, nous insultaient, nous calomniaient aux quatre coins de la planète et nous infligeaient des contraintes irréalisables et inhumaines.

Crime numéro 7 : Admirable compassion de nos responsables politiques envers les émissaires de la troïka, en vue d'imposer des sacrifices cruels, malgré le fait que les résultats étaient dès le début nettement visibles, contraires à ce qui est officiellement recherché. Je choisis la version de la *compassion* parce que je considère comme abaissante l'excuse de l'ignorance, ou de l'incapacité à comprendre l'inefficience totale des mesures – que n'importe quel débutant en économie peut concevoir.

Crime numéro 8 : Déclarations toujours affolées, tous azimuts des gouvernements grecs, relatives à la décision de maintenir le pays dans la zone euro, quel qu'en soit le prix, même donner en échange ce qu'il y a de plus sacré aux *barbares*.

Crime numéro 9 : Retour à la monnaie nationale pas du tout préparé, alors que depuis longtemps tout va dans ce sens et que toute la planète a fébrilement pris ses dispositions. Mais pas seulement, car parallèlement aux désorientations continuelles et aux efforts faits pour endormir la population afin qu'elle ne voie pas où on la conduit réellement, il y a aussi les scénarios catastrophes sur ce qui lui arrivera en cas de retour à la drachme et ceux qui se faisaient foudroyer pour avoir osé parler de ce qui constituait, manifestement, notre triste réalité.

Et maintenant ? Malheureusement, maintenant, il est trop tard pour... pleurer. Nous avons déposé les armes les unes après les autres aux pieds de nos créanciers et nous avançons littéralement à découvert. Maintenant, nous sommes le jouet de leurs désirs et aussi, peut-être, de leurs projets malveillants. La prolongation que s'apprête à demander le gouvernement, avec beaucoup de retard et après avoir bradé tous nos arguments, ne sera probablement pas accordée. Et à supposer qu'elle le soit, ce ne sera tout au plus que « partie remise », tandis que notre dette, qui a déjà proliféré depuis le début de la crise, continuera d'augmenter, et que seront levés les derniers obstacles pour faciliter la liquidation de la Grèce et sa destruction totale.

Dorénavant, notre seule arme peut-être encore valable est la cessation de paiement – inévitable de toute façon, soit sur notre initiative, soit en raison d'une interruption de l'aide extérieure – et notre recours immédiat et autant que possible bien préparé à la Cour internationale de justice, en requérant l'interruption immédiate de l'acharnement génocidaire contre le peuple grec et de cette course à l'austérité qui risque fort de rayer la Grèce de la carte des pays évolués et indépendants.

*

2.10. Le gouvernement à la chasse aux sorcières *ou* le lobby/la mafia de la drachme (01.09.2012)

Dès le début de la crise de la dette publique grecque, un certain nombre de solutions alternatives ont été rejetées car prétendument dangereuses et catastrophiques pour la nation. Ce fut d'abord l'interdiction de mentionner la restructuration ou la négociation de la dette, qui seraient soi-disant par trop désastreuses pour le pays. Ainsi, nos créanciers privés, essentiellement des banques françaises et allemandes, purent-ils en toute quiétude se débarrasser de leurs titres de la dette grecque d'une valeur totale de 200 milliards d'euros, de sorte à rendre « gérable » notre sortie de la zone euro. Ensuite, ceux qui se prononçaient pour la « coupe de la dette » furent décrétés ennemis de la nation et c'est ainsi que l'inexcusable retard de décision est un véritable fiasco : les caisses de retraites, les établissements d'enseignement supérieur et les hôpitaux ont été dévalisés, perdant ainsi 14 milliards d'euros, et la dette qui représentait

165 % du PIB fin 2011 est encore de 167 % après la « coupe ». Par ailleurs, il est impossible qu'en 2020, la dette soit égale à 120 % du PIB d'avant, taille que le FMI, condescendant, trouverait satisfaisante. Au contraire, elle devrait être beaucoup plus importante. Il a aussi été plusieurs fois proposé entretemps une interruption des paiements extérieurs, qui pourrait être utilisée au moins pour faire pression sur nos créanciers, tant que c'est encore possible. Mais ces propositions ont été elles aussi rejetées, de la même façon que d'habitude, à savoir de haut et sans la moindre discussion ou justification, avec toujours la même sentence : elles seraient désastreuses pour le pays. *Effectivement, les gouvernements grecs successifs de la crise ont ouvertement refusé de se faire conseiller et de consulter les économistes Grecs ou étrangers qui proposaient des solutions autres que celles, pour le moins criminelles, du mémorandum. C'est comme cela qu'ils recyclaient autour d'eux toujours les mêmes personnes, disposées – pour des raisons personnelles ou autres – à rabâcher et à servir un plan sans issue favorable pour le pays qui le ruinait et l'achevait. Ces personnes, qui persistent à se montrer comme les détenteurs de la vérité absolue, ferment la voie à toute autre alternative susceptible d'être moins tragique pour la Grèce*.

Et voilà que nous arrivons à un point crucial, si convoité par le gouvernement : la « mafia » ou le « lobby de la drachme ». Le procédé est toujours le même. Il est défendu d'aborder la question. Défendu au point que le Premier ministre Grec, lors d'une récente rencontre avec Angela Merkel, lui a officiellement demandé son appui pour mettre fin aux allusions ayant trait à l'éventualité d'un retour à la drachme. Antonis Samaras a donc demandé plus exactement de faire taire les journalistes et les médias étrangers qui se permettaient de parler de la drachme. Cette requête, non seulement a été adoptée par Angela Merkel mais en plus, la chancelière s'est montrée émue des sacrifices du peuple grec et a totalement embrassé le point de vue du Premier ministre : les débats autour du retour à la drachme devaient cesser, car ils détournaient les Grecs de leur devoir qui est de « se conformer pleinement à leurs engagements ». Ces engagements qui, comme on le sait, consistent en la trilogie suivante :

1. Appauvrissement à un rythme aussi rapide que possible, sous cette forme particulière de génocide.

2. Liquidation du patrimoine public à un prix de plus en plus dégradant pour le pays, officiellement appelée « mise en valeur » et mise en œuvre de « réformes » dites nécessaires.

3. Abandon complet de la souveraineté nationale et soumission aux oppresseurs, au point d'aller jusqu'à accepter de renoncer, par des mesures obligatoires, à notre défense nationale.

Le Premier ministre, donc, afin d'imposer coûte que coûte les mesures aussi bien inhumaines, criminelles qu'humiliantes de ponction des revenus des Grecs – lesquels, selon une enquête récente de la GSEE [Confédération Générale des

Travailleurs Grecs], sont déjà descendus à leur niveau de 1970-79 –, s'appuie de façon récurrente sur un certain nombre de conditions, de promesses mais aussi de menaces.

Je pense d'abord au mot « crédibilité » qui se trouve être ces derniers temps le mot préféré de notre Premier ministre. Celui-ci soutient donc que « le pays doit reconquérir sa crédibilité », chose qui présuppose, selon lui, d'une part le plein respect de nos engagements envers les mémorandums et de l'autre, la « diabolisation » de la drachme.

Il convient de s'interroger sur le genre de « crédibilité » que peut sous-entendre la déclaration d'un Premier ministre, lorsqu'il dit que « les engagements envers le mémorandum seront suffisamment tenus », quand ce dernier est officiellement qualifié de complètement inapplicable et qu'il ne permet d'espérer aucune issue favorable, et la dette grecque comme non-viable ? Je rappelle que, selon les études des deux grands spécialistes en la matière, les économistes Carmen M. Reinhart et Kenneth S. Rogoff, une dette supérieure à 90 % du PIB d'une économie donnée ne peut pas être considérée comme gérable. Et je rappelle aussi la récente révélation de l'ancien représentant de notre pays au FMI, le professeur Panayiotis Roumeliotis, selon lequel tout le monde savait depuis le début que le plan de sauvetage de la Grèce était tout sauf un plan de sauvetage. Et enfin, je me réfère à cette foule d'économistes, journalistes, analystes, revues économiques qui, tous, tirent la sonnette d'alarme pour prévenir des dangers de ce plan qui nous a été imposé. Par conséquent, cette question de savoir « qui se fiche de qui » avec ces promesses de soi-disant sortie de la crise etc., ou bien si les sacrifices de 11,8 milliards d'euros qui peuvent devenir 13 ou même 16 milliards d'euros et qui sont demandés à la population sans délai, reste sans réponse. Seul un miracle pourrait nous sortir de là, et il est étonnant que nos dirigeants ne l'aient pas encore invoqué.

Et au-delà de l'absence évidente de toute logique, quel genre de crédibilité peut-on attendre d'un dirigeant incapable de bredouiller quoi que ce soit s'agissant de réfuter les horribles mensonges et les inexactitudes flagrantes avec lesquels nos créanciers nous humilient quotidiennement, et… d'aborder enfin la question des réparations de guerre et des prêts d'occupation, de l'assassinat de la Grèce en train d'être commis, et celle de l'horrible exploitation subie au nom d'une prétendue aide dont nous ne touchons pas même un euro, des profits colossaux essentiellement de l'Allemagne qui s'élèvent officiellement pour elle à 60 milliards d'euros juste pour la différence entre l'intérêt de ce qu'elle emprunte et ce qu'elle nous prête, du périlleux déséquilibre que provoque l'Allemagne aux dépens des pays du sud de l'Europe, avec l'excédent de sa balance commerciale énorme et constant qui devrait dépasser les 220 milliards d'euros en 2012, des dangers nationaux terrifiants auxquels nous exposent les restrictions intolérables des dépenses pour notre défense nationale, et bien d'autres encore. Qu'il ose enfin, notre Premier ministre, soutenir les citoyens vraiment à l'agonie, accusés injustement et sans vergogne de fainéantise, de se complaire tous dans la corruption, tandis que les maquereaux de l'histoire se trouvent être de grandes entreprises allemandes auxquelles on finit par offrir, après qu'elles ont spéculé sans aucun scrupule à nos dépens, des sanctions financières. Comment le Premier ministre peut-il attendre un renforcement de la « crédibilité » quand, par son attitude servile, il confirme toutes ces accusations infondées contre la Grèce et les Grecs ?

Et maintenant, venons-en au sujet défendu de la drachme ! Notre Premier ministre a demandé à ce que la planète ne parle pas de la drachme… Mais, M. Samaras ignore-t-il que 69 % des Allemands d'Angela Merkel, qui se sont laissé convaincre par ses idées, voient d'un bon œil la sortie de la zone euro de la Grèce ? Comment va-t-il les faire taire, ces trois-quarts de citoyens Allemands, monsieur Samaras ? Et comment est-il possible qu'ils n'aient pas compris, là, dans ce gouvernement tripartite, que les responsables politiques Allemands, mais pas seulement, se sont distribué les rôles entre eux, concernant l'exécution des supplices appliqués à notre pays ? Il y a ceux qui choisissent le « bon rôle » et « veulent que la Grèce se maintienne dans l'euro », à condition bien sûr qu'elle respecte ses engagements de toute façon impossibles à tenir. Mais ce qui compte, c'est qu'entretemps, le patrimoine public aura été vendu pour rien, et comme cela, lorsque l'heure viendra – bien évidemment déterminée – de sortir de l'euro, « tout se passera bien » pour nos créanciers. Et il y a les autres, ceux qui ont le rôle du « méchant ». Eux déclarent sans détours qu'ils ne veulent pas de la Grèce dans la zone euro. Pour eux, il n'y a pas à hésiter, ils veulent l'Europe mais pas ses fondements.

Cependant, il est clair que ni les premiers, ni les seconds ne sont pour le moment favorables à des solutions immédiates. Pourquoi ? La réponse est simple. Car même si les dirigeants Grecs inconscients, n'ayant aucune idée de la réalité, agissant avec une légèreté impardonnable et affectés par le syndrome de la solution unique, sont peu à peu parvenus à désarmer la Grèce, à lui retirer ses armes les plus convaincantes, les estimations publiées chaque jour ne sont guère rassurantes pour nos créanciers. Et ceci car ces études prévoient que les pertes de la zone euro, au cas où la Grèce venait à en sortir, s'élèveraient à plusieurs milliards d'euros et que le PIB de l'Allemagne pourrait baisser jusqu'à 10 %. *Certes, ces études s'intéressent au reste de l'Europe et pas du tout à la Grèce, finie à leurs yeux. C'est pour cela qu'il faudrait que notre gouvernement prenne conscience, ne serait-ce qu'en cette heure ultime, que la tournure récente des déclarations de nos partenaires relatives à notre sortie de la zone euro, ne sont pas du tout le signe de l'intérêt subit qu'ils portent à notre égard. Au contraire même, ce revirement ne peut s'expliquer que par la peur des ravages qu'ils risquent eux-mêmes de subir, et dont il est difficile d'évaluer l'ampleur. Ainsi, la peur et le doute de nos partenaires se reflètent-ils dans la faiblesse de la gestion de notre pays. Cette difficulté, pourtant, n'empêche pas les banques, les entreprises, les grandes compagnies et les gouvernements de se livrer constamment ces derniers temps, à des études de scénarios alternatifs sur ce qu'il serait bon de faire et d'éviter au cas où la Grèce sortirait de la zone euro. Ces prévisions et estimations sont jugées absolument indispensables pour éviter le chaos, mais aussi pour limiter les dégâts. Surtout parce qu'indépendamment des difficultés de la Grèce, les risques de dissolution de la zone euro ne cessent d'augmenter.*

En revanche, la Grèce, préoccupée surtout par sa possible sortie de la zone euro, fait l'autruche, s'échine désespérément à interdire les débats sur la drachme qui continuent naturellement d'aller bon train, terrorise la population en lui faisant entrevoir les monstres apocalyptiques qui surgiront avec la drachme, et… *s'use à coup d'analyses insipides portant sur la teneur et les objectifs recherchés du « lobby » ou « de la mafia de la drachme ». Aucune préparation à sa venue ! Et pourtant, le risque de faillite, selon le groupe CMA (Credit Market Analysis), était de 96,7 % au deuxième trimestre de 2012…*

Cette ineptie criminelle censée préparer une situation apparemment imminente, est complétée par un excès de pronostics comminatoires sur ce qui va nous tomber dessus, si le « lobby de la drachme parvient à ses fins » : froid, disette, retour aux conditions de vie de 1950. *Et l'on s'interroge : sur quoi s'appuient-elles, toutes ces prévisions, puisque – autant que je sache – aucune étude* ad hoc *ne permet à nos dirigeants de s'avancer, avec une telle irresponsabilité pompeuse, sur ce qui va nous arriver ?*

Cela est triste à dire, mais tous ces scénarios terrifiants ne sont que paroles en l'air. Et c'est ainsi qu'au lieu de s'arranger pour que « la chute soit le moins dure possible », nos responsables mettent en place les conditions d'un chaos incontrôlé qui ne sera pas dû à la drachme, mais à sa gestion irresponsable.

Je n'appartiens pas au « lobby de la drachme » pas plus qu'à la « mafia de la drachme », et je désire ardemment que la Grèce échappe à cette aventure par trop incertaine. Je considère néanmoins comme un crime supplémentaire contre le peuple grec cette pression qui vise à le terroriser, et à le laisser dans l'obscurité. En outre, je crois aussi que cette attitude indécente et timorée de nos dirigeants, loin de le réduire, accroît le risque du retour à la drachme. Nos créanciers voient un peuple pris de panique dès qu'il en entend parler, et mettent au point des moyens cruels pour que la Grèce y retourne.

Je tiens pourtant à le répéter : la vérité est que personne ne peut savoir exactement ce qui arrivera, en cas de faillite de la Grèce et de sortie de la zone euro. Et le moins que l'on puisse dire est que ceux qui se permettent des pronostics précis, n'ont pas les pieds sur terre. L'ampleur des inévitables difficultés sera, en fin de compte, fonction :

– Du sérieux avec lequel cette situation aura été préparée. Il faudra que soient étudiées des situations comparables passées et de quelle façon elles ont été affrontées avec un minimum de dommages. L'existence de deux monnaies, l'une pour le marché intérieur et l'autre pour le marché extérieur est à débattre, tout comme la garantie des dépôts bancaires jusqu'à un certain montant et la conclusion de prêts extra-européens qui seraient utilisés pour l'importation de produits indispensables et pour la croissance, en imposant par exemple des restrictions sur les changes. Il nous faut tenir compte en tout état de cause, de la déclaration de la PASEGES [Confédération Panhellénique des Unions des Coopératives Agricoles] selon laquelle la Grèce peut nourrir sa population à hauteur de 91,5 % des produits agricoles de base.

– De la rapidité avec laquelle les premiers signes de reprise de l'économie moribonde apparaîtront, qui inévitablement sera entreprise avec une drachme inflationniste. Le fait de posséder une monnaie nationale souveraine constitue une arme de choix pour faire face aux difficultés, et ce sera sans doute le cas pour la Grèce si elle y a finalement recours.

– Du degré de réussite de la politique de redistribution des revenus, en faveur des plus démunis qui ravivera d'un coup l'économie, grâce à l'augmentation de la demande.

J'ajoute que la catastrophe terrible de la drachme annoncée par le gouvernement, sans qu'il en apporte toutefois les preuves nécessaires, pourrait être écartée d'une façon toute simple, grâce aux récentes découvertes d'études ad hoc, *effectuées – entre autres – à l'occasion d'un concours en Grande-Bretagne. Ce concours a été lancé par un réservoir d'idées (think thank) proche du parti conservateur eurosceptique britannique. Il récompensera le meilleur plan de dissolution de l'euro, avec sortie de la Grèce et d'autres économies, d'un prix de 400 000 dollars. L'un des candidats, Jonathan Tepper, a étudié soixante-neuf cas de dissolution d'unions monétaires qui ont eu lieu au cours du 20e siècle, et en conclut que la plupart n'ont pas rencontré de trop grosses difficultés. Jonathan Tepper propose entre autres que le retour à la drachme se fasse sans prévenir, en plein week-end, et que tous les dépôts soient changés en drachme, tandis que les banques resteraient fermées. Parallèlement, la sortie des capitaux vers l'étranger serait bloquée. Au début, et jusqu'à ce que les nouveaux billets soient imprimés, les anciens billets seraient surimprimés et mis en circulation, et il serait interdit de les faire sortir du territoire. Il est évident que cette proposition s'ajoute à des dizaines d'autres combinaisons possibles, et la sélection de la meilleure exige une étude préalable méticuleuse des conditions particulières de l'économie en question, mais aussi du cycle que traverse l'économie mondiale.*

S'il y a beaucoup d'incertitudes sur ce qui risque de nous arriver en cas de sortie de l'euro, il n'en reste pas moins que la voie empruntée aux côtés de la troïka, mais aussi celle que l'on pressent clairement pour l'avenir, ne réserve aucune surprise. *Pour nous, c'est la mort : nationale, sociale, économique. Et qui plus est, dans des conditions d'avilissement et d'appauvrissement extrêmes.*

Aux prouesses accomplies par notre pays durant les quarante dernières années déjà balayés par la troïka, viendront s'ajouter les cruelles pertes qu'entraînera la ponction de 11,8-13 milliards d'euros ou plus, selon une étude de la GSEE [Confédération Générale des Travailleurs Grecs]. Et c'est comme cela que nous arrivons confortablement aux années 1950, ce dont nous menace aujourd'hui le ministre des Finances Yannis Sournaras au cas où nous retournerions à la drachme. Et si l'on prend en compte, comme il se doit, les effets négatifs du multiplicateur après les mesures meurtrières forgées maintenant contre nous, le niveau de vie de 1950 n'est peut-être pas la pire chose qui puisse nous arriver. Le chômage dépassera la barre des 35 %, le pouvoir d'achat, dans le meilleur des cas, baissera à 60 % de ce qu'il était au début de la crise, les dernières traces de l'Etat social auront disparu, la ruine se répandra partout, la population aura diminué de moitié par rapport à aujourd'hui, affectée par les suicides, les maladies non soignées, la réduction de l'espérance de vie à cause des épreuves et la sous-natalité, mais aussi à cause de la fuite massive vers l'étranger, des jeunes surtout, et enfin à cause de l'escalade de la criminalité. Et comme la dette ne fera que s'aggraver, les mesures sanguinaires se poursuivront indéfiniment. Le patrimoine public, y compris les gisements de pétrole et autres, aura été bradé à 15-18 % de sa valeur et il est fort probable que des drames nationaux se seront produits dans ce pays qui, pour satisfaire ses créanciers, accepte de laisser ses frontières sans défense.

La coalition gouvernementale promet la croissance... Cette promesse de croissance, dans le contexte actuel ferait rire si nos conditions de vie n'étaient pas aussi tragiques. Mais au fait, de quelle croissance ont-ils l'audace de nous parler ? Ici, nous avons une économie morte, une société paralysée et une population qui est en quatrième position au monde dans les pronostics défavorables. Pour que le pays commence enfin à respirer, c'est de l'argent en abondance qu'il faut, peu importe si au début la monnaie est inflationniste. Et ensuite, cet argent pourrait commencer à combler l'inévitable décalage entre la demande et l'offre la moins élevée. Il va de soi qu'une économie, après avoir subi cinq ou six années d'austérité sauvage et de récession et une razzia sur son patrimoine public et privé, verra sa croissance reprendre à un rythme particulièrement rapide.

Une question qui préoccupe beaucoup les adversaires du « lobby de la drachme », est de combien sera en fin de compte la dévaluation de la nouvelle monnaie – la drachme – par rapport à l'euro. Sans chercher à défendre les « lobbyistes », je dirais toutefois que nous arriverions à peu près là où nous serons certainement dans un an à partir d'aujourd'hui si nous restons sous le joug de la troïka. A la différence qu'avec la troïka, il n'y a aucun espoir, ni dans trois ans, ni dans dix, ni dans vingt ans. Nous serons vendus et serons officiellement mis sous protectorat allemand, que l'Europe existe ou qu'elle se soit dissoute dans l'intervalle.

Certes, nous pourrions éviter cela... si nous décidions enfin de voir nos oppresseurs « d'égal à égal ». Si nous les aidions à tenir compte des dangers de notre sortie volontaire de la zone euro. Si nous leur montrions que nous ne leur sommes pas « acquis ». Si nous revendiquions ce qu'ils nous doivent, pour ensuite utiliser cet argent pour faire redémarrer la croissance. Si nous leur disions avec force qu'ils nous prennent pour des imbéciles lorsqu'ils persistent à nous imposer un plan irréaliste, désastreux et sans issue favorable possible.

Malheureusement, nos dirigeants ont opté pour la « chasse aux sorcières ». Ils pourchassent les lobbies et les mafias au lieu de tout faire pour blinder le pays contre les dangers mortels qui le cernent, et qui hélas ne sont pas seulement économiques. Il ne leur reste ainsi plus beaucoup de temps pour réaliser que d'ici peu, on se rappellera de la drachme comme d'une occasion manquée de plus. Exactement comme les autres armes que nous avons déposées sans conditions et sans rien en échange, aux pieds de nos créanciers.

Alors, comment un pays peut-il réagir lorsqu'il est soumis à un plan visant au génocide de son économie, et où aucun chef national ne sort du lot, capable de le sauver ? Je ne vois aucune autre issue que de recourir à des tribunaux internationaux, d'y présenter les nombreux arguments convaincants – qui existent –, pour que soit reconnu ce crime odieux contre l'humanité. Il faut cependant faire vite, car bientôt de Grèce, il n'y en aura plus.

*

2.11. Licenciements dans le secteur public : une guerre sans merci (11.03.2013)

Je me suis déjà intéressée à la perspective criminelle des licenciements dans le secteur public par le passé. Cette question toutefois, qui nous déchire quotidiennement en tant qu'économie et société, non seulement n'est pas close, mais continue au contraire d'être traînée et utilisée par la troïka comme outil particulièrement efficace de chantage contre notre gouvernement tripartite. La troïka réclame le sang de 150 000 fonctionnaires, menaçant de ne pas valider le versement de la tranche d'aide de 2,8 milliards d'euros, si l'abattage ne commence pas tout de suite et si on ne lui fournit pas sur le champ les noms et adresses des condamnés à mort. Cela signifie, si mes calculs sont justes, que la troïka est disposée à payer 2 millions d'euros pour chaque licenciement.

La méthode suivie pour préparer l'opinion publique dans le chapitre des licenciements des fonctionnaires se situe en plein dans la lignée systématiquement choisie par la troïka pour ce genre d'entreprise. C'est-à-dire que des accusations sont portées sur une petite minorité d'un groupe social donné, celui qui doit être banni ; avec habileté, ces accusations se généralisent et finissent par peser sur l'ensemble de ses représentants. Dans le même temps, tous ceux qui n'appartiennent pas à ce groupe social, étant indirectement épargnés, éprouvent un sentiment de supériorité par rapport à l'autre – dont les représentants, pilonnés sans merci, apparaissent comme les « moutons noirs » – et finissent par approuver la punition infligée. La répétition incessante mais aussi l'intensification progressive des accusations, avec la présentation régulière d'éléments de preuve afin d'étouffer ceux qui seraient tentés de réagir, complètent le cycle de ces coups de gourdin.

La première vague d'accusations lancée à l'encontre du secteur public était sa taille jugée surdimensionnée, et c'est pour cela qu'il doit être réduit de toute urgence. Cette accusation s'est avérée cependant très vite erronée, puisque les études *ad hoc* arrivaient à la conclusion que la taille du secteur public grec était incontestablement dans la moyenne européenne. Or, cette incitation à réduire le « secteur public grec surdimensionné » n'a pas cessé, tenace et imperturbable. Et lorsqu'il est devenu clair que l'argumentation fragile ne marchait plus, aucune explication n'a été officiellement donnée sur cette erreur, ni sur la réalité. Ainsi, l'obligation qu'avait la Grèce de réduire son secteur public a-t-elle été rigoureusement maintenue.

1. Le rôle des « parjures »

La troïka continuait fanatiquement de réclamer la réduction du nombre des fonctionnaires, sans expliquer pourquoi, et ainsi il devenait urgent de les accuser d'autre chose, cette fois-ci pas seulement sous un angle quantitatif mais aussi qualitatif. C'est ainsi qu'ont été fabriqués les « parjures » qui ont commencé à enrichir de leur lourde présence les journaux télévisés qui leur réservaient toujours une place de choix. Bien sûr, comme le licenciement de ces « parjures » est soumis à des problèmes d'un autre ordre sans aucun rapport avec le nombre des fonctionnaires, une mise en scène de l'absurde devait être trouvée. Plus précisément, les dirigeants Grecs, après avoir pris en charge la réduction du nombre des fonctionnaires, se sont subitement rendu compte de la difficulté de planifier les licenciements : par où commencer, et comment les justifier ? La machination diabolique s'est révélée être l'accusation des « parjures ». Sans preuves, sans avoir été jugés au préalable, sans que personne ne sache quelles fautes avaient été commises et quelles en étaient les peines prévues, et le comble, sans que l'on connaisse leur nombre, il a été annoncé que les « premiers à être licenciés seraient les 7000 parjures » ! Aucun doute que ces *Iphigénie* correspondent au nombre réclamé par la troïka. Et il va de soi que l'information selon laquelle les « parjures », qui de toute évidence ne sont pas tous auteurs de fautes graves justifiant un renvoi, sont environ 800, est passée inaperçue.

La troïka exige des licenciements, et le gouvernement de coalition, totalement impuissant, s'efforce par tous les moyens de la satisfaire, même par l'absurde. Mais le pire, c'est qu'une part assez importante de la population est convaincue que oui, la solution se trouve bien dans le licenciement de 150 000 fonctionnaires, si bien rémunérés pense-t-elle, parce qu'ils ne travaillent pas beaucoup, parce qu'ils sont corrompus, parce qu'il n'y a pas eu de licenciements dans le public alors qu'il y en a eu dans le privé et ainsi de suite. Signe que le « lavage de cerveau » a bien marché !

Je ne vais pas chercher à soutenir le secteur public dont l'existence aux côtés du secteur privé est absolument nécessaire au fonctionnement normal de l'économie en général. Je ne vais pas non plus nier que les services du secteur public envers les citoyens sont en règle générale modérément satisfaisants. Je me contenterai des remarques suivantes :

1. L'inefficacité du secteur public ne peut être combattue par la réduction massive du nombre de ses employés. Par contre, le réduire aggrave les manques de toutes sortes. Il va sans dire que s'il y a des parjures, ils doivent être sanctionnés ; quant aux autres, qui ne sont pas en surnombre et dont toutes les études montrent que leurs qualités sont globalement satisfaisantes, il faut qu'ils gagnent en efficacité... chose qui évidemment ne dépend pas de chacun d'eux, mais des règles plus générales mises en place et suivies dans le secteur public. Des règles qui doivent viser la qualité et non la quantité.

2. Nous devons savoir que dans notre pays, la troïka met en œuvre un pogrom contre les travailleurs en général – et pas seulement contre les fonctionnaires – qui a déjà fortement délabré le marché du travail. Créer, alors, une adversité artificielle entre le secteur privé et le public facilite infiniment la ruine à venir de tous les travailleurs, étant donné que ces deux secteurs fonctionnent en vases communicants.

2. Que vise la troïka ?

La ténacité avec laquelle la troïka veut réduire aussi drastiquement le nombre des fonctionnaires dans notre pays, s'appuie sur une idéologie pour le moins fanatique. Car de toute évidence, l'hypothèse qu'ainsi elle cherche soi-disant à réduire les dépenses ne tient pas, sachant que l'économie ainsi réalisée est évaluée à 750 milliards d'euros, c'est-à-dire une maigre somme comparée au désastre et aux conséquences tragiques des licenciements en masse. Tout plaide malheureusement pour la recherche désespérée de preuves de réussite d'une expérience entreprise il y a quatre ans dans notre pays, et qui a échoué de façon monumentale. Pour cette expérience sans précédent qui, comme tout le monde sait, est chose strictement interdite dans le cadre des sciences sociales, c'est la Grèce qui a été choisie comme cobaye, le but étant de démontrer le bien-fondé d'un modèle inspiré d'un néolibéralisme extrême, où l'Etat est absent et où les marchés règlent automatiquement tous les problèmes de l'économie. L'échec de ce plan dont les répercussions sont dramatiques a été annoncé officiellement le 3 janvier de cette année, par Olivier Blanchard, l'économiste en chef du FMI, qui se trouve par ailleurs être aussi celui qui a élaboré le plan expérimental en question. La troïka cependant, refuse d'en admettre l'échec, et s'obstine bec et ongles dans son erreur criminelle qui achèvera la destruction de la Grèce. Hélas, dans cette course vers le chaos, la troïka a aussi des complices. Les membres de la coalition gouvernementale ne semblent pas s'inquiéter des motivations qui se cachent derrière cet intérêt des émissaires de la troïka pour les licenciements, mais au contraire s'épuisent à d'interminables discussions sur la façon dont sera accompli ce crime. Et ajoutons à ce propos qu'à part l'interprétation idéologique de cette hécatombe de 150 000 fonctionnaires, la diabolisation du secteur public rend la privatisation massive du patrimoine de l'Etat grec encore plus facile. Autrement dit, la liquidation générale qui dépouille la Grèce de toute perspective de redressement.

3. Et les conséquences

C'est de la folie pure de créer et ajouter froidement encore 150 000 chômeurs dans une économie où le chômage touche près de 30 % de la population active. Car il est évident que tout ce qui est dit sur les mutations etc., n'est pas fondé. Parce que, même en supposant que certaines des personnes licenciées pourraient être replacées à d'autres postes du public, cette solution est irrecevable en raison de la façon dont cela se ferait. C'est-à-dire dans un contexte de stress et de panique, sans le moindre programme national, dans des termes qui changent tous les jours, avec des ruses destinées à tromper la troïka. Dans un contexte donc de profond désespoir.

Quelques-unes des conséquences tragiques de cette course désespérée à l'exécution de 150 000 condamnés à mort seront :

• un taux de chômage encore plus élevé, qui devrait dépasser 35 % ; ce taux augmente le risque d'explosion sociale.

• L'appauvrissement d'au moins un demi-million de Grecs qui vont aller s'ajouter aux 3,4 millions actuellement.

• La dégringolade des salaires qui bien sûr ne se limitera pas au secteur public, mais gagnera automatiquement le privé et tendra à se stabiliser, comme nombre de signes le laissent entrevoir, autour de 400 euros par mois.

• L'approfondissement de la récession qui dépassera 10 %, et le cumul depuis le début de la crise avoisinera les 35 %, l'accélération de l'effondrement des recettes de l'Etat, le gonflement du pourcentage de la dette dans le PIB, et bien évidemment, la non-viabilité irrévocable de la dette, avec tout ce que cela entraîne.

Or, même après ces conséquences désastreuses, personne ne pourrait exclure le fait qu'il se trouve peut-être des responsables qui continueront d'être disposés à rédiger des rapports annonçant que « ça redémarre », que « la reprise économique est visible », que « le climat s'améliore », que « nous sommes devenus crédibles » et d'autres choses du même genre. Et naturellement, des voix de l'étranger viendront défendre leurs positions. Néanmoins, cet optimisme qui les habite, j'ai l'impression qu'il n'empêchera pas l'économie réelle grecque de continuer à se détériorer. Il y a quelques semaines, la Grèce a été rétrogradée de la catégorie des économies développées à celle des économies émergentes.

Et puisque rien ne change, on peut s'attendre à ce que d'ici peu, elle figure parmi les pays du tiers-monde.

A ceux, chez les lecteurs de cet article qui sont convaincus que se contenter de constater des problèmes sans proposer de solutions ne mène à rien, je dirais que les mêmes propositions de sortie de la crise que je défends systématiquement et incessamment dans mes livres et mes articles depuis 2009, ont pour moi toujours le même poids. De recettes miracles, malheureusement, il n'y en a pas, ce qui signifie qu'il faudra s'acharner à trouver des décisions rationnelles, lesquelles seront toutefois accompagnées d'espoirs. En résumé : il nous faut sortir du régime asphyxiant des mémorandums, qui nous fait disparaître en tant qu'Etat souverain et lutter pour nous remettre sur pieds par tous les moyens et quel qu'en soit le prix. Il va de soi que cela doit se faire avant que notre patrimoine public ne soit définitivement liquidé.

*

2.12. Que se passera-t-il si nous retournons à la drachme ? (22.09.2013)

Les articles sur la catastrophe qui s'abattra sur nous en cas de retour à la drachme servent, généralement à coup d'arguments des plus légers et dénués de tout sérieux, l'esprit du cataclysme que les fréquents élans du gouvernement répandent à satiété depuis déjà un certain temps, avec toujours bien entendu, la chaleureuse collaboration de la plupart des médias. Ces élans se multiplient déjà, parce que manifestement, une part de plus en plus grande de la population, dépitée de la tournure tragique de sa vie, est favorable au retour à la drachme.

La nouvelle attaque contre la drachme vise exclusivement le problème des prêts au logement, bien sûr justifié, puisqu'il est la terreur de ceux qui ont contracté ce type de prêt, menacés soi-disant de destruction. Naturellement, cette nouvelle attaque décisive sur les prêts au logement ne parle pas du tout de la saisie des résidences principales qui jettera des milliers de personnes à la rue. Elle ne parle pas non plus de ce qu'il adviendra de ces prêts, au moment où arriveront les nouvelles mesures criminelles, inévitables dans le cadre du troisième mémorandum et puis du quatrième et du cinquième, puisque la dette qui n'est pas viable, est en plus alimentée à un rythme accéléré par les nouveaux prêts-mémorandums, et aussi par l'austérité asphyxiante qui fait baisser le PIB, et les sources de recettes fiscales publiques.

Dans des conditions normales, personne ne soulèverait la question du retour à la drachme, même si notre intégration à l'euro a été désastreuse à maints points de vue. Il ne m'est pas possible ici de développer les raisons pour lesquelles nous n'aurions pas dû adopter l'euro, que j'ai en l'occurrence expliquées avant même que cela se fasse. Je renvoie ceux que cela intéresse à mon dernier livre, *Toute la vérité sur la dette et comment s'en sortir*, et au précédent *Contre les mémorandums* [en grec] de même qu'aux nombreux articles que j'ai écrits sur ce sujet et que l'on peut consulter dans mon blog [en grec, français et anglais].

Le problème avec la drachme se manifeste sous de multiples formes, lesquelles sont selon moi beaucoup plus complexes que les articles désespérément superficiels que l'on peut lire ici ou là, tout entiers dévoués aux dirigeants. En résumé, ce ne sera pas une « partie de plaisir », surtout si nous n'y retournons pas de notre propre initiative et bien sûr sans nous y être rigoureusement préparés. Je ne veux pas jouer les Cassandre, mais je pense que nos créanciers sont en train d'organiser point par point le *Grexit* (contraction de *Greece* et *exit* – sortie de la Grèce) qui nous attend au coin de la rue, et que si nous ne le comprenons pas, c'est que nous ne voulons pas le voir.

Je veux ajouter encore que, malgré les difficultés qui ne manqueront pas d'intervenir, cette entreprise, si elle est sérieusement préparée, conférera à notre pays d'énormes opportunités ; il pourra mettre en place une politique de croissance économique sans laquelle notre survie est impossible – et que les mémorandums nous refusent méthodiquement – et prendre des mesures pour modérer les inégalités sans précédent, ce qui redonnera une dimension humaine au marché du travail et à l'Etat-providence.

Un retour à la drachme, par conséquent, doit être vu non pas comme une catastrophe, mais plutôt comme ce à quoi nous ont conduits les mémorandums et vers où ils nous entraînent : à notre perte. Le problème, par conséquent, doit dépasser les continuels manquements aux promesses gouvernementales et être posé comme suit : soit nous disparaissons en tant que nation, nous nous soumettons au nouvel Axe, privons nos descendants de tout espoir d'amélioration de leur sort, vivotons avec des salaires et des retraites de 400 euros, et avec un taux de chômage qui ne tombera pas facilement au-dessous des 30 % de la population active, soit nous osons faire le grand saut, avec au moins à la clé quelques raisons d'espérer. Des tas de raisons d'espérer, qui après une année difficile, commenceront à se concrétiser. Des tas d'espoirs dont la concrétisation dépendra de nous seuls – alors qu'avec les mémorandums, nous subissons les décisions prises par d'autres pour nous. Des tas et des tas d'espoirs, parce que, aussi, le retour à la drachme stoppera la déliquescence de la Grèce entière... qui est un pays riche, par ses sous-sols et ses précieux présents. Lesquelles richesses, avec les mémorandums, appartiennent déjà à d'autres.

C'est à cela et à bien d'autres choses encore que nous devons penser, lorsque nous nous posons la question de la drachme et non, que l'on me permette ce terme, à ces idioties que font sciemment circuler nos créanciers et ceux qui ont accepté – pour des raisons que nous ne développerons pas maintenant – de devenir leurs serviteurs et organes dociles. Et qui ont accepté aussi de discutailler sur la façon dont ils vont décapiter quelque 150 000 travailleurs grecs, parce que c'est ce que demande la troïka.

Ceux qui ont lu mes livres, *Contre les mémorandums* et *Toute la vérité sur la dette et comment s'en sortir*, savent que, au début, et avant que n'apparaisse explicitement l'intention de la troïka de nous précipiter dans le gouffre, j'exprimais ma réserve quant à un retour à la monnaie nationale. J'ai depuis la conviction que c'est la seule solution, pour nous les Grecs, si nous voulons exister demain comme Etat indépendant.

*

2.13. Ils nous assassinent ! Est-ce que nous allons rester passifs ? (21.10.2013)

Les individus qui nous gouvernent n'ont pas le sens de la mesure, ils ne sont pas capables de négocier et sont en train d'exterminer littéralement le peuple Grec. Il se passe en Grèce, petit pays européen du 21e siècle, des choses qui, sans exagération aucune, font froid dans le dos. Ils nous ont amenés au bord du gouffre, et le pire est que nous ne savons pas ce qu'ils nous demanderont demain, parce qu'ils ont depuis longtemps démontré leur grande aisance à faire des promesses, sachant parfaitement qu'ils ne pourront pas les tenir, puisque leur servilité face à la troïka est évidente et inaltérable. Les nouvelles de ces derniers jours paraissent donc drôles – si ce n'est une mise en scène –, répétées en boucle à la *Une* des *grandes chaînes de télévision irrécusables* : « le gouvernement n'est pas content », « ils sont brouillés avec la troïka », « il n'est pas question de prendre des mesures horizontales »... Et comme je ne comprends pas ce langage, qui de toute façon n'a rien à voir avec la science économique que l'on m'a enseignée, je me demande si faire main basse sur les dépôts bancaires des citoyens constitue une mesure « horizontale », « verticale » ou s'il s'agit d'un pillage pur et simple, comme je le pense personnellement.

Il faut en finir avec cette politique mortelle pour la nation, ne pas la tolérer une minute de plus. Même pas une seconde. Ils nous prennent pour de la matière consommable et nous détruisent méthodiquement et systématiquement, tout en attisant la peur du retour à la drachme. Mais, pensons-y : le retour à la drachme pourrait-il empirer la situation ? Pour nous, maintenant que nous sommes à un pas du gouffre, cela ne peut apporter qu'une amélioration... pour la zone euro, par contre, ce sera très difficile. Ils nous ont sacrifiés une fois en refusant la restructuration de la dette à un moment où c'était possible et où c'était bénéfique pour nous, pour empêcher la crise de s'étendre, comme le déclara avec un cynisme déconcertant Christine Lagarde... Accepter maintenant un autre sacrifice ? Nous coucher et nous laisser mourir pour cette zone euro qui nous dépèce ? Pensons aussi à ce que nos banquiers-créanciers peuvent encore nous demander, une fois qu'ils auront pris nos maisons, nos salaires et retraites, nos dépôts bancaires, le contenu des coffres bancaires, les ports, les aéroports, les biens immobiliers publics et bien entendu aussi privés – par le biais des innombrables impôts sur l'immobilier –, les ressources en surface et sous-terraines, les îles, c'est-à-dire tout.

Tout ? Eh non ! Il restera encore quelque chose, et au lieu de trembler à cette idée, il vaudrait mieux enfin que nous réagissions face aux démons cannibales. Quoi d'autre ? Mais, la prochaine chose qu'ils voudront de nous, ce seront des organes humains. Non, ce n'est pas de la science-fiction. Nous sommes confrontés à une situation qui n'a absolument aucune limite.

*

2.14. L'excédent primaire ne sauvera pas la Grèce (25.08.2014)

Depuis quelques mois, tous les efforts du gouvernement grec sont centrés sur l'excédent primaire qui, une fois réalisé espère-t-il, pourrait être la panacée à tous les maux que connaît le pays. Or, l'émotion toute palpitante de cette victoire, chantée par les porte-voix médiatiques nationaux, relègue dans l'ombre des crimes révoltants qui sont en train de se dérouler. Ainsi, les fermetures et les réductions express d'organismes publics, les licenciements, mises en disponibilité et détachements de milliers d'employés, les saisies et mises aux enchères de milliers de logements principaux appartenant à des familles en difficulté financière, sont éclipsés par les obscures promesses d'une amélioration de notre sort grâce à l'excédent primaire. Négligée donc, cette barbarie qui détruit ce qui restait de l'administration, de la santé et de l'enseignement publics, qui vend à qui le veut la fortune nationale. C'est cette barbarie que nos dirigeants éhontés présentent comme une « réforme structurelle », un « changement nécessaire », une « marche vers le progrès ».

Dégager un excédent primaire fait partie de l'évolution positive de la dette publique puisque cela signifie que les recettes de l'Etat sont en mesure de couvrir ses dépenses courantes, excepté les taux d'intérêt.

A regarder de près cet excédent primaire tant espéré, on y décèle cependant des effets pervers sur l'économie grecque et la société. Or, il se trouve que ces effets pervers sont beaucoup plus nombreux que les aspects positifs, et le sauvetage prétexté initialement reste peu probable.

Le premier et plus important des effets pervers de cette course à l'excédent primaire concerne les moyens mis en œuvre. Je qualifierai donc cet excédent de malsain, car il est le résultat de la contraction de l'économie grecque et pas, comme ce serait naturel et préférable, de la croissance. En effet, l'économie grecque, depuis presque quatre ans qu'elle est soumise au régime des mémorandums, a été littéralement ravagée, et l'ampleur de la catastrophe est indéniable : en 2009, lorsque la crise de la dette a éclaté, le PIB nominal était de 231 milliards d'euros et il est tombé à seulement 184 milliards aujourd'hui ; il a donc perdu 21 % en quatre ans. C'est la première fois qu'une telle baisse survient en période de paix. Et la dette de son côté continue d'augmenter, dépassant déjà les 321,9 milliards d'euros. Nous sommes bien loin des 297 milliards de 2009. Ainsi, la dette publique grecque, qui était de 128 % de son PIB en 2009, a-t-elle grimpé à 175,9 % aujourd'hui. Une progression qui, même avec la meilleure des volontés, ne peut en aucun cas être considérée comme une « success story » (pour reprendre les termes employés par le Premier ministre Samaras).

Parmi les effets de cette cure drastique d'amaigrissement économique, on observe la chute brutale de la demande effective, réaction subséquente à l'augmentation du chômage, à la baisse brutale du salaire moyen, à la hausse vertigineuse des impôts, et à la fermeture en série de milliers d'entreprises et de commerces. La politique macroéconomique désastreuse qui est dictée à la Grèce depuis presque quatre ans aspire en réalité à une seule chose : *lui imposer un fonctionnement économique au-dessous de son potentiel vers un équilibre de sous-emploi – c'est-à-dire avec un chômage sans cesse grandissant – qui exclut du processus productif un pourcentage croissant de la capacité productive du pays, et qui mène à un appauvrissement généralisé de sa population.* L'écart s'est creusé entre le PIB réel qui s'est contracté et le PIB potentiel, générant en quatre ans 1,38 million de chômeurs. D'autre part la masse salariale, de 89 milliards d'euros en 2010 se limite aujourd'hui à 72,5 milliards d'euros, tandis que le taux d'imposition a augmenté en moyenne de 52 %. Ainsi en Grèce, 3,4 millions de personnes vivent en deçà du seuil de pauvreté, avec moins de 490 euros par mois, et l'hiver dernier, 8 Grecs sur 10 ne pouvaient faire face aux frais de chauffage.

Ce sont ces conditions, qui ressemblent fort à une mise à mort de la Grèce et de son peuple, qui ont permis le dégagement de cet excédent primaire tant désiré, lequel s'élève à 2,6 milliards d'euros au premier trimestre 2013, c'est-à-dire 1,4 % du PIB. L'éclatante victoire a été annoncée par un gouvernement qui s'en est bien sûr félicité, reprise en grandes pompes par la quasi-totalité des médias.

Je n'insisterai pas davantage sur la façon dont a été dégagé cet excédent, en grande partie créé par des manipulations occultes appelées aussi *comptabilité créative*, ni sur les chances effectivement minimes de le maintenir à ce niveau dans les prochaines années. Je me contenterai, par contre, de rester sur un terrain plus conséquent et d'en extraire l'importance et ce que l'on peut en attendre.

Pour commencer, un excédent primaire peut effectivement être considéré comme une réussite dont on peut se féliciter lorsqu'il provient d'une augmentation du PIB plus rapide que les dépenses. C'est-à-dire, s'il résulte du développement et non d'une récession incontrôlée. Or, dans le cas grec, on observe un effondrement à la fois des sources de prélèvement des recettes et des dépenses publiques. L'économie et la société à bout de force suivent impuissantes le démantèlement de l'enseignement – la rentrée scolaire risque fort d'être retardée par des grèves de longue durée –, de la santé – la fermeture de treize hôpitaux a été annoncée –, de la montée en flèche de la criminalité favorisée par la réduction du nombre d'agents de police municipaux – 4000 agents de moins d'ici à la fin de l'année – pour ne citer que quelques exemples des coups assénés. Alors, comment peut-on, dans ces conditions, se féliciter d'un si modeste excédent ? Lorsqu'il provient du chômage de masse volontairement provoqué, de l'appauvrissement de la population, de la fermeture de milliers d'entreprises, de l'encouragement des déséquilibres – devenus énormes – dans la répartition des revenus et de la richesse, de l'augmentation inquiétante du nombre des suicides et de la destruction de la base productive de l'économie, qui aura besoin de dizaines d'années pour se reconstruire ? Comment peut-on se réjouir de cet excédent, lorsque 7 jeunes sur 10 sont au chômage et ne demandent qu'à tenter leur chance hors de Grèce, loin de l'enfer de la crise ?

Au-delà du bien-fondé de cette performance désastreuse, se pose la question du non-respect du principe de base keynésien, à savoir qu'en période de récession – dans le cas de la Grèce elle est particulièrement profonde et en est à sa sixième année consécutive –, la course à l'excédent primaire est contre-indiquée parce qu'elle est tout simplement catastrophique. *En effet, cela intensifie la contraction de l'économie et entraîne les recettes et les dépenses de l'Etat dans un cercle vicieux.* Ces choix extrêmement dangereux se sont d'ailleurs répercutés dans la récente augmentation explosive de la dette, qui réduit à néant les sacrifices imposés à la population. Inutile donc de commenter la réaction du gouvernement face à ce nouveau bond – en l'occurrence prévisible – de la dette ; comme à son habitude, il s'est empressé de l'intégrer à la liste déjà longue des sujets à éviter, qualifiant quiconque s'en inquiète de... *populiste ! Dans une économie libre, où le gouvernement national aurait la responsabilité de tracer lui-même sa politique macroéconomique, il va de soi que c'est le déficit et non l'excédent qui devrait nous faire triompher de joie.*

Donc, l'excédent primaire présenté par le gouvernement est une grave erreur, mais peut-on quand même en attendre des retombées positives ? C'est ce que nous allons tâcher de voir.

Il serait effectivement une bonne chose s'il contribuait à viabiliser la dette. Mais est-il défendable s'il est annoncé en même temps que la hausse effrénée de cette même dette ? La dette n'est pas seulement énorme, elle ne fait en plus qu'augmenter – ce que ne laisse pas paraître la fausse décontraction du gouvernement lorsqu'il s'emploie à justifier cette hausse – et par conséquent ne sera pas viable avant 2024, et ni après, si le pays ne se libère pas de l'étau des mémorandums et de l'austérité. Un timide excédent ne peut pas faire redescendre la dette à 120 % du PIB, ni même à 124 % comme l'a demandé le FMI. *C'est justement le coût énorme de cet excédent qui exclut toute possibilité de viabilité de la dette, parce que c'est justement cet excédent qui en a provoqué la hausse avec un PIB en baisse constante.* Pour que la dette soit viable, le PIB doit augmenter rapidement, de même que les recettes et les dépenses de l'Etat. En théorie, et à condition que d'importantes données, telles que les recettes publiques, les investissements étrangers, les exportations, l'emploi et la productivité évoluent dans le bon sens, un excédent de l'ordre de 7 à 8 % par an pourrait à la longue la rendre viable. Pas un excédent inférieur à 2 %, ni un excédent conjoncturel et encore moins un excédent fabriqué dans les laboratoires de la *comptabilité créative*.

La question qui se pose alors est de savoir pourquoi le gouvernement choisit pour la énième fois de duper la population, se réfugiant dans la promesse d'un excédent primaire qu'il ne pourra pas tenir, tout comme ses autres promesses d'ailleurs.

Une réponse possible est que le gouvernement cherche une fois encore à gagner du temps, à mettre la population en confiance alors que la situation a empiré, jetant sur le pays un voile opaque d'incertitude sur ce qui l'attend pour l'année à venir. Prévisible depuis le début, la fin est proche et s'annonce bien pire que ce que l'on pouvait imaginer. En effet, le FMI « lâche » la Grèce. Le dernier rapport en date illustre parfaitement sa position, puisqu'après l'avoir félicitée des progrès accomplis – pour être allée à sa perte plutôt –, il change son fusil d'épaule et rejette la responsabilité de l'échec du plan de sauvetage sur l'incompétence des gouvernements grecs successifs, manifestement pour se dégager de la sienne, même s'il a reconnu officiellement avoir commis un certain nombre d'erreurs. Mais de l'autre côté, l'UE, avec l'Allemagne en tête, rejette catégoriquement l'éventualité d'une nouvelle restructuration de la dette. Au lieu de cela, elle se contente de vagues déclarations incompréhensibles :

- D'accord pour aider la Grèce, mais elle ne sait pas encore par quel moyen.
- L'aider peut-être en abaissant le taux d'intérêt et/ou en allongeant le délai de remboursement de la dette.
- La Grèce a besoin de beaucoup d'argent, mais reste à savoir comment cette somme peut être couverte.

Quoiqu'il en soit, la Grèce doit poursuivre les « réformes structurelles ». Autrement dit, tout est à vendre, tout doit disparaître et vite, et pour se faire, des mesures exceptionnelles sont prises, en vue de remplacer les personnes chargées de la grande braderie, de la mise aux enchères des habitations principales, des licenciements massifs etc. Parallèlement, les discussions ont repris sur l'éventualité d'un *Grexit*, qui au début de la crise déjà semblait inévitable. Un *Grexit*, pourtant, aurait causé des dégâts moins importants, s'il s'était fait à temps et de façon planifiée – et pas aussi tardive que la restructuration de la dette. Si la Grèce avait quitté la zone euro à ce moment-là et de façon planifiée – c'est-à-dire dans des conditions autant que possibles favorables –, les dégâts, tels que ceux engendrés par la restructuration de la dette, auraient été beaucoup moins importants. Or, à l'heure qu'il est, le marché du travail est devenu une véritable jungle, et le patrimoine public est à vendre, à n'importe quel prix. En d'autres termes, si la Grèce ne s'était pas mis dans l'étau des mémorandums et si elle n'était pas tombée dans le piège des sacrifices à répétition, elle ne se trouverait pas aujourd'hui dans cette situation de non-retour. Car d'autres mesures arrivent, et il n'est pas difficile de deviner qu'elles amèneront de nouvelles vagues de licenciements avec un taux de chômage qui va dépasser la barre des 35 %, des milliers de familles qui seront jetées à la rue, et que les dépôts bancaires privés seront ponctionnés pour sauver les profits des banques. La Grèce entrera ainsi dans l'histoire de l'économie comme le premier pays développé sur lequel a été expérimenté un « capitalisme » de type « soviétique », mais cette fois-ci pour le plus grand profit des banques.

Dans ces conditions, il est évident que l'excédent primaire, même si le chiffre est impressionnant, ne peut en aucun cas aider la Grèce à sortir de l'impasse. En revanche, je pense qu'il est grandement temps pour le pays d'étudier minutieusement les pour et les contre d'un changement radical de cap, autrement dit, de préparer sa sortie de la zone euro.

Section 3

L'avenir de la Grèce et de la zone euro

N'ayant jamais pensé, dans les temps de tranquillité,
que les choses pouvaient changer, [nos princes] semblables en cela
au commun des hommes qui, durant le calme, ne s'inquiètent point de la tempête [...]
Le Prince, Machiavel

3.1. La monnaie unique européenne n'en a plus pour longtemps (19.04.2011)

Alors que la crise de l'Europe surendettée s'intensifie, à cause de l'incapacité de la Commission européenne d'y faire face de façon efficace, un nouveau problème de taille est en train de faire surface. Il s'agit de l'apparition, contradictoire et inattendue d'une dualité monétaire aux côtés de la dualité économique, qui hante depuis toujours l'UE et la zone euro. Ce qui se passe aujourd'hui dans le monde européen, c'est l'effondrement subit de la structure composite qui a créé et imposé l'euro comme monnaie unique européenne. La tournure dramatique de la situation, signe annonciateur de la disparition prochaine de l'euro, n'a pas encore été perçue par la troïka ni par les responsables en charge de l'UE, bien qu'ils aient été prévenus par les marchés.

Effectivement, aussi incompréhensible que cela paraisse au premier abord, on ne peut plus nier le fait que l'euro n'a pas la même valeur dans le sud de l'Europe que dans le nord. La valeur de l'euro dans le sud tend à baisser de plus en plus face à son équivalent dans le nord. Il s'agit toujours de la même et unique monnaie, qui continue de fonctionner comme monnaie commune à l'ensemble de la zone euro, mais à cause de toutes sortes de décisions mal inspirées, il se passe la bizarrerie suivante : l'euro qui circule dans les pays riches du nord de l'Europe est perçu comme une bonne monnaie, alors que le même euro qui circule dans les pays surendettés du sud est considéré comme une mauvaise monnaie. Cette dualité est due aux peurs incarnées par l'euro en circulation dans les économies européennes en difficulté, à savoir le gel possible ou même la confiscation des dépôts, la sortie de la zone euro et le retour à une monnaie nationale dont la parité avec la monnaie unique serait désastreuse. La somme de ces peurs donc, conduit irrévocablement à la dévaluation de cet euro en circulation dans les économies du sud de l'Europe, face à l'euro en vigueur hors de ces économies-là. Autrement dit, une dévaluation interne forcée que les fondateurs de l'euro n'avaient pas prévue, parce qu'ils étaient convaincus, ce qui était naïf de leur part, qu'il ne peut pas y avoir de crises dans la zone euro.

Les grandes disparités des taux d'intérêt des prêts, entre le nord riche et le sud pauvre de l'Europe, sont à l'origine de la dichotomie de l'euro. L'autre aspect de cette dichotomie en principe incroyable, de même que la dévaluation de la monnaie unique dans les économies européennes en difficulté, apparaît dans l'incoercible montée des *spreads*. Laquelle montée est le signe avant-coureur de la fin de l'euro en tant que monnaie unique, résurgence de la loi de Gresham, selon laquelle « la mauvaise monnaie chasse la bonne ».

C'est exactement ce que nous vivons ces derniers mois, d'une façon de plus en plus incontrôlable, et avec des conséquences de plus en plus dramatiques et de plus en plus menaçantes pour l'euro. Ainsi, les investisseurs s'empressent-ils de retirer en masse des banques de Grèce, d'Irlande, du Portugal mais aussi d'Espagne, leurs dépôts en euro pour les transférer dans des banques d'autres pays, essentiellement du riche nord de l'Europe, pensant que leur argent y sera plus en sécurité et sera, par conséquent, réévalué. Dans ces conditions, il est clair, même si Angela Merkel ne l'a pas compris, que la politique d'austérité, si dure soit-elle pour ses victimes expiatoires, ne peut sauver l'euro, qui tôt ou tard sera officiellement dévalué. Cet euro « dédoublé » constitue à la fois la dure punition des auteurs de sa création prématurée et déficiente, et le signe qui annonce son lent acheminement vers sa fin. Dans cette ultime phase de la vie de l'euro, le Pacte de Stabilité qui, depuis qu'il a été mis en œuvre tient lieu de béquille, n'est plus en mesure de l'aider, pas plus que ce nouveau produit issu d'un cerveau malade qu'est le Pacte de Compétitivité.

Le départ d'un membre de la zone euro risque d'en provoquer la dissolution. C'est exactement ce danger visible et dont le directoire de l'Union européenne est absolument conscient qui pourrait être utilisé comme arme des plus puissantes par la Grèce, si bien sûr, celle-ci disposait d'un chef politique compétent, qui inspirerait confiance et s'engagerait à la faire renaître. A ce propos, deux possibilités apparaissent, qui pourraient d'une façon disjonctive, être exploitées en faveur de notre pays si durement éprouvé :

• Dans le premier cas, la simple déclaration de l'intention de retrait de la zone euro suffirait à nous assurer des termes favorables à la restructuration, de toute façon inévitable, de notre dette. Une restructuration sur notre propre initiative et dans des termes qui seraient mis sur la table, et pas une restructuration accompagnée d'une faillite contrôlée.

• Dans le second cas, nous déciderions de quitter la zone euro, vraiment, et en gardant autant que possible la tête froide, compte tenu du fait que sauf imprévu, elle n'en a plus pour longtemps à vivre.

Chacune de ces décisions comporte des risques. Par contre, le danger est grand auquel s'expose la Grèce en restant dans l'euro, soumise à un mémorandum qui, c'est prouvé, est une véritable machine à tuer, n'est pas la seule proposition possible mais est aussi le plus sûr moyen de nous faire disparaître en tant que nation, en tant qu'économie et en tant que société. Par conséquent, un danger tel que celui-ci doit immanquablement avoir beaucoup plus de poids que n'importe quelle autre solution alternative. C'est donc à nous de décider de notre sort et de nous remettre sur pieds ! Il nous faut oser avant qu'il ne soit trop tard et avant que ne soit achevée la liquidation de notre patrimoine public qui marquera la faillite complète et définitive de notre pays. Nul doute qu'avec la zone euro en soins intensifs, le pas est beaucoup plus facile à franchir qu'avant.

*

3.2. Grèce – Euro – Europe (07.12.2011)

Une nouvelle donnée hautement déterminante est entrée en jeu ces dernières semaines, car la crise de la dette est repartie de plus belle, de la périphérie au centre de la zone euro, et aussi incroyable que cela paraisse, elle en a même atteint le noyau dur, à savoir, l'Allemagne.

Il est certain, et je tiens à le souligner, que le désastre du sud et l'instabilité qui touche déjà le nord de l'Europe jette le discrédit sur tous les arguments qui jusqu'à présent prétendaient rendre « responsable de la crise la petite Grèce », parce que « les Grecs ont des défauts génétiques, sont cossards, parasites, etc… ». Par contre, il est maintenant clair sur toute la ligne que c'est la combinaison de la forme initiale peu orthodoxe de l'Union européenne, qui n'a pas eu peur d'unir des économies radicalement hétérogènes sous le même régime macroéconomique et la même monnaie, dont la survie dépend du Pacte de Stabilité, qui a conduit à ce désastre. Les conditions prévalant dans l'UE ont encouragé une récession chronique, de grands déséquilibres avec au sommet les énormes excédents commerciaux du nord, et pour le sud les déficits consécutifs, l'impossibilité de convergence, la montée en flèche des inégalités, un taux de chômage constamment élevé et un recul incontrôlable de la démocratie.

La crise de la dette a d'abord éclaté en Grèce, le maillon le plus faible de la zone euro, pour s'étendre ensuite au reste du sud, et a fini par entraîner avec elle le riche nord de l'Europe.

Dans cette tourmente, qui menace maintenant d'engloutir l'Europe et la monnaie unique, et dont les risques de dissolution sont de 50 %, ce qui prime pour nous, c'est le sort de notre pays, déjà bien laminé et pillé. Est-ce que cette nouvelle donne permettra à la Grèce d'espérer à un avenir plus radieux ?

Pour répondre à cette question inquiétante, je vais essayer de rassembler les schémas alternatifs du nouvel environnement européen et international, et y situer notre patrie. Je vais néanmoins me risquer à faire remarquer que les changements brutaux intervenus dans le paysage ouvrent la voie en Grèce à de nouvelles perspectives qu'il serait bon de mettre à profit sans tarder. Ces perspectives sont en général les mêmes que celles développées dans mon livre *Toute la vérité sur la dette et comment s'en sortir*.

Je me propose d'abord de rechercher les changements possibles dans la zone euro, et ensuite de voir lesquels pourraient être choisis pour la Grèce. Je suis bien évidemment toujours convaincue que la Grèce n'a aucune chance de s'en sortir si elle reste attachée aux mémorandums et à la troïka.

I. L'avenir de la zone euro

Ici, deux possibilités sont envisageables : d'un côté la mutation qui permettrait la survie de l'Europe et la zone euro, de l'autre côté, la dissolution de l'Europe dans sa forme actuelle. Pour l'instant, la seconde possibilité semble l'emporter sur la première, en raison de la rigidité de l'Allemagne réticente à des solutions qui permettraient pourtant de prolonger la vie de la zone euro, même si de toute façon, celle-ci est difficilement sauvable à longue échéance. Des solutions pour en prolonger la vie, ce pourrait être d'adopter l'eurobond, ce pourrait être aussi pour la BCE, d'avoir la possibilité d'assurer une liquidité illimitée, aussi longtemps et autant que nécessaire. Pour le moment, la valeur des obligations achetées par la BCE s'élève à 2 % à peine du PIB de l'Europe, contre 11 % pour la FED (Banque centrale des Etats-Unis). La panique de l'Allemagne face au simple signe d'un risque d'inflation, et aussi le refus de l'Allemagne et de la France de céder une partie de leurs importants profits tirés de l'euro au reste de l'Europe en danger, excluent de telles solutions.

A. Mutation

La mutation de la zone euro est en marche, mais il est regrettable qu'elle se fasse en violation des décisions et orientations fondamentales de l'UE. Plus précisément, l'Europe s'éloigne de ses principes démocratiques, mais aussi des principes d'égalité entre les Etats membres. Cela fait longtemps en effet que de nombreux articles publiés dans des grandes revues économiques et politiques préparent à cette monstruosité que l'Allemagne rêve d'installer en Europe. A savoir, son hégémonie institutionnalisée sur la zone euro et l'UE, avec l'Europe à deux ou plusieurs vitesses, et la périphérie comme protectorat ou colonie.

Pour légitimer cette mutation, une opinion s'est largement développée auprès des hommes politiques et des économistes Allemands, selon laquelle les difficultés de la zone euro proviendraient du fait que la périphérie aurait bénéficié de trop de démocratie, et qu'en revanche la situation s'améliorerait si cette liberté lui était retirée et si le noyau dur de l'Europe, l'Allemagne, était renforcé par une autorité toute puissante. Et c'est ce qui est en train de se faire, avec les économies du sud de l'Europe comme premiers cobayes. Ce n'est bien évidemment pas un hasard si la Grèce se voit forcée d'accepter, par divers procédés humiliants, de concéder ses droits souverains mais aussi de s'engager sans délai dans la liquidation générale de son patrimoine public, au prétexte de son endettement élevé. Cette razzia a été parachevée dernièrement par des gouvernements nommés, en Grèce et en Italie. Avec des gouvernements non pas élus par la voie démocratique, mais imposés à ces deux économies européennes endettées ; avec à leur tête, dans les deux cas, des personnes qui appartiennent à la bancocratie internationale. Des gouvernements qui préparent à la suppression de la souveraineté nationale des Etats et à l'instauration d'une gouvernance économique européenne, qui comprendra d'un côté des citoyens libres et de l'autre, des citoyens asservis.

Il s'agit en fait d'une attaque menée par le IV Reich ! De ce point de vue, le rôle qu'Angela Merkel a proposé, il y a quelques mois de cela, de faire jouer au nouveau Pacte de Compétitivité, et qui viendra compléter le Pacte de Stabilité pour beaucoup responsable de la destruction de l'Europe, est particulièrement révélateur. Rappelons que l'Allemagne a un faible pour ce genre de pactes, surtout s'ils permettent de punir les membres indisciplinés. En clair, ce nouveau pacte revient à obliger les économies de la zone euro à prendre l'Allemagne pour modèle, à s'extasier devant ses exploits, notamment son haut degré de compétitivité et sa fière discipline financière, et à se donner comme principal objectif de l'imiter… d'être l'image fidèle et ressemblante de l'Allemagne !

Il s'agit de la concrétisation, enfin, du vieux rêve allemand d'assujettissement de l'Europe. De ce même rêve que les deux guerres mondiales n'ont pas permis de réaliser, même en mettant l'Europe à feu et à sang. Il s'agit maintenant d'une entreprise à grande échelle de changement de l'UE et de la zone euro en Etats-Unis d'Allemagne, qui s'achève enfin, grâce à cette troisième tentative, sans armes cette fois, mais causant tout de même un grand nombre de victimes au moyen d'une politique d'austérité sauvage et permanente, avec évidemment toutes les conséquences tragiques que l'on sait.

Les schémas probables de la germanisation de l'Europe visent à y imposer officiellement plusieurs vitesses. Or, ces derniers jours, nous observons un retournement de situation inopiné, avec l'Allemagne qui se trouve elle aussi subitement être la cible des spéculateurs, de même que la France et la Belgique, bien sûr, mais aussi l'ensemble des économies du sud.

La raison de cette attaque généralisée des marchés contre l'Europe tout entière n'est pas seulement sa dette. Les tergiversations des deux dirigeants, ou plutôt d'Angela Merkel, car malheureusement Nicolas Sarkozy est d'accord sur tout avec elle, y sont aussi pour beaucoup. Ces derniers préfèrent ostensiblement servir leurs intérêts nationaux, même si cela nuit à la cause européenne. On constate aussi l'inefficacité des solutions proposées, qui sont bâclées, se caractérisent aussi par les faux-fuyants et des visées incroyablement tardives. On constate encore l'obsession vindicative d'Angela Merkel de punir les Etats membres indisciplinés au lieu de chercher des solutions sur le long terme qui soient susceptibles de sauver l'euro. Malheureusement, le sort de l'Europe dépend de dirigeants pas du tout à la hauteur de la situation, comme le déplore un récent article du *Monde* intitulé « Ces gamins qui gouvernent l'Europe ». Le cas de l'Europe repose sur les communications téléphoniques et les rencontres secrètes entre Angela Merkel et Nicolas Sarkozy qui peaufinent des solutions mettant nettement à l'écart la Commission et les autres organes de l'UE. Un célèbre journal allemand révèle la création, par ces deux dirigeants, du club des super-Européens. A ce qu'il semble, dans cette nouvelle structure, il n'y aura de place ni pour la démocratie, ni pour la volonté populaire.

Des solutions comme celles-là ne sont pas faites pour durer et on ne peut s'attendre à ce qu'elles sauvent l'euro. Par contre, il est très probable que l'UE et la zone euro continuent d'exister pendant un certain temps encore avant leur dissolution définitive, mais avec un impact de moins en moins important sur l'avenir international et avec des difficultés de plus en plus grandes. La zone euro n'est pas sauvable. Quant à sa dissolution, elle n'est pas pour demain… elle se fera dans les prochains mois ou dans les prochaines années.

Par ailleurs, on ne peut exclure l'éventualité que l'Allemagne se retire de la zone euro et de l'UE, maintenant qu'elle en a soutiré tout ce qu'elle pouvait et qu'elle refuse de rendre ne serait-ce qu'une partie de ses profits. Elle pourrait tout bonnement lui tourner le dos… et se tourner vers des économies émergentes agressives, et notamment la Chine dont les importations en provenance d'Allemagne approchent celles de la France. Et de l'autre côté, le sud ravagé de l'Europe n'est pas de taille à satisfaire les exigences exportatrices de l'Allemagne. Dans un tel cas, l'euro restant ne vaudra même pas le papier sur lequel il est imprimé.

B. Dissolution

Il y a peu de temps encore, l'éventualité d'une dissolution de la zone euro était complètement impensable. Or, aujourd'hui cette éventualité est tout à fait envisageable, bien qu'Angela Merkel, visiblement inquiète, se veuille rassurante, déclarant à qui veut l'entendre que cela « ne peut pas arriver ». Mais les banques n'en sont pas du tout convaincues, surtout maintenant que la crise a atteint l'Allemagne, et c'est pourquoi elles mettent au point un plan B. Ainsi, quelques-unes des plus grandes banques de la planète comme Merrill Lynch,

Barclays Capital et Nomura ont-elles publié ces dernières semaines plusieurs rapports qui examinent ce qui adviendrait en cas de dissolution de la zone euro, alors que d'autres banques telles que Citigroup restreignent leur ouverture à l'euro, tout comme de nombreuses banques asiatiques. Par contre, les banques européennes se bercent de l'illusion que la zone euro tiendra et ne daignent pas se préparer au lendemain.

La zone euro ne peut en aucun cas être sauvée à coup de nouveaux pactes, car c'est justement sa structure déficiente qui pose problème et la condamne à un état de récession permanente.

II. La Grèce

Nos partenaires ont déjà entrepris de nous sauver plusieurs fois, mais aucune de ces tentatives n'a réussi. Et la dernière, à laquelle le secteur privé a participé à hauteur de 50 %, n'a pas été plus heureuse que les autres, comme il fallait s'y attendre – et comme je l'explique longuement dans mon dernier livre. Tout reste en suspens ! Et quelle déception, mais quelle déception que de nous accrocher chaque fois à de prétendues solutions qui ne sont bien sûr pas des solutions, et de ne pas chercher à sortir de ce bourbier où nous nous enfonçons chaque jour un peu plus.

Nous devons maintenant accepter l'idée que l'Union européenne ne se soucie pas le moins du monde de notre sauvetage et que c'est l'euro qu'elle cherche à sauver. Et si elle nous prête, c'est seulement parce que dans cette union économique à laquelle nous appartenons, notre effondrement risque de déclencher, a déjà déclenché même, un effet domino incontrôlable et généralisé. C'est d'ailleurs la raison pour laquelle les solutions proposées sont provisoires, inutiles et n'en sont pas. Je me contenterai de citer comme preuve de l'inutilité de ces solutions, le fait que malgré une dette dépassant 90 % du PIB et donc non viable, nos partenaires européens nous imposent des plans qui nous précipitent dans la ruine. En effet, ne disposant pas de plan valable pour combattre la crise, et s'efforçant seulement de gagner du temps, ils nous accordent sans cesse des prêts à un taux prohibitif, nous empêchant ainsi d'accéder au processus de croissance. Autrement dit, nous nous endettons toujours plus et nous ne pourrons jamais rembourser les sommes prêtées. C'est justement pour cela que l'on nous force dans le même temps à vendre notre patrimoine public, et qui plus est dans l'urgence, ce qui en fait baisser le prix de vente. On nous force aussi à concéder nos droits souverains et on nous saigne à blanc, sous un régime d'austérité impitoyable et illimité. Voilà où nous en sommes. Et c'est pour cela que nos indices économiques ne cessent de se dégrader !

Je propose donc que nous prenions mentalement une balance. De mettre d'un côté ces mesures dures et contraignantes, sous lesquelles ils nous forcent depuis vingt mois à vivre, et qui sont de plus en plus inhumaines et absolument inefficaces. Il va sans dire que nous n'en avons pas fini avec les baisses des salaires et des retraites, avec ces trouvailles géniales que sont les nouveaux impôts, les innombrables fermetures d'entreprises et commerces, les décapitations d'employés du secteur public et privé, l'approfondissement des conditions néo-moyenâgeuses du marché du travail, la continuation de la destruction de la classe moyenne, etc., etc… la liste de nos épreuves n'en finit pas. Et toutes ces horreurs, ils nous disent que nous devons les supporter, sinon nous ferons faillite… mais nous sommes en fait depuis longtemps en faillite, tandis que nous sommes en passe de devenir une colonie européenne.

C'est en réagissant que nous remplirons l'autre côté de la balance. Il nous faudra dénoncer les mémorandums, les plans à moyen terme, les contrats de prêt, leur cortège inénarrable de mesures dont on nous a chargés et que nous avons quotidiennement sur le dos. Il faut déclarer un arrêt des paiements extérieurs et exiger d'être traités par nos partenaires comme un membre égal aux autres de la zone euro, et non comme un protectorat. Maintenant, l'instant est propice. Il s'agit assurément d'un saut dans le vide qui procure cependant un peu d'espoir et promet une sortie par cette trappe obscure. Alors que plus nous nous inclinons et acceptons les humiliations de toutes sortes, plus notre situation s'aggrave et plus notre horizon se bouche. Car cette compilation qui nous est graduellement imposée par nos partenaires européens et qui malheureusement porte la signature d'hommes politiques grecs, grouille de contrats léonins, onéreux et odieux, qui condamnent un minuscule Etat souverain du 21e siècle à disparaître définitivement, et son peuple à l'asservissement.

Il y a aussi ce prêt énorme accordé jadis à l'Allemagne par la Grèce, ainsi que les réparations de guerre pour les atrocités qu'elle a fait subir à notre population pendant l'Occupation, et qui fait que c'est l'Allemagne qui a une dette envers nous, et pas nous envers Angela Merkel.

Et puis, nous devons aussi faire vite, avant que la dette ne relève, comme cela est prévu, du droit anglais car alors nous ne serons plus sauvables, même en retournant à la drachme. Une drachme dévaluée, en revanche, faciliterait le remboursement de notre dette.

C'est à nous de décider de quel côté faire pencher la balance et c'est pour nous que nous le ferons. C'est-à-dire que nous aurons à choisir entre notre disparition et le retour à la drachme. Ils nous terrorisent en nous disant que la drachme amènera la fin du monde ! Mais premièrement, c'est sans doute elle qui reviendra à nous, en cas de dissolution de la zone euro. Deuxièmement, il est très possible que nous soyons contraints de quitter la zone euro. Troisièmement, tout porte à croire que notre maintien dans une Europe germanisée qui nous traitera comme une colonie sera insupportable. Et enfin, si nous montrons que nous n'avons pas peur de la drachme, il est fort possible que ce soient nos partenaires qui aient peur des conséquences de notre départ, dans lequel cas, ils supplieront pour nous traiter avec humanité.

C'est l'esprit libre donc, et loin des menaces terrifiantes qui assimilent le retour à la drachme à des monstres apocalyptiques, qu'il nous faut décider pour notre avenir. Si nous avions la liberté de choisir, nous opterions sans conteste pour notre maintien dans la zone euro. Mais y a-t-il une limite à nos sacrifices, humiliations, punitions, surveillance de nos affaires financières, perte de notre souveraineté nationale, liquidation de notre patrimoine public, si nous restons dans la zone euro – à condition qu'elle continue d'exister ? Parce que, si nous n'en posons pas nous-mêmes, nous sommes perdus.

Le retour à la drachme, si en fin de compte cela est jugé inévitable, ne sera évidemment pas une promenade tranquille. Bien au contraire, le pays sera pendant deux ou trois ans confronté à de sérieuses difficultés, certaines prévisibles, d'autres imprévisibles. Mais aujourd'hui, ne vivons-nous pas des difficultés insurmontables, et pire encore, dont nous ne pouvons absolument rien attendre ? La drachme, même accompagnée de difficultés, amènerait avec elle quelques avantages inestimables :

1. Elle permettrait une croissance rapide, qui découlerait de nos propres efforts et qui porterait vite ses fruits, après cinq ans d'une profonde récession. Les moyens pour la faire démarrer seraient bien entendu assurés avec l'aide de prêts extra-européens, qui ne seraient pas dirigés intégralement, comme c'est le cas actuellement, vers nos créanciers. Nos descendants n'auraient pas à aller tenter leur chance hors de Grèce, mais resteraient dans leur pays.

2. Toute monnaie nationale est attachée aux multiples aspects du pouvoir économique : dévaluation de la valeur extérieure pour augmenter la compétitivité, recours à une politique inflationniste pour accélérer le rythme de croissance, réalisation d'une politique redistributive pour encourager la demande et l'activité économique.

3. J'ai laissé le plus important pour la fin. Grâce au retour à la drachme, nous retrouverions notre souveraineté nationale… Nous pourrions exploiter nous-mêmes nos gisements, qu'ils soient pétroliers, de gaz ou d'or, ceux qui ont été trouvés ou ceux qui seront trouvés dans notre territoire. Et cela aiderait à l'effort de croissance.

Et il va sans dire que nous rembourserons notre dette. Cette partie de la dette qui n'a pas encore été réglée avec les taux d'intérêt malhonnêtes, la partie restante une fois qu'aura été retiré ce que l'Allemagne nous doit, la dette nette, sans qu'y soient continuellement ajoutés de nouveaux prêts à des taux d'intérêt exorbitants. Nous rembourserons peu à peu la dette, avec le produit de la croissance et non avec le produit de la ruine graduelle de notre peuple, de la pauvreté montante, de la malnutrition des enfants qui s'évanouissent à l'école, de la montée en flèche du chômage, et des malheurs sans fin qui nous sont imposés par la troïka. Nous paierons notre dette sans avoir à subir la colonisation.

*

3.3. Le problème de la dette dans l'Europe du sud – ses causes et ses effets (4.06.2012)

Introduction

Après l'effondrement de presque l'ensemble du sud de l'Europe, pliant sous le poids terrible de ses dettes, toutes les accusations du début de la crise, qui faisaient de la Grèce – jugée dépensière et irresponsable – le mouton noir de l'UE, et qui la voulaient responsable de l'instabilité de l'euro, se sont avérées simplistes.

En effet, la façon dont l'UE a traité le problème de l'endettement de la Grèce suscite beaucoup d'interrogations, qui concernent non seulement son aptitude à contrôler les crises, mais aussi le fait qu'elle s'en soit servi pour imposer des mesures économiques difficilement acceptables autrement.

Rappelons tout d'abord qu'à l'annonce du problème de l'endettement grec, tombée comme une bombe, le temps de décision a été extrêmement long avant que soient décidées les mesures à prendre pour faire face à la situation. Les responsables de l'UE se sont montrés perplexes et pas du tout décidés à s'engager dans des mesures appropriées capables de renflouer la Grèce. D'après les déclarations officielles, l'UE est intervenue non pas pour sauver la Grèce, mais pour sauver l'euro. Cette position s'est, en fin de compte, avérée être une aubaine pour les spéculateurs du monde entier qui se sont jetés sur la Grèce pour l'exploiter, faisant alors grimper les *spreads*. Ainsi, lorsque l'UE s'est enfin résolue à créer le MES (Mécanisme Européen de Stabilité), le dotant de 750 milliards d'euros, il était déjà trop tard pour tranquilliser les marchés ; en effet, n'ayant aucun plan de coordination et de planification cohérent, l'UE a assuré, aux dépens bien sûr de la Grèce, des profits énormes aux spéculateurs, c'est-à-dire aux plus grandes banques de la planète. Sans aucunement perdre de vue les responsabilités énormes des gouvernements successifs qui étaient au pouvoir ces quinze dernières années en Grèce et qui ont gonflé les dépenses et fait chuté les ressources publiques, fermant les yeux sur la corruption galopante de l'administration publique, je vais m'efforcer, dans ce rapport, de mettre en lumière certains aspects du problème, trop rarement évoqués, bien qu'ils aient largement contribué à l'endettement du sud de l'Europe, et particulièrement celui de la Grèce.

Dans une première partie, je vais essayer de montrer à quel point la politique suivie par l'Union européenne et la zone euro a pesé sur l'endettement de la Grèce ; et puis dans une seconde partie, je m'attacherai à analyser les mesures imposées par la *troïka* pour faire face aux déficits et à la dette, ainsi que leurs répercussions. Enfin, dans la conclusion, il sera question de l'avenir de l'UE et de l'euro.

Partie I. Les origines de l'endettement

Comme cela s'est avéré par la suite, une fois la panique à peu près maîtrisée en Grèce, la crise de la dette et des déficits s'est étendue au-delà de ses frontières, c'est-à-dire au reste du sud de l'Europe ; il s'agit avant tout d'une des conséquences néfastes de la grande crise mondiale de 2007. En effet, jusqu'à la veille du déclenchement de la crise, l'ensemble des déficits publics de la zone euro ne dépassait pas 0,6 % de son PIB et 0,8 % de celui de l'UE, tandis que deux ans plus tard ces mêmes taux s'élevaient respectivement à 6,3 et 6,8 %. Il est par conséquent fort probable que même si ces mesures n'avaient pas été appliquées de façon aussi prématurée et si elles n'avaient pas été aussi mal conçues, le problème de l'endettement se serait quand même posé, et sous une forme tout aussi douloureuse ; ceci, parce que ces mesures ont gravement limité la reprise économique. Malheureusement, cette précipitation, cette panique autour de la dette et des déficits publics qui, d'une façon ou d'une autre, devaient être déjà connue par le directoire de l'UE, découle de préjugés idéologiques. En effet, d'après les néolibéraux, les dettes et les déficits publics sont inacceptables et doivent à tout prix être résorbés dans les plus brefs délais. Cette extrême sévérité des néolibéraux à l'égard des déficits publics ne tient jamais compte de la nécessité de mettre aussi de l'ordre dans la débauche incontrôlable des marchés, même si c'est bien cette débauche qui est la cause de ces dangereux déséquilibres.

Il va sans dire que les déficits et les dettes doivent être combattus. Mais pas dans la panique et l'urgence car cela risque de mettre en péril le bien-être de nations entières, l'Etat-providence ou la qualité de l'enseignement public.

Maintenant que trois économies européennes se trouvent sous le contrôle du FMI, de cet organisme international qui se soucie uniquement des créanciers au mépris des peuples sur lesquels il a la mainmise, il serait utile d'essayer de comprendre pourquoi l'Union européenne s'est crue obligée de recourir au FMI et de provoquer ce désastre.

Je vais ici me pencher brièvement sur certaines causes qui sont à l'origine ou ont simplement encouragé l'endettement du sud de l'Europe.

A. Les bases problématiques de la création de l'UE et de la zone euro

a) La coexistence dans l'UE d'économies avancées et d'autres en voie de développement

Les grosses difficultés trouvent en réalité leur origine dans la coexistence, dans la même union économique, de pays ayant d'importants écarts de développement entre eux. La convergence promise qui, d'après les néolibéraux, devait se réaliser automatiquement, ne s'est jamais produite, tandis que des miracles comme par exemple celui de l'Irlande, ont vite été suivis par la détresse. On voit aussi que 30 ans après, les écarts initiaux entre pays avancés et moins évolués restent inchangés : soit dit l'Allemagne qui était l'économie la plus puissante au moment de son adhésion à la Communauté européenne l'est toujours, tandis que la Grèce qui était alors l'économie la plus faible, n'a pas changé de rang depuis.

Aux choix des politiques de l'UE qui ont eu pour effet la persistance des faiblesses initiales des économies moins évoluées, il faut ajouter la création prématurée de l'euro. L'euro, n'ayant jamais été soutenu par un gouvernement souverain, n'était pas viable sans le Pacte de Stabilité. Sur la base de ce Pacte, la stabilité, monétaire uniquement, fut jugée suffisante et capable d'assurer un rythme de croissance rapide à tous les membres de l'Union. Or, la réalité s'est avérée complètement différente : les économies européennes sont obligées de fonctionner dans un environnement constamment déflationniste et sous le joug d'un régime d'austérité sans fin ; un taux de chômage élevé et permanent, que la croissance anémique de l'UE n'a pas été capable d'endiguer, s'y est installé.

b. L'exploitation des pays les plus faibles par les plus puissants

Dans un tel contexte, les économies les plus puissantes ont immanquablement entrepris d'exploiter les plus faibles. Ainsi, l'excédent commercial de l'Allemagne, en 2009, s'élevait-il à 122,4 milliards d'euros, et cet excédent a eu forcément comme contrepartie d'énormes déficits commerciaux dans le cas de trois pays, actuellement sous le MES : la Grèce, 11 % de son PIB, le Portugal, 10,31 % et l'Irlande, 2,94 %. Ajoutons encore qu'en 2009, la valeur des importations grecques provenant d'Allemagne était de 6,1 milliards d'euros, tandis que les exportations de la Grèce vers l'Allemagne représentaient à peine 1,7 milliard d'euros. Je tiens encore à mentionner un indice caractéristique utilisé pour mesurer le degré de compétitivité d'un pays, soit la part de ses exportations dans les exportations mondiales. Pour la Grèce, il était de 0,23 % en 1990, pour ne plus représenter que 0,16 % en 2008.

Outre la difficulté que représente pour une économie l'ouverture au commerce extérieur avant même d'avoir terminé son développement – au sens kaldorien du terme – dans le but d'atteindre un degré de compétitivité suffisant, la crise actuelle a mis en évidence le danger fatal d'une désorientation de sa production. En effet, la facilité avec laquelle ces économies peuvent se procurer n'importe quel produit, par le biais des importations en provenance de pays suffisamment avancés, rend difficile la création de nouvelles branches de production ou même la survie des branches existantes, dans le cas où celles-ci ne sont pas encore suffisamment compétitives. C'est précisément le cas de la Grèce, dont l'indice de dépendance aux importations ne cesse de croître.

Or, cet aspect du déséquilibre dans les échanges commerciaux, quoique très grave, a été complètement laissé de côté par l'UE. On ne peut alors que partager l'opinion de l'économiste Till Van Treek pour qui la raison principale pour laquelle les spéculateurs ont été attirés par la Grèce et par les autres pays faibles du sud de l'Europe, n'était pas tant leurs dettes et déficits élevés, que leur déficit commercial, qui se trouve être justement l'une des conséquences du modèle allemand de développement.

c. La création prématurée et sans bases solides de l'euro

D'autre part, la création de l'euro a, entre autres, transformé la convergence promise par le traité de Maastricht en rythme de croissance de l'Europe du sud plus rapide, comparé à ceux de l'Europe du nord. Or, c'est cette différence qui est à l'origine de l'explosion de l'excédent commercial allemand mais aussi du déficit commercial de l'Europe du sud. Il faut noter que la consolidation de l'excédent allemand a été rendue possible par la baisse radicale de son coût du travail, continue depuis 1998. En effet, l'accroissement de la productivité en Allemagne a eu comme contrepartie une chute du coût par unité produite dans l'industrie de 100 en 1998 à 85 en 2008. C'est ainsi qu'a commencé et continué la succion de l'Europe du sud par le nord et surtout par l'Allemagne. Au bout du compte, l'excédent de l'Allemagne a fait disparaître la compétitivité de l'Europe du sud, et de la Grèce notamment. Ainsi, les économies de l'Europe du sud n'ont cessé de créer des déficits, qui dépassaient de loin ceux autorisés par le Pacte de Stabilité. Mais le taux d'intérêt particulièrement bas avec lequel ces économies pouvaient emprunter à la BCE a jeté un voile sur le danger que leur faisait encourir cette évolution malsaine ; ainsi, les économies déficitaires, la Grèce en étant le parfait exemple, n'étaient guère pressées de diminuer leur déficit. La faillite de la banque Lehman Brothers a provoqué une grande panique au sein de l'UE et les ministres des pays membres ont cru nécessaire de procéder à des mesures collectives afin d'éviter de se trouver un jour de nouveau face à la même situation. Or, l'Allemagne a rejeté cette proposition, prétextant que « chaque pays devrait être responsable de ses banques ».

Les dettes et les déficits de la Grèce et des autres économies du sud de l'Europe s'accumulaient et le directoire de l'UE ne réagissait pas. Or, il ne pouvait pas ne pas être au courant. Il n'intervenait pas car, comme cela a été remarqué après coup, « les économies de l'Europe du nord réalisaient des exportations importantes vers ces pays surendettés de la périphérie, et ne voulaient pas les interrompre ». On sait que pendant les onze années qui ont précédé la crise de sa dette, l'Allemagne et la France faisaient constamment pression sur la Grèce pour y importer du matériel de guerre, même quand elle n'en avait pas besoin, et dont le coût est estimé à 7,5 milliards d'euros.

Mais la Grèce était confrontée à un autre problème encore, et pas des moindres : l'inégalité grandissante des revenus, due en grande partie au Pacte de Stabilité. Cette inégalité a eu pour effet, premièrement, par la compression de la demande intérieure, de faire progressivement disparaître une grande part de la production traditionnelle, étant donné que la classe pauvre, mais aussi dans une certaine mesure la classe moyenne, limitent leur demande de consommation depuis que leurs revenus ont baissé ; deuxièmement, de concentrer toujours plus les revenus dans des mains de moins en moins nombreuses, dans les mains des oligarchies. Elle doit aussi faire face à un taux d'inflation supérieur dans la périphérie européenne par rapport à celui de l'Allemagne. Ces facteurs gonflent continuellement les importations dans la périphérie de l'Europe ; ce sont ces importations qui se substituent progressivement à la production nationale, tout en augmentant le pourcentage des produits de luxe et de demi-luxe dans la consommation totale. Ainsi avons-nous des effets qui restreignent et en même temps désorientent la production nationale et les exportations.

Ajoutons encore que c'est le nord, c'est-à-dire les pays riches, qui a mis en place dès le début, avec le Pacte de Stabilité, un système *à la carte*, particulièrement nuisible en soi aux économies les moins avancées ; en d'autres termes, le Pacte était appliqué à la convenance du nord lequel, si sa croissance ne suivait pas, s'en dégageait pendant de longues périodes. L'Europe du sud, quant à elle, était tenue de le respecter au pied de la lettre et sans condition, contrainte de porter le poids de ses effets catastrophiques.

B. Certains choix dangereux des politiques européennes

L'UE a adopté des politiques qui n'ont fait qu'aggraver l'endettement des économies européennes et surtout celles du sud de l'Europe dont voici quelques exemples :

a. Le processus de diminution de la charge fiscale

Il est important de souligner que le problème du surendettement de la Grèce est essentiellement dû à l'insuffisance des ressources publiques et moins à des dépenses excessives. En effet, cette tendance mondiale à diminuer les impôts a de graves conséquences. Est-ce la peine d'ajouter que la diminution des impôts, d'abord introduite aux Etats-Unis par le Président Bush, est le fait d'une des multiples exigences des néolibéraux ? Elle vise à minimiser l'intervention de l'Etat dans l'économie, enrichit les plus riches et rend les pauvres encore plus pauvres. Je vais néanmoins me limiter au cas de la Grèce et faire ressortir de quelle manière son endettement s'est à ce point aggravé. Tout d'abord, précisons que le pourcentage de la charge fiscale dans son PIB place la Grèce en queue des 26 autres pays membres de l'UE, ce qui dément l'un des nombreux mythes sur la Grèce fort répandu, d'après lequel le secteur public grec est excessivement important. Il apparaît en effet que les impôts directs en Grèce ne représentent que 7,7 % de son PIB contre 13,1 % dans l'ensemble des pays de l'UE des 27. Or, le gros des mesures imposées en Grèce se base actuellement sur cette idée, totalement fausse. Par ailleurs, durant la dernière décennie, en dépit de la fraude galopante estimée à plus de 30 milliards d'euros pour l'année 2010, la charge fiscale sur les revenus élevés est passée de 45 à 40 %. Autre phénomène dont la Grèce n'a pas le privilège, les riches se débrouillent toujours pour ne pas payer d'impôts.

Le problème impérieux de la Grèce n'est pas tant le besoin de réduire les dépenses publiques, mais plutôt d'augmenter les recettes fiscales. *Le plan de renflouement de la Grèce, appelé mémorandum, a un résultat totalement contraire : la politique d'austérité particulièrement sauvage aboutit à une profonde récession, et l'effondrement des ressources fiscales est inévitable.*

b. La fixation du taux d'intérêt à un niveau bas

Selon l'hypothèse totalement surréaliste des néolibéraux, d'après laquelle les *risques sont négligeables ou même inexistants car les marchés s'autorégularisent,* le taux d'intérêt a été maintenu à un niveau très bas ; c'est ainsi que les emprunts des gouvernements et les emprunts privés ont été encouragés. Les taux d'intérêt étaient d'ailleurs si bas que l'offre d'épargne était devenue excessive, compte tenu des grandes inégalités dans la répartition des revenus, mais aussi des déséquilibres internationaux, notamment dans le domaine des balances commerciales. Avec un taux d'intérêt d'un niveau à peu près identique dans tous les pays membres de la zone euro, mais combiné à des rythmes d'inflation considérablement différents, autrement dit beaucoup plus élevés en Europe du sud qu'en Europe du nord, l'endettement des premiers était en effet inévitable. A titre d'exemple, notons que le niveau moyen des prix en Grèce était de 100 en 1997 et de 146,4 en 2009, tandis qu'il n'était que de 119,2 en Allemagne. Il va sans dire que le surendettement des pays en voie de développement, dont la compétitivité reculait sans cesse, s'est fait au bénéfice des économies suffisamment évoluées, parce que, ne pouvant diminuer leurs déficits commerciaux, elles augmentaient leurs exportations grâce à une baisse de leur taux d'intérêt. Il s'avère donc que le surendettement de l'Europe du sud n'est pas un symptôme, mais bien le sous-produit de la politique néolibérale ; cette politique néolibérale a catégoriquement rejeté la proposition de Keynes pour une taxe sur les excédents commerciaux, et de cette façon, tout le fardeau retombe sur les économies moins développées, qui se retrouvent au pied du mur et recourent à une baisse des salaires réels.

c. Le sauvetage des banques

La décision des gouvernements nationaux de soutenir leurs banques, menacées de faillite, a joué un rôle décisif dans le déclenchement de la crise. Le soutien ou encore le sauvetage des banques, qui dans nombre de cas a exigé des sommes colossales, a provoqué la colère des contribuables, qui voyaient leurs salaires diminuer, et diminuer aussi la part du travail dans le PIB, tandis que les banquiers – acteurs principaux de la crise de 2007 – étaient récompensés par des profits élevés. Ainsi la Goldman Sachs, qui a annoncé en 2009 des profits d'un montant de 13,4 millions de dollars sur la base d'un revenu de 45,2 millions de dollars et s'est réservée 16,2 millions de dollars de bonus, soit dit un montant supérieur de 50 % à celui de 2008. Aussi, Citi a-t-elle réalisé des profits avant imposition s'élevant à 27,7 millions de dollars, tandis qu'elle s'apprête à distribuer un bonus d'une valeur totale de 11,9 millions à son président et à son directeur général. D'autre part, le sauvetage des banques, au moment de la crise de 2007 a coûté au niveau mondial, 11 400 milliards de dollars, c'est-à-dire 1676 dollars pour chaque habitant de la planète. *Conséquence logique : le surendettement des gouvernements nationaux, victimes des marchés débauchés qui n'ont plus les moyens de faire face à leur dette et à leur déficit.* Il s'ensuit que le soutien des banques, indispensable dans la plupart des cas, aurait dû s'accompagner d'une contrepartie, telle que faciliter les emprunts, l'intervention de l'Etat dans leurs décisions et activités et aussi, si cela s'avérait nécessaire, être nationalisées, comme en Islande. Dans ces conditions, le fait que les banques refusent d'envisager la possibilité d'une restructuration de la dette de la Grèce, ce qui offrirait un certain soulagement à la population, dont les conditions de vie sont devenues insoutenables, et seule solution au problème, est vraiment incompréhensible.

Partie II. Les conséquences de l'endettement

Dans cette seconde partie, je vais m'intéresser tout d'abord à la politique choisie par l'UE pour faire face à l'endettement de ses pays membres et dans un deuxième temps, aux lignes directrices de la politique préconisée pour en sortir.

A. La « recette passe-partout » du FMI

L'UE, qui n'a pas cherché à résoudre seule le problème de l'endettement de la Grèce d'abord, puis de l'Irlande et du Portugal (l'Espagne, l'Italie, la Belgique vont suivre, et la liste n'est pas finie), a jugé préférable de faire appel au FMI. La recette de cet organisme international, qui vise uniquement aux profits des créanciers, est la même pour toutes les économies qui, pour leur plus grand malheur, se mettent sous son contrôle, qu'elles soient africaines, latino-américaines ou européennes. Une austérité sans limites, qui condamne l'économie en question à une forte récession, sous prétexte que la diminution des coûts finira par augmenter sa compétitivité, laquelle à son tour augmentera ses exportations, et *tout finira bien!* Issue d'un néolibéralisme fanatique, cette stratégie a semé le désastre partout sur son passage. Et cette stratégie, au sein de la zone euro, s'accompagne d'une dévaluation interne – étant donné que la dévaluation de la valeur extérieure de la monnaie est exclue – par la diminution des salaires.

Quoique les problèmes du sud de l'Europe, s'agissant de son endettement, soient globalement comparables, je vais me limiter au cas de la Grèce.

Ce qui est à craindre avec le mémorandum (ce plan de soutien financier sous forme de prêt) entre l'UE et la Grèce, n'est pas seulement le fait que les objectifs et les conditions sont très durs, mais surtout qu'ils sont irréalisables. En effet, les conclusions d'un certain nombre d'économistes parmi les plus illustres sont définitives : entre autres études, il ressort de celle récente de Carmen Reinhart et de Keneth Rogoff qu'une économie exposée à une dette supérieure à 90 % de son PIB voit sa dette augmenter à un rythme accéléré, alors que son PIB baisse de 1 % par an. Le pays en question est ainsi voué à la faillite. Le pourcentage de la dette grecque dans son PIB dépassera 160 en 2011. En effet, il apparaît qu'une récession durable, engendrée par les prescriptions à *sens unique* du FMI qui, en plus, excluent toute croissance, conduisent à une baisse inévitable du PIB et en même temps, fait accroître la dette en termes absolus : 298 milliards d'euros en 2009, 340 milliards déjà à l'heure actuelle. Aucun pays, endetté comme l'est la Grèce, n'a pu se tirer d'affaire par des sacrifices aussi lourds et durables. D'autre part, la totalité des paiements/remboursements des bons du Trésor sont financés par les nouveaux prêts de l'UE, de la BCE et du FMI. Pour John Disard, « *c'est comme si les Grecs empruntaient à un usurier de la Mafia pour rembourser un emprunt accordé à leur grand-mère* ». La situation est encore aggravée par la dégringolade des investissements publics, accélérant la baisse du PIB de 1 à 5. Deux faits récents, qui détériorent beaucoup la situation de la Grèce, sont également à prendre en considération. Il s'agit, en premier lieu, de l'évolution récente des choses en Europe du sud qui fragilise l'ensemble des économies concernées, rendant ainsi illusoire tout espoir d'un prochain retour de la Grèce sur les marchés financiers pour emprunter à un taux d'intérêt acceptable ; il s'agit aussi de la réglementation, exigée par l'Allemagne, selon laquelle les individus doivent partager les pertes d'une faillite éventuelle ; ladite faillite, prévue pour 2013, sera catastrophique pour les économies les plus faibles de l'UE, qui risquent ainsi d'être définitivement dévorées par les spéculateurs.

Il est malheureux que les responsables censés traiter le problème de la dette européenne aient complètement oublié la théorie dette-déflation présentée par Irving Fisher, il y a de cela environ 80 ans, au moment de la première crise économique mondiale. D'après cette théorie, la diminution des revenus et des ressources fiscales due à une politique d'austérité augmente constamment – et ne diminue pas – la dette.

En supposant que la population grecque arrive à supporter indéfiniment les durs sacrifices prévus par le mémorandum, le résultat n'en serait pas meilleur, pour la simple raison que les mesures imposées sont loin d'être appropriées. En effet, un tas d'idées fausses ont inspiré le choix de ces mesures. A titre d'exemple, mentionnons l'idée qui veut que les exportations grecques – mais aussi celles du reste des économies de l'Europe du sud – connaîtront une augmentation suffisante, grâce à une baisse des salaires, et qu'il sera ainsi possible de contrôler la dette. Il est évident que cette hypothèse néglige complètement le fait qu'une part importante des exportations grecques – 43 % environ – est concurrencée par la Chine et d'autres marchés émergents. Il en va de même pour les idées, toujours fausses, qui dénoncent l'ampleur anormale du secteur public grec, qui disent que les grecs ne travaillent pas assez et qu'ils touchent des salaires exagérément élevés, que la productivité des travailleurs est trop faible et ainsi de suite. La réalité est tout autre : la part du secteur public, mesurée par rapport au pourcentage des fonctionnaires publics dans l'emploi total et au pourcentage de la charge fiscale dans le PIB, n'est pas plus élevée que la moyenne des pays membres de la zone euro ; les heures de travail annuel des Grecs dépassent la moyenne des pays de l'UE ; le salaire moyen en Grèce se situait autour de 50 % du salaire moyen de la zone euro, et a baissé d'environ 20 % avec les mesures imposées par le FMI, tandis que la productivité par travailleur se situe autour de 90 % par rapport à celle de la zone euro.

Mais, en dehors de ces idées fausses cependant bien ancrées dans les esprits, le programme du FMI a derrière lui une longue histoire de désastres qu'il a coutume d'essaimer sur son passage. Laissons de côté l'expérience tragique de l'Afrique, pour nous en tenir à l'action récente du FMI en Europe : l'Irlande subit déjà un paquet de mesures qui a provoqué une déflation énorme suivie d'une baisse considérable de son PIB et d'une chute de ses dépenses publiques dans tous les domaines ; la Lituanie a souffert d'une diminution dramatique de son PIB ; en Roumanie, même la police a manifesté contre la dégradation de sa rémunération. Et déjà en Grèce, quoique les dégâts de la politique imposée par le FMI soient énormes, avec un chômage de 16 % de sa population active, une baisse de son PIB de 6 %, une baisse affolante des ressources fiscales, une chute verticale de la demande effective, les faillites des petites et moyennes entreprises incontrôlables, des licenciements massifs et une stagflation qui empire la situation, les responsables excluent tout changement de politique. *Ainsi, l'austérité fait du mal sans pour autant être suivie d'effets positifs.*

On se demande alors pourquoi la Commission européenne, le FMI et la BCE tiennent tant à poursuivre dans ce sens l'application d'un plan à ce point catastrophique et voué à l'échec, en Grèce – et pas seulement –, et pourquoi ils refusent la seule solution alternative, inévitable de toute façon, à savoir la restructuration de la dette. Cette attitude peu raisonnable demande à être expliquée.

Il est bien connu qu'en dépit du fait que la crise de 2007 ait été provoquée par le fanatisme des stratégies néolibérales (tout comme le fut d'ailleurs celle de 1929), celles-ci règnent toujours et c'est ainsi que l'Europe se déchire dans une guerre idéologique dont le FMI, mais également l'UE, sont ses illustres combattants. C'est pourquoi tout porte à croire que les néolibéraux, qui ont toujours été opposés à toute sorte de protection sur le marché du travail ainsi qu'à toute intervention en économie, ont vu, dans l'endettement de la Grèce, l'occasion d'appliquer leurs dogmes. Ils ont donc attaqué les conditions prévalant sur le marché du travail, obligeant le gouvernement grec à abolir, pratiquement en une nuit, les droits des travailleurs qui les protégeaient contre l'exploitation des patrons ; c'est ainsi que le régime du travail a rétrogradé vers ce qu'il était au début du 19e siècle. En Grèce, il n'existe plus de contrats collectifs, de minimum salarial, d'indemnisation en cas de licenciement, de salaire social ni de protection concernant la durée du travail. La Grèce est un pays trop modeste pour attirer les ambitions universalistes des néolibéraux ; il est certain qu'elle sert de banc d'essai et que leur plan relatif au marché du travail va s'étendre d'abord dans le sud surendetté, avant de se généraliser dans le reste de l'Europe.

Aux objectifs de ce mémorandum pour le moins opaques, il faut ajouter les conséquences attendues du Pacte de Compétitivité, issu également des problèmes créés par l'endettement de l'Europe du sud et imposé par l'Allemagne. Grâce à ce nouveau Pacte – dont les résultats risquent d'être encore pires pour les économies moins avancées de l'Europe que ceux du Pacte de Stabilité –, l'Allemagne espère pouvoir s'assurer une compétitivité plus élevée, pourtant sérieusement menacée par la Chine et par d'autres économies émergentes. L'Allemagne semble s'être engagée dans une forme moderne de colonisation centrée sur l'Europe du sud. Le sud donc, sera constamment menacé de faillite, à laquelle il devra faire face par une rigueur sans fin, basée sur la baisse illimitée des salaires. Et puis, il fournira malgré lui à l'Europe du nord, non seulement des taux d'intérêt élevés pour ses emprunts, mais aussi de la main-d'œuvre bon marché en concurrence directe avec celle des pays émergents ; qui plus est, cette main-d'œuvre disposera des qualifications dont la riche Europe a besoin. Cette nouvelle inspiration de l'Allemagne peut aussi s'expliquer par les difficultés qu'elle rencontrera dans l'avenir à s'assurer une main-d'œuvre qualifiée, malgré un taux de chômage élevé. En effet, il est prévu que dans les 50 prochaines années, la population allemande aura diminuée de 17 millions, qu'elle passera de 82 actuellement à 65 millions d'habitants, tandis que les restrictions concernant l'acceptation des immigrés venant de Pologne, des Pays Baltes, de Tchéquie et de Slovaquie, et que les rémunérations peu élevées du travail qualifié n'ont pas permis à l'Allemagne de renouveler sa population. Grâce donc au Pacte de Compétitivité et de tout ce qu'il induit, l'Allemagne espère, même dans ce domaine, se tirer d'affaire.

Il va sans dire que dans ce scénario ténébreux pour les pays endettés de l'Europe, le problème de la croissance économique ne se poserait plus, étant donné que sa mission serait uniquement de subvenir aux besoins du nord. Dans ce contexte général, la Grèce est obligée de vendre précipitamment son patrimoine public pour 50 milliards d'euros, et ce n'est qu'un début. C'est ainsi que le Pacte de Compétitivité va complètement modifier l'UE et la zone euro, anéantissant tout espoir de convergence entre les plus riches et les plus pauvres de l'Europe. Bien au contraire même, ce nouveau Pacte ne fera qu'augmenter les différences de niveau de développement.

Est-il nécessaire de souligner que ce nouveau Pacte de Compétitivité alourdit encore plus la physionomie néolibérale de l'UE et de la zone euro et qu'il condamne l'ensemble de l'Europe à une récession perpétuelle ? Et ceci, pour la simple raison que l'UE ne se sent pas le courage de mettre de l'ordre dans les activités de ses banques.

Angela Merkel devrait se montrer, en principe, prête à favoriser une unification européenne plus forte *qui comprendrait nécessairement le renfloue-*

ment de l'Europe du sud, mais sous condition germanique, soit dit dans une nouvelle UE, transformée en une sorte d'*Etats-Unis d'Allemagne.* Dans ce contexte, la réflexion du directeur de la Fondation de recherche allemande Bertelsmann, Joachim Fritz-Vannahme est significative : « le rapprochement récent – d'Angela Merkel – vis-à-vis de l'euro fait penser à l'attitude d'un petit animal velu, qui attend d'être dévoré par un gros serpent » mais la chancelière vient de décider que « le *leadership* de l'Allemagne est quelque chose de positif pour l'euro et aussi pour la politique intérieure », à condition « que ce soient les autres et pas elle qui fassent des concessions ».

Appliquer des systèmes passe-partout, greffer des mesures venant d'économies dotées de structures et de problèmes différents n'a jamais réussi dans le passé et n'a jamais pu améliorer la compétitivité peu élevée de l'Europe, ni la performance de la monnaie unique. Une fois de plus, il est très difficile de rester optimiste. Par contre, ce qui est certain, c'est que ces plans allemands vont mettre définitivement à genoux l'Europe du sud, sans aucun espoir de redressement. La dévalorisation répétée des économies et des banques de l'Europe du sud par les agences de notation démontrent, de façon irrévocable, l'inefficacité des mesures européennes visant au renflouement de l'euro et des économies surendettées. Le seul espoir d'échapper à cette troisième invasion de l'Allemagne qui marquera l'assujettissement de l'Europe, réside dans la réaction. Car enfin, si ces plans sont adoptés par la Commission européenne, les citoyens du sud de l'Europe, Grecs ou autres, se trouveront tôt ou tard devant le dilemme suivant : vaut-il mieux rester coûte que coûte dans la zone euro, ou en sortir ?

B. Les lignes directrices de la politique préconisée pour en sortir

Tandis que les conditions citées plus haut semblent rendre inéluctable la faillite de la Grèce, le seul moyen de l'éviter est d'engager une restructuration de sa dette, en en rallongeant le temps de maturité, en réduisant sensiblement le taux d'intérêt et en opérant un *haircut* d'environ 40 %. Bien qu'un nombre considérable d'économistes reconnus sur le plan international soutienne l'idée de la restructuration comme seule alternative possible pour éviter une catastrophe certaine, l'UE, en accord avec le gouvernement grec, y est fermement opposée. Ce refus s'explique par la crainte, bien fondée d'ailleurs, d'une propagation aux autres pays du sud de l'Europe dont il faut à tout prix éloigner l'Espagne qui s'en approche dangereusement. Le fait que l'Espagne n'ait pas encore demandé à être renflouée est peut-être un argument en faveur de la restructuration de la dette grecque. Il est vrai que s'ils refusent de restructurer la dette, c'est que le directoire de l'UE et la BCE essayent de sauver les banques, françaises et allemandes surtout, mais aussi la BCE elle-même, puisqu'elles se trouvent être les principaux créanciers de la Grèce, et de leur éviter des pertes considérables, surtout dans le cas où l'*haircut* serait élevé. Mais il s'avère également que la politique d'austérité généralisée et illimitée dans le temps risque d'avoir des conséquences encore plus néfastes, tout autant pour la Grèce que pour l'ensemble de la zone euro dont le rythme de croissance est en baisse, par rapport à celui qui était initialement prévu. Et puis, il faut aussi prendre en compte le fait que le temps qui passe augmente l'*haircut,* qui sera en fin de compte inévitable, à moins que tout ne finisse par une faillite.

En ce qui concerne la restructuration de la dette combinée avec un *haircut,* il faudrait poser sur la table des négociations le fait indéniable que l'Allemagne n'a jamais payé à la Grèce les réparations qu'elle lui devait pour les terribles destructions provoquées pendant la Deuxième Guerre mondiale, ni l'emprunt d'occupation, et que ces sommes, réévaluées à la hausse par les taux d'intérêt accumulés durant toutes ces années, pourraient minimiser ou même éradiquer la dette grecque ; il faudrait encore se pencher sur le fait que nos créanciers ont déjà reçu une grande partie de notre dette sous forme de taux d'intérêt usuriers et enfin, que certaines directives dans ce mémorandum sont irrévocablement anticonstitutionnelles, répugnantes et inadmissibles, vu qu'elles concèdent des droits souverains à nos créanciers.

La restructuration pourrait prendre globalement la forme suivante : l'UE pourrait échanger les bons du Trésor actuels avec de nouveaux bons à travers le MES. L'argument le plus décisif pour persuader les créanciers d'accepter une restructuration serait justement la crainte de la faillite de la Grèce.

Mais ce n'est pas la restructuration de la dette à elle seule qui va suffire au remboursement de l'emprunt de la Grèce, et encore moins au redressement de son économie. Ce dont la Grèce a impérieusement besoin, à l'heure qu'il est, c'est d'une croissance de son économie plus rapide que celle de sa dette. Or, cela est impossible tant que le pays restera soumis au mémorandum. Il lui faut à tout prix se libérer du contrôle de la *troïka,* car il a besoin d'investissements publics importants et certainement pas d'une politique d'austérité à long terme. La baisse des salaires et des retraites a déjà des répercussions néfastes, en Grèce mais aussi ailleurs, puisque cette politique d'austérité s'est étendue au reste de l'Europe. Ce qui paraît vraiment inexplicable, c'est qu'en dépit de ses difficultés, l'Europe ne tient pas compte des propositions de John Maynard Keynes, qui pourraient représenter une solution alternative. Bien au contraire, l'Europe cherche le moyen de durcir encore les mesures d'austérité par le nouveau Pacte de Compétitivité. Aux Etats-Unis, les Républicains eux-mêmes, jusqu'à un certain point, ne se montrent pas hostiles à l'adoption de quelques stimulants keynésiens, et en Europe, qui est la patrie de Keynes, on se montre sceptique à l'égard de ses positions qui sont considérées comme peu orthodoxes. Et pourtant, c'est justement maintenant que nous avons grandement besoin d'une politique expansionniste et non point restrictive. Il faudrait ensuite procéder à une redistribution radicale des revenus au bénéfice des plus démunis, afin d'encourager la demande, sachant que depuis les années 1980, les revenus ont été transférés, à hauteur de 13 unités du PIB, du travail vers le capital. Cette redistribution des revenus a rendu difficile le fonctionnement normal de l'économie, l'incitant à se tourner vers des activités parasites. Il faudrait que le pays mette encore en place et suive une stratégie de renforcement de la production traditionnelle, abandonnée pour l'essentiel à cause des choix stratégiques de l'UE. Il va sans dire que théoriquement, la seule chose qui pourrait actuellement aider d'une manière vraiment efficace au redressement de la Grèce, ce serait un retour à la monnaie nationale : dévaluation de la valeur extérieure de sa monnaie, politique inflationniste, restriction des importations. Or, une telle décision est extrêmement risquée et incertaine, et surtout sans précédent : aucun Etat membre n'a encore quitté la zone euro.

Conclusion

La présente analyse, exclusivement limitée au problème de l'endettement de l'Europe du sud et plus précisément au surendettement de la Grèce, propose des solutions possibles qui lui permettraient de sortir de la crise, à condition que l'UE et la zone euro ne se trouvent pas elles-mêmes en danger. Mais cette hypothèse ne tient pas, bien que l'incertitude règne en général au sein de l'UE et de la zone euro. Dominique Strauss-Kahn, lui, résume la situation en ces termes : « L'avenir de l'Europe est plus incertain que jamais ». Essayons malgré tout de deviner les transformations probables de l'Europe puisque c'est de celles-ci que dépend, dans une large mesure, le sort de la Grèce, sachant que l'inverse aussi est vrai. Bien sûr, ce ne sont que des prévisions, basées néanmoins sur certains indices significatifs. Tous ces scénarios sont construits autour de l'Allemagne qui s'impose en *économie dominante.* Quatre scénarios sont possibles :

A. La dichotomie de l'UE

Le premier scénario prévoit la dichotomie de l'Europe, mais cette fois-ci, officiellement et pas tacitement comme ce fut le cas par le passé. En effet, pendant longtemps, et en dépit du fait que l'UE a toujours fonctionné à deux vitesses, elle s'est toujours efforcée de soigner son image, donnant l'impression de favoriser l'égalité entre tous les membres, de garantir les mêmes chances à chacun de ses membres, la cohésion et la solidarité au profit de la convergence, etc. C'est l'explosion de la crise du surendettement de l'Europe du sud qui a fait tomber les masques, et la réalité qui nous est apparue est pour le moins répugnante et agressive, terrifiante même.

Ainsi, la dichotomie officielle prévoit-elle que les 27 se diviseront en deux groupes : le premier, qui sera aussi le plus puissant, comprendra 17 membres, et l'autre 10. Le premier groupe sera administré avec une main de fer par l'Allemagne mais aussi par la France, de façon à éviter endettement et déficits, et continuera à jouir de l'euro ; les membres du second groupe se débattront constamment pour appliquer la politique européenne mais ils auront une plus grande liberté d'action, ils pourront choisir la stratégie de développement qui leur conviendra le mieux ; ils retourneront très probablement à leur monnaie nationale. Il va sans dire que ces 10 membres du second groupe européen n'auront plus le droit d'emprunter en cas de risque de faillite et qu'ils devront contrôler leur taux d'intérêt.

Tout n'est pas perdu, et l'Europe du sud est probablement encore sauvable, mais tout dépend de l'Allemagne. Effectivement, il suffirait que celle-ci accepte la création des eurobonds, qu'elle se montre disposée à imposer un vrai contrôle des activités bancaires et qu'elle cesse de soutenir ce que l'on appelle le « fantôme de Deauville», autrement dit, la participation des investisseurs privés à la faillite des Etats.

B. La réforme de l'UE en Etats-Unis d'Allemagne

Le second scénario apparaît à travers le nouveau Pacte de Compétitivité introduit, mais pas encore adopté, par l'Allemagne. Il se présente comme un Pacte pour l'euro, mais en réalité il ne sert que l'Allemagne. Ce Pacte vise à uniformiser l'ensemble des Etats membres, qui devraient s'efforcer de s'aligner autant que possible sur la sublime Allemagne, c'est-à-dire devenir plus compétitifs, laissant évidemment de côté toutes leurs particularités et leurs structures propres. C'est dans ce but que l'Allemagne impose à tous les Etats membres de la zone euro des réformes rigoureuses, à commencer par des restrictions de salaires qui devraient suivre la productivité et non plus l'inflation. Or qui, en dehors d'elle-même, peut affirmer que l'Allemagne doit sa réussite aux bas salaires, qui sont en outre plus élevés qu'en France ? Par contre, l'Allemagne doit sa réussite, semble-t-il, à d'autres facteurs tels que le financement élevé de la recherche et du développement (R&D) du secteur privé, au fait qu'elle produit des biens demandés par les pays émergents et à la faible protection de ses entreprises publiques. Il est donc difficile d'admettre que le modèle allemand est une réussite, étant donné qu'il a un rythme de croissance peu élevé, que l'investissement stagne, que les inégalités sociales sont profondes, que le taux de chômage est élevé et que l'Etat-providence a été réduit à une peau de chagrin.

Mais même si l'ensemble des Etats membres s'aligne sur le modèle de développement allemand, même si tous arrivent à augmenter leurs exportations, ils auront quand même une croissance anémique. De toute façon, avec un tel modèle, l'UE devra faire le deuil de son capitalisme à visage humain pour adopter l'une des versions les plus dures du capitalisme. L'ironie est que pendant ce temps Barak Obama essaie de développer la dimension sociale de l'Amérique.

C. L'affaiblissement de l'influence internationale de l'UE

La triste vérité est que l'endettement de l'Europe a mis en lumière ses faiblesses intrinsèques. En dehors de son incapacité à prendre rapidement des décisions face à des problèmes cruciaux, une série d'autres problèmes ont amenuisé son importance sur la scène internationale. Par exemple, il aura fallu à l'Europe pas mal de temps, au moment de la grande crise économique de 2007, avant de se redresser, apparaissant ainsi comme la région du monde la plus problématique. C'est en Europe encore que l'on parle de ce nouvel indice de misère, calculé en additionnant le pourcentage de la dette publique dans le PIB à celui du chômage. Cet indice, élaboré par l'agence de notation *Moody's* aboutit à la conclusion que les économies ayant une somme supérieure à 15 ont un besoin urgent de stimulants de développement mais qu'elles ne sont pas en mesure de les appliquer. La Grèce, le sud de l'Europe mais aussi l'UE dans son ensemble appartiennent à cette catégorie, sauf à la rigueur l'Allemagne et la Tchéquie. *Cette très malheureuse évolution est visible dans le fait que pour la première fois dans l'histoire économique contemporaine, les bons du Trésor européens sont moins sûrs que ceux des pays émergents tels que la Bulgarie, la Lituanie et le Kazakhstan. C'est pourquoi l'Europe semble difficilement sauvable si elle ne se lance pas dans une série de mesures drastiques et surtout si elle ne se décide pas à abandonner sa politique fanatique néolibérale. Le scénario le plus probable pour l'Europe actuelle est qu'elle sera* de facto *absente des centres de décisions de la planète, et qu'elle perdra graduellement son influence sur la scène internationale.*

Conséquence de cette décadence européenne, un récent rapport des Etats-Unis reconnaît que l'Amérique est en quête de nouveaux alliés, car l'Europe divisée ne l'intéresse plus.

C'est dur... mais il nous faut bien reconnaître que l'UE, dont la création représentait les rêves de nombreuses générations du passé, a été incapable de tenir ses promesses. Il s'avère que le problème majeur de l'UE et de la zone euro est leur manque d'inspiration.

D. Vers une dissolution de l'UE et de la zone euro

Il est douloureux de constater que les économies qui sont restées en dehors de la zone euro, comme par exemple la Tchéquie et la Pologne, ont globalement subi moins de dégâts au moment de la grande crise économique de 2007, notamment parce qu'elles ont eu la possibilité de dévaluer leur monnaie. Mais on voit aussi que l'Islande, après sa faillite, s'est mieux tirée d'affaire que l'Irlande. La satisfaction de la Grande-Bretagne est d'ailleurs manifeste quant à l'état relativement bon de son économie, puisqu'elle a eu la sagesse de rester hors de la zone euro. C'est d'ailleurs pourquoi les pays de l'Europe orientale ont développé un fort euroscepticisme, qui s'exprime par la remarque suivante du Gouverneur de la Banque centrale de Pologne, Marek Belka : « Il est plus dangereux d'être à l'intérieur de la zone euro qu'en dehors ».

La crise de 2007, mais surtout la crise de l'endettement de l'Europe du sud, a rendu possible *l'impensable, à savoir la dissolution de la zone euro*. Il est vrai que pour le moment, seul un petit nombre d'économistes, qui tend cependant à s'élargir, considère probable une telle évolution des choses, d'après les résultats d'un sondage récent de la banque d'investissement Morgan Stanley. Pourtant, à la suite de l'aggravation de la catastrophe qui touche l'Europe du sud, la problématique s'anime et rien n'est exclu. Hormis le « fantôme de Deauville », une autre menace, particulièrement grave, vient d'émerger et guette l'euro. Une menace qui fait revivre la vieille loi de Gresham selon laquelle *la mauvaise monnaie chasse la bonne.* Il s'agit, en effet, du paradoxe qui fait que la monnaie unique européenne *n'a pas la même valeur au nord et au sud de l'Europe. L'endettement au sud affaiblit l'euro qui a perdu son statut de valeur sûre, et c'est pourquoi on assiste à d'énormes fuites de la devise, du sud vers le nord de l'Europe, où le risque de perte, contrairement à celui du sud, est inexistant. Voilà encore une évolution dangereuse pour la monnaie unique européenne, qui n'avait pas été envisagée par ses créateurs.*

Arrivant au terme de ce rapport, je tiens à souligner qu'il est important pour l'ensemble des économies européennes, et surtout pour celles qui sont le moins avancées, de planifier leurs démarches futures, tout en prenant en considération l'éventualité d'une dissolution de la zone euro. Il est nécessaire, en effet, de nous préparer, tous, à des transformations radicales de l'UE et de la zone euro. Il se peut que l'Europe, sous une forme nouvelle, se sépare du sud, et alors, les sacrifices auxquels nous sommes astreints ne seront pas récompensés. Pourtant, entretemps, le risque est grand de tout perdre dans cet environnement d'austérité au long cours qui tente de contrôler les déficits et les dettes. D'autre part, les mouvements de révolte généralisée au Moyen-Orient rendent l'avenir tout aussi incertain que menaçant et les certitudes du passé peuvent ne pas y avoir leur place. Alors, dans ce nouveau contexte européen et mondial, les économies les moins avancées de l'Europe, et notamment la Grèce qui est dans une posture des plus difficiles, feraient bien de dessiner leur stratégie en essayant d'y incorporer les deux messages suivants, quoique controversés : a) La Grèce, et probablement aussi l'ensemble de l'Europe du sud, ne serait pas dans cette situation si elle était restée en dehors de la zone euro, et b)Même si un tout petit pays décide d'abandonner la zone euro, les conséquences ne sont pas prévisibles et donc, « il ne faut pas perdre l'occasion historique d'une Europe unie ».

*

3.4. Fin de la zone euro : l'Europe du nord contre son sud (29.07.2012)

La dégradation en chaîne de la situation au sein de la zone euro, ces deux dernières années et plus encore ces derniers mois, ne permet plus d'occulter la terrible réalité. Le fossé se creuse de plus en plus entre le nord riche de l'Europe et le sud, pauvre et surendetté, et ne laisse plus aucun espoir de rapprochement.

En cause, la rudesse avec laquelle la Commission européenne a entrepris d'affronter le problème des économies endettées qui révèle surtout l'absence totale de toute forme de cohésion et de solidarité entre les Etats membres. Mais plus triste encore, c'est d'avoir cru qu'un tel projet était possible. L'enthousiasme des années 1950 et 1960, surtout chez les jeunes, pour une Europe des peuples unie, et toutes ces belles promesses autour de sa création, tout cela ne s'appuyait en fait sur aucune base solide. Ce n'était qu'une façon séduisante de détourner les populations de la vraie visée des principaux artisans de l'Union, lesquels, notons-le, étaient de même nationalité que leurs successeurs d'aujourd'hui. Ainsi l'Allemagne, qui voyait dans l'Union européenne la concrétisation enfin de son rêve, ce rêve qui avait échoué à deux reprises, à savoir la domination de l'Europe. Mais la réunification allemande ne se fit pas sans concession puisqu'il lui fallut abandonner le mark en échange de la monnaie unique. Quant à la France, l'autre pays à l'origine de la création de l'Europe unie, ses préoccupations étaient dès le début – et continuent d'être – de moindre envergure. Ce qu'elle voulait, c'était juste s'assurer une position stable de leader en Europe. Or, la France a un problème, qui explique en partie sa totale identification aux choix de l'Allemagne, c'est sa position géographique. Mais, que son économie appartienne à l'Europe du sud ou à l'Europe du nord, son désir ardent est de faire partie de celle du nord.

La situation toutefois n'était peut-être pas aussi cynique dans les premiers temps. Les fondateurs de l'Union européenne avaient probablement les meilleures intentions et ils croyaient même l'accomplissement de leur projet possible. Pour ma part, je veux croire que les pères de l'Europe s'étaient démenés pour y garantir paix, démocratie, égalité, prospérité pour tous, croissance rapide et plein emploi, et qu'ils seraient atterrés de voir comment leur œuvre grandiose a dégénéré. Ils verraient avec effroi que non seulement leur projet initial ne s'est pas concrétisé, mais qu'en plus une guerre larvée et ravageuse sévit en son sein, entre le nord et le sud. Un conflit terrible et original dans sa forme, sans armes de destruction massive mais dont les moyens s'avèrent plus drastiques, plus efficaces et plus délétères que les armes traditionnelles. En effet, l'Allemagne, utilisant comme cheval de Troie la dette du sud, semble être entrée dans la phase accélérée de concrétisation d'un plan d'assujettissement du sud, nouveau type de colonisation, et dont elle serait le chef incontestable. En dehors de ses vues ostensiblement expansionnistes, ce projet démoniaque trouve un appui dans l'évolution rapide de l'économie mondiale qui menace de marginaliser l'Europe et l'Occident tout entier. Il s'agit surtout de la concurrence intensifiée des économies émergentes, notamment la Chine. Il s'agit de la compétitivité de l'Allemagne, sérieusement mise à mal et qui pour s'en sortir a besoin, semble-t-il, de main-d'œuvre en abondance et bon marché. C'est exactement ce que pourrait lui assurer l'Europe du sud, si celle-ci finissait par se soumettre à son hégémonie.

Dans ce rapport, je vais tenter de montrer dans quelle mesure l'heure de la fin a sonné pour l'Europe du sud, victime volontaire d'une union économique dont les lignes directrices ont été tracées, dès le début, pour servir avant tout ses partenaires les plus puissants. Pendant des dizaines d'années, le sud a vu s'éroder et se désorienter ses capacités de développement, il a pâti d'une exploitation cachée et constante des pays riches du nord, et doit être sacrifié sur l'autel des projets réactivés de l'Allemagne.

La première partie de ce rapport portera sur l'attaque ouverte particulièrement violente menée par les pays du nord de l'Europe contre le sud, Allemagne en tête évidemment. Dans la deuxième partie, on se penchera sur les conséquences de cette mise à sac, pour la Grèce surtout, première de la série qui s'étend déjà au reste des pays du sud européen.

Partie I. Attaque ouverte contre le sud

L'Allemagne, qui veut à tout prix mettre en place des réformes tout autant tyranniques qu'inefficaces, est allée trop loin, elle ne peut plus faire croire qu'elle vise au sauvetage de la Grèce. Je voudrais néanmoins rappeler, avant d'aborder ce qui ressemble au dernier acte de cette tragédie, que les attaques contre le sud sont loin d'être un phénomène nouveau. L'Europe du sud subit ainsi, depuis les premiers temps, les conséquences négatives de la coexistence, dans cette même union économique, d'économies peu développées et d'économies plus développées. Et ce qui a porté un coup dur aux pays européens les plus vulnérables, c'est à n'en pas douter le Pacte de Stabilité, imposé par l'Allemagne en contrepartie de l'abandon de sa monnaie nationale forte et stable pour l'euro. Or, comme il apparaissait déjà en 2004, ce ne sont pas les économies les plus faibles du sud qui ne purent supporter les conditions asphyxiantes et récessives du Pacte de Stabilité, mais bien le pays qui en fut l'inspirateur, l'Allemagne. Celle-ci n'a pas hésité en effet, le 25 novembre 2003, avec la France et la Grande-Bretagne, à suspendre le Pacte de Stabilité pendant à peu près quatre ans, parce qu'il « limitait dangereusement son rythme de croissance ». Ce qui est scandaleux dans cette décision, ce n'est bien sûr pas la suspension du Pacte, qui s'avérait de toute façon néfaste à l'Europe, mais bien le fait qu'elle n'incluait pas les pays du sud. En effet, l'Allemagne et la France exigèrent qu'ils continuent de le respecter, sans condition. En substance, la décision prise ce jour de novembre 2003 rendait la stabilité de l'euro dépendante de l'Europe du sud qui, prise au piège, voyait s'éteindre ses perspectives de croissance. Ce n'est que maintenant, neuf ans après cette décision, que le magazine *Spiegel* révèle que l'Allemagne « a construit l'euro à sa mesure » et qu'elle a ainsi pu se préserver aux dépens du sud : « La chancelière a commencé en secret au milieu de l'été 2003. L'économie allemande stagnait, son rythme de croissance était presque nul, tandis que le chômage et le déficit augmentaient régulièrement ». Ajoutons à cela les effets particulièrement défavorables de l'énorme et permanent excédent commercial de l'Allemagne sur les pays du sud, et combien le niveau commun pour tous les Etats membres du taux en vigueur se révélait dangereux pour les plus faibles, malgré les différences importantes de rythme d'inflation entre eux. Ce taux commun est pour beaucoup responsable du recours excessif à l'emprunt des pays du sud. Or, ces questions essentielles, l'Allemagne les a délibérément ignorées. Aux commandes d'un pogrom sans précédent contre le sud, elle s'est d'abord attaquée au maillon le plus faible mais aussi le plus symbolique de l'Europe, à savoir la Grèce. A ce pogrom, le FMI a été appelé à participer, ce qui n'est pas sans susciter des questions, jusqu'à maintenant restées sans réponses, relatives à son rôle exact dans les affaires strictement européennes.

1. Mesures de pillage, mesures de sauvetage

A partir des années 1970, les idées de Margaret Thatcher et de Ronald Reagan s'imposent partout, y compris en Europe. Mélange barbare, fait d'ultra-néolibéralisme et de la croyance inébranlable que la libéralisation des échanges profite à tout le monde. L'absolutisme de ce régime macroéconomique a créé un environnement aux antipodes de l'héritage de John Maynard Keynes, même si on lui doit le rythme de croissance très rapide de l'économie occidentale après la Deuxième Guerre mondiale et une répartition plus juste des fruits du progrès. C'est dans cette Europe du néolibéralisme effréné que la troïka et les banquiers ont lancé une campagne de pillage de la Grèce. Voyons-en de plus près les grandes étapes :

A. La préparation

Cette sorte de génocide des Grecs d'un genre nouveau a donc commencé il y a à peu près deux ans et s'insère manifestement dans le cadre d'une restructuration progressive du sud de l'Europe.

L'entrée en matière s'est faite de façon très habile, l'accent a été mis sur la singularité du cas grec, en aucun point comparable bien sûr aux autres pays du sud, même si par ailleurs ils présentent des faiblesses similaires. Cette façon, tout à fait consciente et d'inspiration goebbelsienne, de chercher à isoler la Grèce de son environnement « familial » géoéconomique a d'emblée permis d'empêcher toute réaction immédiate, évitant ainsi la formation d'un front commun des économies de l'Europe du sud qui aurait permis de tenir tête au fléau allemand. Ainsi, jusqu'à ces derniers temps, les déclarations officielles de pays du sud soutenant qu'ils « ne sont pas comme la Grèce et ne le seront jamais » étaient chose courante. Et c'est comme cela qu'un rideau de légitimation est tacitement venu voiler les horreurs en série infligées à cet infortuné pays de lilliputiens, puni exemplairement pour ses « crimes » par une Angela Merkel intransigeante. Et comme au Moyen Age, les autres, tout autour, assistent au spectacle du supplice, bien contents de ne pas être à sa place. Voilà pourquoi les peuples du sud ont mis si longtemps à prendre conscience de la gravité de la situation ; trop tard pour éviter le pire. Les Espagnols viennent enfin de réaliser ce qui les attend et ils descendent eux aussi massivement dans la rue aux cris de « Voleurs », « Mains en l'air, c'est un hold-up ».

L'attaque contre la Grèce a commencé avec de basses marques de mépris lancées surtout par des dignitaires Allemands et une partie de la presse allemande, une ironie incroyable – qui laisse apparaître le sentiment d'absolue supériorité du peuple Allemand sur les autres – avec tout un tas de moqueries, d'insultes et de menaces d'une envergure inconcevable, le tout évidemment ponctué de mensonges énormes. C'est ainsi que les Grecs sont « paresseux », bien que de source officielle, ils travaillent plus hebdomadairement que la moyenne européenne ; ils sont « fraudeurs », ce qui n'est pas faux, à mettre néanmoins sur le compte de la spécificité structurelle de la Grèce qui, avec presque trois fois plus de travailleurs indépendants par rapport à l'emploi total, favorise la fraude fiscale effectivement importante, couvant un secteur public prétendument démesuré qu'il faut donc absolument réduire et ce, au mépris des données officielles qui attestent exactement le contraire ; ils sont « corrompus », à quoi l'on peut répondre que les activités scandaleuses de Siemens en Grèce, ou celles de Ferrostaal devraient décourager ce genre d'assertions. Les génocides du passé ont montré que lorsqu'on veut faire disparaître un peuple – physiquement, économiquement, géopolitiquement, culturellement – on commence par lancer une campagne de dénigrement, l'accusant des pires péchés – bon à rien, alcoolique, arnaqueur, etc. – et l'opinion publique finit par accepter l'idée de sa disparition comme inévitable. C'est exactement ce qui est en train de se passer avec la Grèce depuis maintenant deux ans et demi, avec une constance impressionnante. Et les résultats sont spectaculaires, puisqu'une grande partie des Grecs est convaincue de son incapacité invétérée… même pas bons à remettre sur les rails le processus de croissance.

Et pourtant, la Grèce n'est pas le seul Etat à présenter des irrégularités financières. Au sujet des manipulations statistiques qu'elle a fait pour être autorisée à intégrer la zone euro, je n'alléguerai pas comme circonstance atténuante le fait avéré que presqu'aucun Etat membre n'a résisté à la tentation de quelque « artifice d'embellissement comptable ». J'alléguerai par contre que dans cette affaire, les commissaires de l'Union européenne sont tout aussi responsables que la Grèce, puisque leur rôle était de contrôler les finances publiques des Etats membres, notamment ceux qui étaient candidats à l'euro. Ils auraient dû signaler les activités acrobatiques de la Goldman Sachs dans le cas grec, car il ne fait aucun doute qu'ils le savaient. On imagine d'ailleurs très bien que, pour ne pas perturber le cours tranquille de l'achat de matériel de défense militaire par la Grèce – sous-marins, frégates, avions de chasse, etc. – à la France mais surtout à l'Allemagne, ils préféraient fermer les yeux lors de leurs visites à Athènes. Et face à ce flot incoercible d'accusations à l'encontre de la Grèce, à laquelle soit dit en passant, la fin de la zone euro est également imputée, il est bon de rappeler certains aspects fondamentaux du problème, que l'on a tendance à oublier. Premièrement, la Grèce n'est pas le seul Etat membre à être assailli par des difficultés financières, presque tous les pays du sud de l'Europe sont dans une position peu enviable. Deuxièmement, la dette grecque ne représente qu'à peu près 2,5 % de l'ensemble européen, qui est évalué à 8,215 trillions d'euros, tandis que l'Allemagne, la France, l'Espagne et l'Italie enregistrent des dettes trois fois plus élevées que la dette des treize autres Etats membres de la zone euro, avec une dette de 6,44 trillions d'euros. Troisièmement, on reproche au sud de vivre inconsidérément au-dessus de ses moyens, de vivre aux crochets du nord. Les faits montrent toutefois que rien ne permet d'affirmer, statistiques officielles à l'appui, que la gestion financière du nord soit particulièrement vertueuse. Exemple caractéristique, la dette de l'Allemagne représente 81,2 % de son PIB en 2011, celle de la France 85,8 %, celle de l'Italie 120,1 %. Alors, compte tenu des critères allemands pour le moins sévères, ces pays-là ne devraient-ils pas être promptement exclus de la zone euro ? La moindre des choses donc, ne serait-ce pas de mettre un terme à cette triste farce ? Et le comble du ridicule, n'est-ce pas cette vindicte enflammée à l'encontre de la Grèce, jugée responsable des épineux problèmes financiers de l'UE ? Et puis, n'oublions pas le nœud du problème : les économies du sud qui sont en fait les otages des fameux marchés financiers, ne sont pas libres de réagir efficacement, puisqu'elles ne disposent pas d'une monnaie nationale.

Dès le début de la crise grecque, la troïka a pris les rênes, qu'elle brandit avec suffisance, du « sauvetage » de la Grèce, et auquel les Allemands sont « généreusement » mis à contribution. Or, la réalité est tout autre : depuis deux ans et demi le peuple grec est saigné à blanc, tandis que la quasi-totalité des prêts qui pèsent sur la dette, retournent tels quels à ses créanciers, c'est-à-dire pour l'essentiel aux banques. Citons pour cela quelques éléments particulièrement significatifs :

• Pour l'année 2012, les dépenses publiques s'élèvent à 170 milliards d'euros. Or, 21 milliards seulement sont destinés à couvrir les dépenses nettes de l'Etat, tandis que 149 milliards retournent aux créanciers.

• Des éléments officiels ont été publiés selon lesquels l'Allemagne a gagné 55 milliards d'euros depuis le début de la crise, tirant bénéfice de la différence du taux avec lequel elle emprunte et du taux avec lequel elle prête ensuite à la Grèce.

• Les banques empruntent à la BCE à un taux d'à peu près 1 % et prêtent ensuite à l'Etat à 7 %. La différence, naturellement, pèse sur le peuple grec.

• La BCE elle aussi spécule aux dépens de la Grèce, achetant des obligations grecques sur le marché secondaire, décotées à 25 % de leur valeur nominale, mais ensuite rechigne sur la « coupe » de 50 %, bien que là encore, elle tirerait un bénéfice de l'ordre de 100 % par rapport au montant de leur achat.

• Au cours de ces quinze dernières années, la Grèce a dû payer 265 milliards d'euros d'amortissements et 156 milliards d'euros d'intérêts à ses créanciers.

Comme le rappelle la rédactrice économique de la BBC, Stephanie Flanders, dans son analyse de la dette grecque pour le compte du site britannique de la chaîne de télévision, le pays a déboursé en 2011 23 % d'intérêt en plus par rapport à 2010, et ce, malgré les prêts « à un taux bas » concédés par l'Europe et le FMI (les guillemets à caractère ironique sont de la journaliste). Rappelons aussi que le capital a été largement remboursé et que maintenant, le pays paie les intérêts.

• La fameuse restructuration de la dette, tant vantée par ses défenseurs et censée soulager l'économie, a été en réalité un véritable fiasco. La dette n'a été réduite que de 30 milliards d'euros et en même temps, l'opération a « coupé » dangereusement dans les caisses de retraites, les hôpitaux et les universités. Etant donné que la Grèce a reçu une nouvelle aide financière, qui est venue s'ajouter à la précédente, sa dette s'alourdit constamment, et de 250 milliards d'euros au début de 2012, elle est aujourd'hui d'environ 355 milliards.

B. L'imbroglio de « l'opération de sauvetage »

La deuxième phase de cette opération criminelle de sauvetage de la Grèce, ce sont les mémorandums, les accords de prêt, les réactualisations, les plans à moyen terme et tout ce ramassis indescriptible de mesures qui sucent le sang du peuple et du pays. Même s'il s'est trouvé des gouvernants pour les signer alors qu'ils auraient mieux fait de descendre dans la rue et de s'inviter sur les plateaux de chaînes de télévision internationales – ce que font les Espagnols – pour alerter l'opinion publique, cela ne change en rien le caractère odieux de ces plans. La Grèce pourrait essayer de s'en affranchir, elle pourrait recourir à la Cour internationale de justice, évoquer l'état de nécessité, car rien ne justifie le fait que ses créanciers imposent leurs intérêts au mépris de la vie de la population entière.

L'idée qui régit le plan du prétendu sauvetage de la Grèce – tout comme celui, à quelques variantes près, de la presque totalité de l'Europe du sud – repose sur deux thèses, qui non seulement sont impossibles à soutenir, mais qui en plus sont totalement erronées :

• D'une part, Angela Merkel, malheureusement soutenue par ses alliés politiques qui décident avec elle, n'en démord pas : pour elle, trop dépensiers et pas sérieux, les pays du sud sont entièrement responsables de tous les problèmes et doivent être punis exemplairement, ils doivent se sacrifier et payer en conséquence. D'où cette remarque, très juste : « le débat sur la crise fait parfois penser à une croisade des chevaliers blancs contre les infidèles ». N'oublions pas que depuis le début de la crise et jusqu'à aujourd'hui les dépenses publiques réelles ont été réduites de 25 %, contre toute logique et d'une façon tout à fait arbitraire, par des mesures prises dans l'urgence ne prévoyant naturellement pas les effets dramatiques sur la population. Rien à faire, les partenaires européens soutiennent que… « les Grecs ne font rien ».

• D'autre part, Berlin fonctionne comme s'il pensait que les réductions continues des dépenses publiques pouvaient ouvrir la voie de la croissance. Cette politique de l'austérité n'est pas provisoire, Berlin la voit plutôt comme une réforme définitive, qui s'insère dans le nouveau Pacte de Compétitivité, est inscrit obligatoirement dans les constitutions des Etats membres et prévoit de lourdes sanctions pour ceux qui ne s'y soumettent pas.

La cure toutefois imposée à la Grèce – et qui s'étend aux économies du sud, contraintes, l'une après l'autre, de faire appel à des plans d'aide – est une « première mondiale ». La politique de la dévaluation interne est en effet destinée à remplacer la politique, disons, classique de dévaluation externe et concerne les économies qui ne disposent pas d'une monnaie nationale, comme celles de la zone euro. Les conséquences en Grèce de cette politique sont tragiques. D'ailleurs, l'ensemble des experts en économie du monde entier dignes de ce nom mais aussi les revues économiques, s'accordent sur le fait que ce plan est un imbroglio désastreux qui doit absolument être remplacé de toute urgence par quelque chose d'autre. Or l'Allemagne ne fléchit pas et persiste. Dans le cas présent, elle demande en plus une intensification progressive de cette politique. Les effets sont déjà visibles et cette petite économie qu'est la Grèce déjà a commencé à présenter les symptômes de la tiersmondialisation. Le FMI quant à lui, a adopté la même attitude. Il apparaît clairement alors que l'insistance de la troïka, tout aussi inexplicable qu'absurde, et ses efforts pour se montrer convaincue du bien-fondé de ce plan, s'expliquent par le fait qu'elle n'a aucune solution alternative. Ainsi ne lui reste-t-il qu'à continuer d'accuser la Grèce d'être fautive du désastre qu'elle a elle-même en fait provoqué.

La dévaluation interne concerne les économies soumises à ce plan et consiste en une réduction massive des salaires, des retraites et des dépenses publiques en général. Notons au passage qu'aucune étude préalable n'a été effectuée. Ce sont d'abord les salaires du secteur public qui sont touchés, puisque le public se trouve dans l'œil du cyclone, puis les salaires du privé pour rétablir, paraît-il, la compétitivité perdue, car l'augmentation des exportations est soi-disant synonyme de relance économique. La réduction des dépenses concerne aussi l'Etat-providence, c'est-à-dire l'éducation et la santé, l'administration publique, la défense. Nous avons donc affaire, comme on le voit, au démantèlement pur et simple de l'économie, de la société, de l'éducation, de l'administration publique pour un schéma qui n'a absolument aucune base théorique et n'a encore jamais été appliqué nulle part avec succès. Dans le cas de la Grèce notamment, il est évident qu'un tel schéma est irréaliste. Jamais le pays ne parviendra à redresser son économie par la dévaluation interne et ce, pour deux raisons. D'abord, parce que la part des exportations dans son PIB est faible, moins de 20 %, et puis parce que plus de la moitié de ses exportations est concurrencée par des produits provenant d'économies émergentes. Il est complètement farfelu de penser que le niveau des salaires dans les économies européennes pourrait très bien s'aligner sur celui des pays émergents.

Ce qui arrive en Grèce et tend à se généraliser au reste des pays de l'Europe du sud est décrit avec beaucoup d'humour et d'acuité dans l'excellent article de Slavoj Zizek, paru dans *Le Monde,* citant un journaliste de CNN. Les décideurs européens sont comparés à « des jongleurs d'assiettes chinoises » pour qui « la difficulté est bien sûr de continuer de préserver le mouvement, sans quoi les assiettes tombent et se cassent ». Et il continue avec des extraits du film *Nitotchka*, d'Ernst Lubitsch (1939). « Quelqu'un commande un café sans crème, et se voit répondre par le serveur : « Désolé, mais nous n'avons plus de crème, nous n'avons que du lait. Puis-je vous apporter un café sans lait ? ». Autrement dit, « ce ne sont pas les Grecs qui bénéficieront des épreuves qu'ils traversent » mais les Banques.

Même Dominique Strauss-Kahn a déclaré depuis Pékin : « La recette du FMI n'a pas été correctement mise en œuvre en Grèce, c'est dommage ». Paul Krugman, le prix Nobel d'économie, est sur la même longueur d'onde.

La dette grecque n'est pas gérable, au même titre que n'importe quelle dette quand elle dépasse 90 % du PIB. Et la « coupe » qu'elle a subie n'a rien changé à la dure réalité. Au contraire. Alors que la dette, au début de la crise représentait 120 % du PIB, elle est de 165 % en 2012 et en 2020 on espère qu'elle ne sera plus que de 120 %, mais déjà cet objectif semble impossible à satisfaire. La profonde récession de la Grèce qui l'a conduite à la présente cure d'austérité, augmente toujours plus la dette, dans un PIB qui se réduit à un rythme effrayant. Ainsi, les discussions sur un défaut de la Grèce, quand et comment il se fera, sur son retour ou non à la drachme, sur les intentions de la troïka etc., visent-elles tout simplement à gagner du temps. Quant à la dette, il ne fait guère de doute qu'elle n'est pas gérable et qu'elle ne le sera jamais, même en 2020. La politique du mémorandum s'avère donc être un échec monumental, confirmé par la récente déclaration du FMI qui menace de ne plus apporter de fonds d'aide à la Grèce au mois de septembre prochain. En effet, la charte du FMI ne permet pas le financement des dettes non gérables. Alors, les tentatives maladroites cherchant à démentir cette réalité constituent une duperie supplémentaire à l'encontre de la Grèce.

Et pourtant ! Les envoyés spéciaux de la troïka, avec l'accord discret des responsables grecs, se rendent régulièrement à Athènes. Imperturbables et distants vis-à-vis de « l'imbroglio du mémorandum grec », ils soutiennent que « c'est la faute des Grecs si les objectifs ne sont pas atteints », et qu' « une renégociation du plan de sauvetage est hors de question tant que les engagements, déjà reportés, ne seront pas mis en œuvre ». Autrement dit, ceux qui mènent la Grèce tout droit à la catastrophe.

2. *Les objectifs occultes de la pseudo-opération de sauvetage*

Cette politique des mémorandums, des accords de prêt etc. et ses conséquences tragiques incite naturellement à chercher les vrais motifs, au-delà de ceux qui sont officiellement mis en avant. Car, aussi invraisemblable que cela puisse paraître, les économistes du monde entier, néolibéraux aussi bien que keynésiens, s'accordent à dénoncer les dangers que représente le plan d'aide à la Grèce. Et tout aussi surprenant, le fait qu'un certain nombre des membres des gouvernements successifs de la crise finissent par reconnaître à un moment donné que… « le programme de la troïka est une impasse » ! En tout cas, dès qu'ils arrivent au pouvoir, ils se démènent, ils s'épuisent – toute leur énergie y passe – à satisfaire au mieux les exigences de la troïka conquérante, se soumettent au *théâtre de l'absurde*, bafouant les intérêts de leur propre pays. Il ne fait aucun doute que les deux parties, la troïka et les gouvernants, ont parfaitement conscience que les mesures imposées aux seconds par la première privent l'économie de tout espoir de relance et aggravent la misère, l'appauvrissement et le désespoir du peuple grec. Ce sacrifice total n'est rien d'autre qu'une nouvelle forme de génocide.

Devant la gravité de la situation, il serait alors impardonnable de ne pas chercher à percer les motifs réels qui poussent la troïka à commettre ce « crime contre l'humanité ». Avant tout, il est bon de rejeter les thèses qui veulent que la troïka se trompe, qu'elle ne connaît pas les paramètres du problème grec ou encore, qu'elle est aveuglée par son fanatisme idéologique. En effet, ce genre d'interprétations tendrait à détourner la recherche des enjeux réels de ce conflit qui, à n'en pas douter, vise la disparition de la Grèce :

A. La fin de l'Etat-providence

Le plus simple est d'imputer à la vindicte de la troïka son inclination idéologique contre le secteur public et surtout contre l'Etat-providence, mais cette interprétation n'est pas satisfaisante et n'éclaire pas les motifs barbares qui visent, semble-t-il, l'instauration d'une gouvernance et d'une monnaie mondiales avec au passage la germanisation de l'Europe. Un tel cadre, mis en place à travers la mondialisation, suppose qu'une poignée d'individus – les banques et les banquiers – aura le contrôle absolu et illimité de la planète et qu'il amassera et accumulera toutes les richesses à son seul profit. Ce processus est déjà bien engagé. Sa principale arme, la baisse de l'imposition des hauts revenus, qui a réduit la taille de la classe moyenne aux Etats-Unis et en Europe et qui a fait exploser les inégalités.

L'Etat-providence s'est incontestablement développé en Occident pour éviter la révolte des travailleurs influencés par les idées socialistes du bloc soviétique, jusqu'à son effondrement. Après, il a brusquement perdu sa raison d'être et les travailleurs ont été délaissés. Les gouvernements, aux Etats-Unis comme en Europe, cherchent en réalité à mettre en place au plus vite ce que l'on appelle des *réformes structurelles*, à faire disparaître donc les droits des travailleurs. Plus clairement, ils cherchent à faire retourner le marché du travail à ce qu'il était au début du 19e siècle. C'est ainsi que l'idée très répandue dans les années 1960 et 1970 qui prévoyait que la croissance et la maturité du capitalisme s'accompagneraient d'une plus grande égalité et de la prospérité pour tous, est malheureusement démentie par la réalité.

La vérité est flagrante : la Grèce a été choisie pour servir de cobaye et la mission est presque accomplie, sans que cela ait provoqué de remous notoires. Or, la Grèce n'est pas un objectif en soi, c'est juste par elle que s'introduira et s'étendra l'appauvrissement des travailleurs européens, avec des salaires ajustés à la baisse sur ceux de la Chine ou de l'Afrique, et la disparition de toute forme de protection dans le marché du travail. C'est pour cela que l'on ne peut espérer aucune amélioration de ce programme délétère.

B. La spoliation des richesses de la Grèce

La spoliation de sa richesse nationale est la deuxième grande étape de la tentative d'anéantissement de la Grèce. Il va sans dire que le pays ne pourra pas satisfaire les exigences des mémorandums qui, entre parenthèses, n'ont pas été forcément vus et lus par ceux qui les ont signés au nom du peuple grec et pour son plus grand malheur. Pouvait-il d'ailleurs en être autrement ? Probablement pas, puisque les mémorandums en question sont impossibles à tenir. Et le peuple, à force de voir sa dignité nationale bafouée, son présent et son avenir vidés de leur sens, convaincu de son inutilité et laissé à son triste sort, ne finira-t-il pas par abandonner sans résister sa vie et son sort à ses conquérants ?

Les termes extrêmement contraignants et désorientant de la prétendue « mise en valeur de la richesse publique », de « l'effort pour attirer les investisseurs », des « réformes nécessaires depuis longtemps » et autres subtilités du même acabit visent à justifier cet odieux crime contre la Grèce et son peuple : le bradage de sa richesse.

Ici, ce n'est pas mon point de vue idéologique par rapport à la privatisation que j'exprime ; je m'oppose simplement – ce que toutes les Grecques et tous les Grecs devraient également faire – à ce que les privatisations servent uniquement à rembourser la dette et non à valoriser les éléments du patrimoine public.

Il apparaît en effet clairement que cette démarche peu patriotique ne vise pas des entreprises ou des éléments du patrimoine en général, qui gagneraient en efficacité s'ils passaient du public au privé – à supposer qu'une étude comparative approfondie ait d'abord été effectuée. Même les services auxquels le public est très attaché, comme l'électricité, l'eau, les télécommunications, la défense, la santé, ne sont pas épargnés par ce marché aux bonnes affaires.

Pression, intimidations, chantages. Tout est bon pour obliger la Grèce à s'engager dans des privatisations hâtives. De sa conduite dépendent la nouvelle tranche d'aide, la faillite incontrôlée ou la relance, l'exclusion de la zone euro ou non. Tout est à vendre, peu importe dans quelles conditions, à quel prix. Peu importe les sacrifices que cela implique. Indépendamment du fait que la privatisation d'entreprises de services d'utilité sociale est *rigoureusement* interdite, d'autant plus si elles passent dans des mains étrangères, cette période est bien la pire pour privatiser ou mettre en vente des éléments du patrimoine. Mais ce n'est pas seulement le mépris de tout ce qui a trait à la Grèce qui pose problème, ce sont aussi les propos inouïs du ministre des Finances grec lorsqu'il déclare que tout ce qui sera adjugé « pourra être payé en obligations grecques », c'est-à-dire… que le prix de vente du patrimoine dépendra de la dévaluation de la valeur nominale des obligations grecques. Dit autrement, le patrimoine grec sera vendu à 20 % de sa valeur nominale.

Cette braderie, heureusement, est retardée pour des raisons techniques, compte tenu des nombreuses difficultés à la vente, et même dans les cas les plus mûrs, il faudra deux ou trois ans pour achever les procédures. Il est donc permis d'espérer que quelque chose peut encore empêcher, ne serait-ce qu'au dernier moment, ce sacrilège qui équivaut à la faillite définitive de la Grèce.

C. La Grèce sous protectorat européen

Et enfin, cette comédie, ce théâtre d'ombres, ces hésitations, toutes ces séances nocturnes dans le but non pas de trouver des solutions, mais de gagner un peu de temps, toutes ces menaces et exhortations semblent obéir à un troisième objectif, imposé lui aussi sous la menace, et qui apparaît maintenant sous son véritable jour. La zone euro, si elle survit à la tempête, ce qui semble en fin de compte peu probable, ne sera plus constituée d'Etats membres « égaux », mais de puissants qui tiennent les plus vulnérables en servitude. La ligne qui démarquera ces deux catégories sera le degré d'assainissement de leurs finances. Le professeur d'économie Philippe Murer souligne très justement qu'il s'agit d'un retour, sous une autre forme, de la servitude pour dettes qui avait été abolie par les Romains il y a 2000 ans. En effet, on pouvait lire récemment dans la presse européenne qu'Angela Merkel avait l'intention de placer un « superviseur » au budget en Grèce, ce qui revient à faire du pays un protectorat européen.

Le sort qui est réservé à la Grèce – à moins qu'elle ne finisse par réagir et prendre son destin en main – risque fort de s'étendre à tout le reste de l'Europe du sud. Ce scénario d'une Europe à deux vitesses ou plus a déjà été avancé par le directoire européen. Rappelons que ce schéma avait été soumis dès le début de l'Union, et qu'il avait été catégoriquement rejeté par les responsables politiques d'alors.

Tous les signes sont là, pour ne pas dire les preuves, et confirment le fait que la Grèce sert d'animal de laboratoire pour tester l'abandon volontaire de la souveraineté nationale. Le processus électoral dans ce cas ne serait plus qu'une parodie de démocratie. Cela a été rendu possible parce que ceux qui sont élus – manipulés de l'extérieur – et sont amenés à occuper des postes-clés appartiennent à un réservoir d'hommes puissants bien choisis, étroitement liés avec le groupe Bilderberg entre autres clubs de l'ombre. Par conséquent, on ne peut raisonnablement rien attendre de ces gens dont la priorité ne sera certainement jamais de servir les intérêts nationaux mais plutôt d'expédier les directives de leurs mandants.

Partie II. Les effets de la politique d'austérité

Cette deuxième partie porte sur quelques-unes des conséquences de l'utilisation de la Grèce comme premier « animal de laboratoire » de l'Union européenne. L'économie, la société, l'éducation, l'administration, la défense tout autant que les perspectives d'avenir de la Grèce ont été durement touchées par la politique d'extrême austérité et il est important de comprendre qu'il ne s'agit pas d'une « exclusivité grecque » mais bien d'une « chronique de la mort annoncée » de l'ensemble des Etats endettés du sud de l'Europe. La Grèce est en train de perdre la totalité de sa souveraineté, elle est en train de disparaître et ouvre malgré elle la voie aux autres pays du sud auxquels le même sort ou à peu près est réservé.

Dans un deuxième temps, nous aborderons succinctement l'étendue des dégâts en Grèce, et le flétrissement de l'idée européenne :

1. L'anéantissement de l'économie grecque

Si la Grèce avait la possibilité de réintégrer le processus de croissance – et ramener la récession au-dessous de la barre des 2 % – elle pourrait équilibrer son budget en 2013, elle n'aurait donc pas besoin d'emprunter en permanence, et à partir de 2014, elle serait en mesure de rembourser sa dette. Le fait est que les partenaires européens ont sciemment exclu cette possibilité, contraignant le pays à se plier à un programme qui tue littéralement tout espoir de relance économique.

La récession de l'économie grecque, sans précédent en temps de paix, tant du point de vue de la durée que de celui de l'intensité, met le pays à l'épreuve pour la cinquième année consécutive. Une récession comme on le voit, encore plus longue que celle des Etats-Unis à suite de la crise de 1929. Outre sa longueur, la récession a fortement ravagé l'économie grecque, puisque son PIB a chuté de plus de 20 %, le pouvoir d'achat de la classe moyenne de 50 %, le chômage est en constante augmentation, de l'ordre de 22 % et de 52 % chez les jeunes. La non-valorisation d'éléments du patrimoine, la diminution des dépôts bancaires, le découragement des propensions au développement, mais surtout celle de l'investissement représenteraient 500 milliards d'euros. On ne peut espérer sérieusement qu'une économie à ce point malmenée puisse reprendre vie, surtout quand les investissements sont limités à quelques milliards, alors qu'il faudrait des investissements à rendement rapide d'au moins 10 ou 12 % de son PIB.

En des périodes profondément perturbées où l'économie, la société, la politique et la morale sont à ce point dégradés, le facteur psychologique prend une importance décisive. Ainsi, la Grèce vit dans la peur, l'insécurité et la méfiance à l'égard des annonces gouvernementales, et plus rien ne fonctionne. Il n'est pas surprenant, dans ces conditions, que le pays figure aujourd'hui parmi les cinq pays les plus pessimistes de la planète. Il n'est pas étonnant non plus que sept jeunes sur dix pensent s'expatrier. La Grèce, depuis le début du fléau, a enregistré une baisse des salaires et des retraites de 25 % en moyenne – la troïka juge pourtant cette baisse insuffisante et demande une nouvelle coupe d'au moins 20 % – 439 000 enfants vivent dans la pauvreté, des élèves le ventre vide s'évanouissent à l'école, les plus démunis qui cherchent à manger dans les poubelles et les sans-abris ont envahi les grandes villes, cinq fois plus de repas ont été servis à Athènes, à l'initiative notamment de l'Eglise juste pour le mois de juin de cette année, 350 désespérés se sont suicidés. La production industrielle présente une chute de plus de 30 %. Plus de 500 000 commerces ont déjà fermé, tandis que quatre consommateurs sur dix déclarent que leur porte-monnaie est vide après avoir couvert leurs besoins de base. Des enfants sont abandonnés dans les orphelinats par leurs parents qui se suicident, le nombre des naissances, dans les milieux démunis mais aussi dans la classe moyenne, a baissé dans ce pays qui souffrait déjà de sous-natalité. Certains sont assez désespérés pour vendre leurs organes. Nombre de « bas salaires » et de « basses retraites » n'ont plus les moyens de se chauffer au mazout et se chauffent au charbon, comme autrefois. Les hôpitaux ne disposent plus des médicaments de base et de gazes, la défense nationale est abandonnée à son sort, tout cela parce que chaque euro prêté retourne tel quel aux créanciers. L'ESY [Système de Santé National] est en train de disparaître. Les impôts n'entrent plus dans les caisses. Bref, la machine étatique se dégrade chaque mois un peu plus et le grand « crash » est attendu pour le début de l'automne.

Ainsi, le plan barbare de sauvetage de la Grèce ne l'aura pas sauvée. Le pays est même déjà beaucoup plus près du chaos qu'il ne l'était au début de la crise. Le risque de faillite, d'après le CMA, est monté à 96,7 % au deuxième trimestre 2012. Les recettes fiscales, comme il fallait s'y attendre, se sont effondrées, emportées par la lubie névrotique de gouvernants néophytes qui ont mis toute leur énergie à inventer de nouveaux subterfuges pour ponctionner toujours plus. Ces impôts anticonstitutionnels portent atteinte à la démocratie, à la croissance mais surtout sont inefficaces au possible. Et en dépit de toutes ces trouvailles, les recettes qu'aurait dû apporter la TVA étaient inférieures de 13,4 % au mois d'avril de cette année par rapport à l'an dernier, soit 221 millions d'euros, aggravant ainsi le problème, tandis que la perte pour l'ensemble de l'année 2012 devrait s'élever à un milliard. La récession qui échappe à tout contrôle, le taux du chômage qui atteint des sommets, les revenus qui ont subi une baisse importante, l'Etat-providence qui perd du terrain, les différentes « ponctions fiscales » : tout cela a contribué à précipiter le pays à la catastrophe.

Et pourtant, les émissaires de la troïka continuent, imperturbables. Ils demandent toujours plus de sacrifices et insistent sur la poursuite des réformes au-delà de toute logique. Ils ne veulent même pas entendre parler d'une restructuration ou d'une renégociation de la dette. Ils répètent que les Grecs sont fautifs de l'échec du plan de la troïka. Le même discours est tenu par les dignitaires de certains Etats membres manifestement convaincus de la bonne tenue des finances de leur pays. Ils en ont « assez de ce pays qui profite… du fruit de leur travail et n'honore pas ses engagements », disent-ils. Même son de cloche de la part de la presse.

Ils savent parfaitement que ce plan n'aboutit à rien. Ils savent aussi qu'ils coulent la Grèce. Alors, le but n'a jamais été de sauver le pays. Le but est de le mener à la faillite. Les conditions et les détails, ce sont eux qui les définissent, à leur convenance. Faire disparaître la Grèce en tant qu'Etat indépendant. Mais maintenant qu'ils sont sur le point d'y arriver, ils hésitent à franchir le pas, car ils craignent les effets imprévisibles que cela pourrait avoir sur le reste de l'Europe du sud. Et puis, comme l'Espagne et l'Italie sont, elles aussi, au bord du gouffre, la Grèce est en train de passer au second plan.

2. *La destruction de l'Europe*

La destruction de la Grèce et de l'Europe du sud en général marque aussi, par conséquent, la fin de l'Europe, du moins, telle que nous la connaissions. L'Europe a très mal géré son autre moitié et se trouve maintenant sur des sentiers dangereux sans retour possible. A cause de la crise de la dette, du chômage qui atteint 11,5 % et de la récession, son image s'est fortement détériorée. Elle s'est surtout détériorée à cause de son manque de démocratie, de l'explosion des inégalités, du manque de cohésion et de solidarité. C'est justement à cause de l'effondrement de l'Europe du sud contrainte d'assainir rapidement ses finances, que la croissance économique de la zone euro devrait ralentir en 2013. Exemple significatif, George Soros, et bien sûr il n'est pas le seul, pour qui « l'Allemagne pousse l'Europe au désastre économique ». Au-delà de tout ce qui se passe en son sein, on est en droit de se demander comment il est possible que l'Union européenne abandonne ainsi son sort aux mains du chef d'un seul de ses 27 membres, aidé par la patronne du FMI, Christine Lagarde, qui semble en plus éprouver le même mépris à l'égard des pays du sud, et surtout de la Grèce.

Dans ces conditions, les conclusions des sondages effectués au cours de l'année 2012 dans les 27 pays membres, d'où il ressort que 30 % seulement des personnes interrogées avouent avoir une bonne opinion de l'euro et de la zone euro, contre 52 % en 2007, n'ont rien de surprenant. Il faut bien se rendre à l'évidence que l'Union européenne n'est pas en mesure d'assurer à la nouvelle génération des conditions de vie meilleures que celle d'avant. Pire encore, est le recul flagrant de la démocratie. Ainsi la mise en place, en Grèce et en Italie, de Premiers ministres non élus par le peuple et le fait qu'Angela Merkel, lors de la dernière campagne des présidentielles en France, hostile à l'élection de son adversaire François Hollande qui sera finalement élu, s'arroge le droit de soutenir ouvertement le candidat Sarkozy.

Les scénarios de la catastrophe de l'Europe sont multiples et ils sont tous valables.

Conclusion

La Grèce, tout comme le reste du sud de l'Europe, subit une attaque sans équivoque de la part du nord et se trouve littéralement en danger de mort. Les dirigeants Grecs, au lieu de se soumettre aux mémorandums, au lieu de se perdre dans d'interminables débats et d'évaluer mollement laquelle des méthodes de ponction sera assez rentable pour satisfaire la troïka, auraient dû déclarer que le mémorandum est criminel, qu'il dépasse les limites de l'humainement acceptable, et qu'ils l'abandonnent. Ils auraient dû créer une alliance avec les autres économies du sud de l'Europe.

Aussi inconcevable et inacceptable que soit le comportement de ses partenaires européens vis-à-vis de la Grèce, censée être elle aussi un Etat membre à l'égal des autres, la triste réalité est bien là : les mémorandums tiermondialisent le pays, ce qui ne semble nullement les préoccuper.

Bien au contraire, ils persistent dans les déclarations insultantes et les piques, ils ne reconnaissent pas les sacrifices inouïs imposés au peuple, ils menacent et font du chantage, dénigrent impitoyablement le pays et passent énergiquement au cran supérieur du « toujours plus ». D'ailleurs, les perspectives qui « s'ouvrent » à la Grèce sont accablantes, rien ne permet d'espérer quoi que ce soit. Avec l'effondrement des grandes économies de l'Europe du sud, c'est-à-dire l'Espagne et l'Italie, et peut-être bientôt la France, s'est éteint aussi le dernier espoir d'un arrangement des conditions qui permettraient de résoudre le problème de la dette.

Si les épreuves, l'infortune, la guerre psychologique de la dégradation, odieuse caricature censée illustrer la nation grecque et son peuple, celle qu'ont dessinée et qu'ont répandue partout dans le monde ses « partenaires », l'indescriptible peur qu'ils cultivent avec une grande habileté – « Vous allez voir ce qui vous attend une fois sortis de la bergerie »... si donc, après deux années et demie, cette pression écrasante nous a laissés un tant soit peu l'envie de vivre, il est temps pour nous, les Grecs, de quitter la zone euro sans tarder, pour sauver ce qui reste à sauver. Si nous restons, nous sommes définitivement perdus. Pour la simple raison que tous les sacrifices qui nous ont été infligés n'ont servi qu'à engraisser nos créanciers, le fond du problème a été dès le début ignoré. Si nous prenons notre avenir en main, les difficultés ne disparaîtront pas mais nous aurons au moins l'espoir de voir notre situation s'améliorer et notre avenir dépendra enfin de nos décisions.

La chose est simple. Tout dépend de notre capacité à faire la distinction entre la peur qui nous empêche de franchir le pas et la conviction que nous pourrons nous en sortir.

*

3.5. Chypre: le nouveau visage du capitalisme (15.04.2013)

La récente attaque contre les déposants des banques chypriotes s'inscrit dans la guerre économique faite par le nord de l'Europe à son sud, qui a commencé dès la création de l'Union européenne et de la zone euro, et se poursuit selon des méthodes de plus en plus violentes et ostensibles.

Utilisant comme cheval de Troie la dette publique, les Etats riches du nord saignent les plus faibles, les vident de leurs richesses, réduisent l'une après l'autre leur économie comme peau de chagrin, confisquent leurs recettes publiques, la propriété privée mais aussi des gisements sous-marins ou souterrains.

Au cours des dernières décennies, un déplacement des richesses d'une ampleur phénoménale s'est opéré du nord vers le sud à travers l'excédent commercial constant et élevé d'un côté, surtout de l'Allemagne, et de l'autre, un déficit commercial constant.

L'attention portée sur la dette publique, accusée d'être l'une des causes essentielles des difficultés de l'Europe du sud, mais aussi l'austérité barbare, n'aspirent aucunement à régler le problème mais au contraire, à le perpétuer.

Ce que vient de subir Chypre et qui, sans exagération aucune, relève de la rapine, a introduit une méthode pour racketter les comptes bancaires, directe, dénuée de tout scrupule, sans autre raison que le « fais ce que je dis » du conquérant qui appauvrit et asservit le vaincu et qui, en pleine tempête soudain annoncée, lui soustrait ce qui pour beaucoup, constitue le fruit de toute une vie de travail. Pour l'instant, mais pour l'instant seulement, les dépôts de moins de 100 000 euros ne sont pas touchés. Or, il est évident que rien ne sera fait pour que les petits déposants soient épargnés et ce, pour trois raisons très simples :

1. Les grands déposants ont pu échapper au racket en retirant leur argent à temps et sans aucune restriction, à partir des succursales de leur banque établies à Londres et qui étaient restées ouvertes – ce qui n'est de toute évidence pas le fait du hasard –, contrairement aux banques de l'île qui avaient reçu l'ordre de fermer. Ainsi la quasi-totalité des dépôts des oligarques russes – qui représentent environ 20 % des dépôts dans les banques de Chypre – a-t-elle disparu pour un montant estimé entre 4 et 10 milliards d'euros. En d'autres termes, ce sont les comptes grâce auxquels on espérait renflouer la dette de 5,8 milliards d'euros qui se sont volatilisés, cette même dette qui a servi officiellement de prétexte à ce racket à grande échelle. Le coup porté à l'économie de l'île est très dur. Et voici un détail, que d'ailleurs chacun peut interpréter comme il veut :

« La Banque Centrale de Chypre a emprunté auprès de la BCE plus de liquidités que nécessaire pour couvrir les besoins des succursales de Londres ».

2. La garantie qui couvre les dépôts jusqu'à 100 000 euros n'a, en outre, aucune raison d'être, puisqu'il est possible d'avoir jusqu'à 100 000 euros dans un nombre illimité de banques, aussi bien dans le pays de résidence qu'à l'étranger.

3. Enfin, ce principe vient déjà d'être relativisé par les déclarations de certains dirigeants européens qui n'excluent pas que dans l'avenir, une « coupe » dans les dépôts de moins de 100 000 euros sera nécessaire afin de sauver le pays.

Il ressort par conséquent que ce racket visait les petits déposants et les déposants modérément riches, et non les déposants riches et importants. Et que ce racket s'inscrit dans la concentration toujours plus exclusive de la richesse dans les mains d'oligarques de plus en plus puissants au niveau planétaire, et qui a commencé il y a une quarantaine d'années.

Je vais essayer, le plus brièvement possible, de répondre aux trois questions suivantes :

1. Quelles raisons officielles ont été avancées pour justifier l'introduction dans l'UE de cette mesure dont le moins qu'on puisse dire est qu'elle est immorale, et quelles en sont les vraies raisons ?

2. Que signifie ce racket ?

3. Quel en sera l'impact probable ?

1. Raisons officielles et raisons réelles

Presque toutes les raisons évoquées pour justifier cette mesure s'effondrent comme un château de cartes, compte tenu du fait que la dette chypriote ne représente que 0,2 % du total européen, lequel s'élève à plus de 8 trillions d'euros. Alors, il est ridicule de soutenir que l'UE, sentant l'euro menacé par la dette chypriote, a été contrainte d'introduire une nouvelle condition à la stabilité financière, à savoir l'équilibre entre dépôts et PIB d'un Etat membre donné. Rappelons ici que la Grèce a été choisie pour soi-disant « sauver l'euro » avec une dette d'à peine 2,5 % du total européen, devenant ainsi le premier animal du laboratoire de l'UE à subir une « dévaluation interne ». Je reviens à Chypre dont le volume disproportionné des dépôts par rapport à son PIB représentait, dit-on, une menace pour l'euro. Hormis ce raisonnement complètement arbitraire, étant donné que les dépôts étrangers, en tant qu'investissements directs étrangers, sont l'objet de la convoitise obsessionnelle de la part de nombreuses économies nationales, et hormis le fait que jamais dans le passé, il n'a été question de cette condition à la stabilité, il ne faut surtout pas négliger le caractère sélectif particulièrement scandaleux du racket dont il est ici question. Je veux dire que le rapport dépôts/PIB à Chypre était de 7 pour 1 – tout comme l'Irlande –, tandis qu'il était de 22 pour 1 au Luxembourg, et de 8 pour 1 à Malte. Selon quels critères alors est-ce Chypre qui a été choisie pour être rackettée ? A l'argument ci-dessus est venu s'ajouter un autre, qui a circulé par contre beaucoup plus discrètement : il semblerait que l'UE n'appréciait pas la relation particulière qui liait l'île aux oligarques russes, lesquels y concentraient leur richesse, et qu'elle ait voulu rompre cette relation en s'attaquant aux comptes russes. En fin de compte, le racket n'a pas vraiment touché les dépôts russes dont une grande partie a pu être mise en sûreté, mais ceux des petits et moyens déposants chypriotes qui n'ont pas pu accéder à leurs comptes, des caisses de retraites, des salariés, d'investissements publics et de l'église. Un troisième argument est avancé pour justifier cette mesure effectivement inadmissible contre Chypre, l'accusant de « blanchir de l'argent sale ». La « vertueuse » Union européenne serait donc intervenue pour mettre un terme à l'illégalité. Or, comment peut-on expliquer ce racket sur une simple présomption contre un Etat dont le PIB ne représente que 0,2 % du PIB de l'UE ? Les dirigeants ne sont-ils donc pas dérangés par les grandes blanchisseries du Luxembourg, de Suisse, de la City de Londres, d'Irlande, de Belgique et d'Allemagne aussi ?

Et, au-delà des questions posées plus haut, je me demande ce qu'est devenu l'accord sur la recapitalisation des banques par le MES, créé pour ne pas alourdir la dette des Etats concernés. N'y a-t-il pas eu d'accord conclu le 29 juin 2012 à l'issue du Sommet européen ? Pourquoi alors n'a-t-il pas été appliqué à Chypre, aux conditions posées par l'UE ?

Les vraies raisons de ce racket « légal » semblent tout autres :

• premièrement, s'en prendre d'abord au maillon le plus faible et continuer pour faciliter le transfert direct et simplifié des richesses du sud (pauvre) vers le nord (riche) ;

• deuxièmement, couvrir ainsi les lourdes pertes enregistrées par la Banque Centrale d'Allemagne, dont le montant reste inconnu, mais est estimé à environ 12 milliards d'euros ;

• troisièmement, attirer une part importante des dépôts européens en Allemagne, à l'abri de toute restructuration, comme l'a claironné son ministre des Finances, Wolfgang Schäuble ;

• quatrièmement, faire que Chypre ne soit plus une place forte de l'activité bancaire, pour aller dans le sens des intérêts de l'Allemagne.

Et enfin, n'oublions pas que ce sont les dirigeants de l'UE qui sont les grands responsables de ces crises des banques européennes, puisqu'ils se sont abstenus d'imposer un contrôle efficace de leurs activités.

Cette attitude malséante sert à justifier les projets infernaux à long terme qui sont en train d'être mis en place. Citons par exemple l'effort fait pour appauvrir le plus possible les économies sous occupation étrangère pour cause de dette, de sorte à éliminer tout risque de réaction au moment du « prenez tout ce que vous voulez » contre un plat de lentilles.

2. Que signifie ce racket ?

A cette deuxième question, il y a plusieurs réponses, même si la plupart n'ont pas encore été mises en œuvre. Je vais en exposer succinctement quelques-unes, qui montrent que le racket de Chypre dissimule plus qu'il ne laisse paraître :

• Pour commencer, le passage du capitalisme à un capitalisme racketteur. Introduit en Europe par l'Allemagne, il ne respecte pas même ses propres principes, puisqu'il va jusqu'à menacer l'épargne, moteur essentiel du développement. Dans les faits, il vise bien sûr la concentration de la quasi-totalité de la richesse dans les banques et dans les mains de ceux qui évoluent autour, le reste de la population devant se contenter du simple statut de prolétaire.

• Il signifie aussi que l'économie qui nous était enseignée jusqu'à présent est devenue obsolète et marque la naissance d'un siècle de rançonnement économique à caractère mafieux, d'économie d'exploitation absolue du travail, mais aussi de sociétés sans classe moyenne.

• Ce tournant décisif marque aussi une révision radicale de la façon de produire qui n'est plus centrée sur les produits destinés à satisfaire les besoins de base, puisque la demande diminuera en même temps que la paupérisation des classes ouvrière et moyenne, mais sur la production de biens et de services de luxe et demi-luxe.

• Il signifie une baisse significative des naissances et donc de la population, étant donné que le nouveau modèle d'économie ne permettra plus d'entretenir les familles. Cette tendance a commencé en Europe, où le nombre des chômeurs est en constante augmentation.

• Il signifie que l'évolution de la compétitivité en Europe dépendra en grande partie de la capacité de l'Allemagne à imposer ses plans d'assujettissement de l'Europe. Mais pour de multiples raisons, la réussite n'est pas forcément au bout, heureusement.

3. Quel en sera l'impact probable ?

Dans l'immédiat, cette mutation du capitalisme peut entraîner :

• une fuite massive des capitaux hors d'Europe vers des destinations plus sûres ;

• une confusion entre l'épargnant qui n'a pas à assumer *a priori* de risques, et l'investisseur qui prend des risques récompensés par le profit ;

• la disparition de toute garantie des placements dans des banques européennes ; n'oublions pas qu'une restructuration a été effectuée sur les obligations grecques ; une diminution massive des placements d'épargne dans les banques, puisqu'ils ne sont plus aussi sûrs qu'avant – même si les dirigeants européens s'efforcent de nous convaincre du contraire – et recherche de sécurité dans la thésaurisation, l'or ou autres métaux précieux et dans le placement immobilier, malgré les taxes et à condition bien sûr que le racket des banques n'en vienne pas à confisquer aussi les biens immobiliers ;

• une restriction massive de la libre circulation des capitaux et donc de la mondialisation, qui sera amenée à évoluer, à se faire moins officielle et moins visible ;

• une menace peut-être fatale pour l'euro qui recevra une raclée formidable en plus des difficultés multiples déjà existantes.

Et je finis par une citation tirée de la *Politique* d'Aristote : « Un principe de la tyrannie est d'appauvrir les sujets pour que, d'une part, sa garde ne lui coûte rien à entretenir, et que, de l'autre, occupés à gagner leur vie de chaque jour, les sujets ne trouvent pas le temps de conspirer ».

*

3.6. De la mondialisation à la crise européenne de la dette (19.05.2013)

Dans mon rapport à ce congrès de l'AIELF [Association Internationale des Economistes de Langue Française] qui se déroule cette année en Espagne, l'une des économies déjà durement touchées par la crise, je tenterai d'établir le lien entre la mondialisation et la crise de la dette de l'Europe. Je tenterai de mettre en lumière les causes et les effets de cette crise. Cette tâche était déjà ardue avant les étranges événements liés à la crise chypriote, elle est devenue presque impossible.

Depuis 2001, année de la publication en Grèce de mon livre, traduit quelques mois plus tard en français sous le titre *Mondialisation Conspiratrice*, ladite conspiration n'a rien d'innocent et elle occupe aujourd'hui une place prépondérante. Je tiens à ajouter que la nature de cette crise, qui a éclaté en 2007 – elle est donc plus longue que celle de 1929, et ses effets sur l'économie sont plus importants – est sans aucun doute possible systémique. D'ailleurs, dans un autre ouvrage paru en 2010 et intitulé *La Crise Meurtrière* [en grec], je pressentais que cette crise serait longue et qu'elle se muterait en d'autres crises de nature diversifiée.

La première partie de mon rapport traitera brièvement des principales options retenues pour résoudre la crise de la dette, et dans la deuxième partie, je m'efforcerai de mettre en lumière les conséquences irréversibles de la *mondialisation conspiratrice*.

I. La crise de la dette et son traitement

La Grèce, dont la dette ne dépassait pas 2,5 % du total européen, a été le premier pays de l'Europe du sud à subir des plans de sauvetage. Ce sauvetage part du principe que les économies de l'Europe du sud sont elles-mêmes responsables de leurs problèmes, dus notamment à leur tendance à dépenser plus qu'elles ne produisent, et qu'elles doivent être punies en conséquence. Or, l'Espagne et l'Irlande n'étaient pas déficitaires mais excédentaires, et l'Italie non plus n'avait pas commis la même faute que la Grèce. En revanche, l'Allemagne est bien le pays qui pendant quatre ans – de 2003 à 2007 – a passé outre tous les critères du traité de Maastricht, ignorant le déséquilibre lourd de conséquences de son important excédent commercial – environ 6 % de son PIB – qui a fini par ruiner le sud.

L'Allemagne a demandé à ce que soit réglé immédiatement, sans concéder aucun délai, le problème de la dette et des déficits des pays du sud. Or, un tel objectif n'a pu être réalisé qu'au moyen d'une impitoyable et inhumaine cure d'austérité ; la Grèce a été laminée et l'Etat-providence a été détruit. Le pouvoir d'achat de la population a chuté d'environ 50 %, le taux de chômage est monté en flèche – il concerne 27,6 % de la population active et 60 % des jeunes, le marché du travail a fait un terrible bond en arrière. Et pour finir, la politique d'austérité s'est étendue dans tout le sud de l'Europe, qui s'est enfoncé dans une récession sans précédent en temps de paix. Le désir non avoué de l'Allemagne transparaît de plus en plus clairement ; il consiste à aligner autant que possible l'Europe sur elle, de germaniser l'Europe. Caractéristique du climat qui règne actuellement en Europe, où tous les pays ont été rattrapés par une récession qui s'annonce de longue durée – et touche aussi l'Allemagne –, le terme de récession est soigneusement évité et l'on s'ingénie à le remplacer par « croissance négative ». Cet artifice n'est pas sans en rappeler un autre, qui date des années 1960 : le terme « pays en voie de développement » s'était alors substitué à « pays sous-développés »!

En dépit des sacrifices insupportables infligés à la population grecque, la dette ne cesse d'augmenter par rapport au PIB et en 2024, elle devrait atteindre, dans le meilleur des cas, un niveau supérieur à celui de 2009, c'est-à-dire du début de la crise. La tentative de sauvetage du sud, plus soucieuse des banques que des populations, a commencé et se poursuit avec un plan qui ignore totalement les thèses keynésiennes et se base sur l'idée viciée qu'austérité et croissance vont de pair, et par conséquent, qu'une économie en profonde récession peut trouver le moyen de rembourser ses dettes. De plus, ce plan s'appuie sur l'idée irréaliste que ces fameuses réformes – dont l'objectif reste opaque, notamment dans le cas de la Grèce – peuvent sauver la situation.

Passons maintenant à ce qui, aujourd'hui, constitue le summum de l'absurde et du danger que représente le « sauvetage » de Chypre, j'entends la série de bizarreries dont nous avons récemment été les témoins, qui ont été admises et imposées à la faveur de la crise chypriote, elle-même issue de la crise de la dette européenne, et qui succède à la deuxième grande crise économique de 2007. Dans le cas de Chypre, mis à part le fait que les mesures utilisées pour son « sauvetage » sont parfaitement incompréhensibles, elles mènent, de manière certaine et brutale, à une altération des principes du système capitaliste. On voit ainsi que l'insécurité ne se limite plus aux fluctuations boursières et aux plans de sauvetage plus ou moins heureux des économies endettées, mais qu'elle s'étend et s'infiltre dans les fondements mêmes du système tout entier. Les déboires de Chypre ont massivement rompu la confiance dans le système bancaire, d'abord en Europe mais aussi dans le monde entier. Et il serait trop simple, pour réparer les dégâts et rétablir la confiance, d'assurer que Chypre est un cas particulier, ce qui bien sûr, n'est pas du tout certain. Je tiens d'ailleurs à rappeler qu'en 2010, le problème grec a été présenté lui aussi comme un « cas particulier », et que depuis, il s'est étendu à presque tout le sud de l'Europe. J'insiste tout particulièrement sur ce qui vient de se passer à Chypre, d'abord parce que ces déboires pour le moment sont le point culminant du drame des pays du sud, mais aussi parce que j'ai eu à plusieurs reprises l'occasion de me pencher sur certains de ses aspects.

Il est vrai que j'ai de plus en plus le sentiment, face à l'évolution des choses tout au long de ces trois dernières années et surtout ces derniers mois, que l'économie enseignée aux économistes de ma génération ne nous est plus d'aucun ressort, car les données actuelles ont changé ; elles n'ont pas de précédent, sont totalement dépourvues de fondements aussi bien théoriques qu'empiriques, et dessinent les contours d'un monde chaotique en perpétuel état de panique. Pour exemple, il me suffit de citer deux de ces « paradoxes économiques » qui ne sont rien d'autre que des expérimentations intolérables effectuées sur les populations européennes :

• D'abord, la dévaluation interne appliquée aux économies endettées du sud qui ne disposent plus de leur monnaie nationale, substitut de la dévaluation de la valeur externe des devises nationales. Mais, en plus du fait que ce plan constitue une attaque contre les salariés et qu'il est la cause de la récession abyssale et de l'explosion du chômage dans les économies qui s'y sont soumises, il s'avère surtout d'une efficacité absolument nulle. La dévaluation interne se fonde sur l'hypothèse, par ailleurs jamais vérifiée, selon laquelle les coupes budgétaires et l'austérité illimitée permettent à la croissance de redémarrer. Notons que cette expérience intolérable est alourdie par des erreurs de calculs gravissimes, dévoilées dans les récentes déclarations de responsables aux compétences indéniables, tels qu'Olivier Blanchard, mais aussi Kenneth Rogoff et Carmen Reinhart.

• Une deuxième expérimentation, tout au moins aussi dangereuse, est celle de l'attaque subite lancée par les dignitaires européens contre les banques de Chypre. Prétextant un secteur bancaire trop important, c'est un racket pur et simple qui a été organisé, en décidant de « tailler » les comptes privés.

L'UE et la zone euro accumulent des problèmes qu'elles ne peuvent hélas résoudre de façon orthodoxe. Leurs pronostics ne correspondent pas, pour la plupart, à la réalité et leurs bonnes idées sont trop souvent désastreuses. C'est ainsi que l'Europe, y compris l'Allemagne, principale responsable de cette austérité impitoyable dont on ne voit pas la fin, est entrée en récession, avec un taux de chômage à deux chiffres – 12,2 % de la population active est touchée, c'est-à-dire plus de 19 millions de personnes. Et tout semble indiquer que la crise de l'euro n'est pas derrière mais devant nous. Pire encore, l'UE semble s'être mise elle-même dans l'impasse, du fait des décisions qu'elle prend, et il ne fait aucun doute qu'elle fait obstacle à son fonctionnement normal.

Les rétractations de l'UE qui s'efforce de régler dans les plus courts délais le problème de la dette, la mauvaise gestion – à plusieurs points de vue – de son sud qui s'est appauvri, sa réticence à imposer des contrôles efficaces aux activités de ses banques, les décisions importantes laissées aux mains d'un seul de ses Etats membres, l'Allemagne, le choix pris à la légère de méthodes d'assainissement fiscal extrêmement dangereuses et appliquées pour la première fois, les bordées d'accusations injustes et infondées contre certains de ses membres en péril, mais surtout son obstination à imposer des plans même lorsque l'échec est avéré, tout cela a abouti à des résultats effectivement tragiques.

Toutes les raisons évoquées pour justifier la mainmise sur l'argent des comptes privés des banques chypriotes ne tiennent pas debout, pour des raisons évidentes. Cela nous conduit ainsi à des conclusions effectivement incompréhensibles s'agissant d'économies capitalistes qui, en plus, fonctionnent depuis 1980 sous un régime néolibéral extrême. En d'autres termes, tout européen faisant partie de la zone euro et possesseur d'un dépôt bancaire supérieur à 100 000 euros est indirectement considéré comme riche, et se voit soupçonné de s'être enrichi par des moyens peu orthodoxes. Si une banque ou une économie donnée vient à se trouver en difficulté, elle devra opérer une restructuration des comptes privés dont les conditions ne sont pas connues à l'avance. L'UE, d'ailleurs, envoie un message indirect aux déposants qui doivent s'engager dans des enquêtes difficiles, longues et onéreuses, pour un résultat d'ailleurs incertain, sur leur banque, afin de s'assurer du degré de sa bonne santé et de sa capacité à garantir leurs dépôts. Il s'agit d'un travail extrêmement complexe, notamment parce que d'un côté les banques dissimulent leurs pertes et leurs difficultés, et parce que de l'autre, les déposants n'ont pas forcément les connaissances requises.

Il est clair que lorsqu'une telle évolution des choses vient s'ajouter aux autres, c'est le fondement même du capitalisme, tel qu'il nous a été enseigné et tel que nous le connaissions jusqu'à aujourd'hui, qui est mis à mal. En fixant la limite à 100 000 euros, ce nouveau capitalisme qui vient de voir le jour à Chypre s'en est brutalement pris à la propension à épargner, condition *sine qua non* de la propension à investir, et par voie de conséquence à la croissance et au progrès. Il est normal que l'épargnant européen n'ait plus confiance dans les banques européennes qui se sont avérées peu sûres et qu'il préfère se tourner vers des banques non européennes, vers la thésaurisation, vers l'achat d'immobilier ou d'or ou encore consommer d'avantage. Autrement dit, le candidat à l'épargne tend à se tourner vers des solutions aussi désastreuses pour la liquidité que pour la relance économique de l'Europe. Sur le plan théorique d'ailleurs, cette nouvelle forme paradoxale de capitalisme condamne indirectement l'enrichissement et par conséquent l'accumulation du capital, et ramène sur le devant de la scène la vieille confusion des classiques entre l'épargnant qui n'assume pas *a priori* les risques, et l'investisseur/entrepreneur qui prend des risques récompensés par le profit.

Les processus transversaux qui se sont opérés dans l'économie européenne et mondiale, après que la mondialisation se soit imposée et jusqu'à aujourd'hui, semblent avoir acquis une forme plus précise depuis ce qui s'est passé à Chypre. Le capitalisme a changé, il s'est converti au racket. C'est sous cette forme qu'il s'est introduit en Europe avec la complicité de l'Allemagne et le consentement des autres Etats membres. Cette nouvelle forme de capitalisme bafoue d'une façon on ne peut plus terrifiante et barbare ses propres principes, puisqu'il crée une rupture dans les relations normales entre les fonctions de base de l'économie : la consommation, l'épargne, l'investissement, la production et la répartition. Du point de vue social, ce n'est pas seulement la classe la plus pauvre qui est ainsi mise à l'épreuve et disloquée, ni la plus riche d'ailleurs, même si celle-ci, grâce à l'information en interne et à ses réseaux, est en principe protégée. C'est aussi la classe moyenne qui est touchée, celle qui assure la stabilité des économies et qui compte les travailleurs spécialisés et formés si déterminants pour la croissance. En réalité, c'est la quasi-totalité de la richesse qui est ainsi concentrée dans les banques et dans les mains de ceux qui évoluent autour d'elles, réduisant le reste de la population au prolétariat. Ainsi s'explique le fait que seul le secteur bancaire européen réalise des profits particulièrement importants.

L'Europe vient de mettre la main sur les dépôts bancaires à Chypre et ne demande qu'à continuer, comme cela a d'ailleurs été annoncé sans détours par les dignitaires européens. Nous venons d'entrer de plein pied dans un siècle de rançonnement économique à caractère mafieux, d'économie d'exploitation absolue du travail, mais aussi de sociétés sans classe moyenne.

Ainsi, les conséquences directes sur l'environnement économique en général devraient être :

• une fuite massive des capitaux hors d'Europe vers des destinations plus sûres ;

• le découragement de l'épargne et de l'investissement des particuliers, avec par contre l'apparition de nouveaux schémas, comme les investissements bancaires directs ou les investissements étatiques et plus spécialement les investissements sous forme de fonds souverains. Autrement dit, le secteur public, mis hors-jeu lors de la montée du néolibéralisme, semble être passé à l'offensive par la petite porte, assénant au passage un coup dur à la démocratie.

• Une atteinte au libre mouvement des capitaux, et par voie de conséquence à la mondialisation qui revêtira très probablement d'autres formes, moins évidentes et officielles par rapport à celle qui prévalait jusqu'à aujourd'hui.

Chypre, bien que membre de la zone euro, est soumise à un régime spécial, c'est-à-dire un régime de contrôle des mouvements de capitaux.

• L'euro a reçu une raclée formidable qui, ajoutée aux difficultés multiples, met en danger son existence même.

II. Le lien entre la « mondialisation conspiratrice » et la crise de la dette dans les pays de l'Europe du sud

Preuve est faite une fois de plus que ce ne sont pas les systèmes économiques qui sont responsables des catastrophes mais bien les fanatismes, les extrémismes et leur politique à sens unique. La libéralisation du commerce international à laquelle, à mon avis, s'identifie la « mondialisation innocente », génère des vainqueurs et des vaincus. Comme les seconds sont largement plus nombreux que les premiers, la mondialisation aurait dû s'accompagner de mesures de protection des économies et des groupes sociaux les moins compétitifs. Or, non seulement aucun droit particulier n'a été accordé aux plus faibles, mais en plus c'est le dogme archaïque du laisser-faire, laissez-passer qui s'est imposé, obligeant les économies les moins développées à ouvrir, sans conditions, leurs frontières au commerce international, mues par la crainte de ne pas être aidées si elles n'obéissaient pas. Conséquence pour l'Europe du sud, une balance commerciale déficitaire en permanence, avec des répercussions extrêmement désagréables. D'abord, un besoin permanent d'emprunter pour continuer les importations en provenance du nord de l'Europe, notamment d'Allemagne et de France. L'emprunt a été fortement encouragé et facilité par un taux particulièrement bas, très souvent inférieur au taux d'inflation des économies du sud. Et puis, la libéralisation incontrôlée en Grèce des importations a eu pour résultat une désorientation sans précédent – ou plutôt la destruction – de la production agricole, de sorte que la part de la production primaire totale est passée de 20 % en 1960 à 15,6 % en 1980, et à 4,8 % en 2010 – sans que d'autres activités dans les autres secteurs de production aient pu la remplacer.

Cette dérégulation totale dans les relations internationales s'est accompagnée de l'installation d'un régime permissif analogue dans les Etats membres de l'UE-zone euro, qui lui a été imposé par le directoire. Vu que la politique d'austérité s'est imposée par l'Allemagne comme situation définitive et sans retour en arrière, en plus des faiblesses de la monnaie européenne adoptée sans que les conditions nécessaires à son bon fonctionnement soient réunies, cette politique donc, a fini par devenir incontournable. L'austérité chronique est indissociable de la vision la plus néolibérale, celle qui voit en l'Etat, et notamment l'Etat-providence, l'ennemi à abattre, celle qui veut la suppression totale de la protection dans le marché du travail et considère que le chômage est voulu, c'est-à-dire qu'il est dû à une part de la population active préférant ne pas travailler plutôt qu'accepter un salaire qu'elle juge trop bas. L'entrée dans ce jeu d'une compétitivité agressive qui, bien qu'ayant échoué dans le projet du traité de Lisbonne en 2000 – qui visait à imposer l'UE comme première puissance mondiale – a eu des effets graves et en général indésirables, tant sur le plan économique que social, dans tous les Etats membres de l'UE dont la dette publique et les déficits se sont alourdis.

Plus précisément, la course à la compétitivité de l'Europe s'appuie sur la baisse continue du niveau des salaires, associée à une suppression progressive de toute forme de protection des travailleurs mais aussi de l'Etat-providence. La délocalisation des entreprises, qui a été facilitée et a pu se généraliser grâce au régime mondialisé, mais aussi la simple menace de délocalisation, ont grandement contribué à la baisse des salaires, qui tendent ainsi à s'aligner sur ceux des pays les plus pauvres de la planète.

Parallèlement, l'imposition des hauts revenus tend à baisser. Ce régime de faveur, inauguré par les Etats-Unis, a un double effet : d'une part, il a limité dangereusement les recettes publiques dans l'UE et d'autre part, il a aggravé l'inégalité des revenus, augmentant le recours à l'emprunt des ménages. Les effets de cette inégalité sans précédent entre les salaires et les profits ont un rôle catalyseur, puisque la part des salaires dans le revenu national des économies industrialisées était stable pendant toute la période 1943-1982 et égale à 70 %, mais celle-ci est brusquement tombée à 64 %. Cette baisse s'est amorcée pendant les années 1985-1989. L'absence de réglementation a contribué de façon décisive à l'augmentation des inégalités dans l'UE, qui a touché les réfugiés, aboutissant à un nombre incontrôlé d'immigrés sans papiers dont la présence a fait baisser le niveau des salaires. On peut d'ailleurs aisément juger de la façon dont la rémunération du travail est envisagée par le régime néolibéral européen, qui a adopté le terme de coût de production pour le salaire, et ne fait plus allusion à la demande effective.

Ainsi, la mondialisation a cédé sa place à la compétitivité, hostile et agressive, au détriment de ce qui était le principal objectif de la science économique, le bien-être des hommes. Dans son effort inconsidéré et meurtrier d'abaisser la rémunération au niveau des pays les moins développés de la planète, elle a violemment séparé la rémunération de la productivité. Elle tolère et s'abstient de toute mesure qui irait contre, et elle protège l'incroyable expansion des inégalités dans la répartition des revenus et de la richesse. Elle est indifférente à la généralisation de la spéculation et de la corruption, à la dématérialisation de l'économie, à la disparition du plein emploi, à l'absolue pauvreté des populations du tiers-monde, source des migrations clandestines. En plus de tout cela, la mondialisation a affaibli la démocratie par le biais de ce que l'on appelle la « bancocratie », qui asphyxie les peuples et marginalise les Etats pour maximiser ses profits. Il s'agit d'un fatras sans aucun rapport avec les idées de la théorie économique qui génère des déséquilibres criants, l'épargne étant supérieure à la consommation et la consommation inférieure à la production, et qui génère aussi des crises à répétition. La dégénérescence de la crise de 2007 a conduit à la crise européenne de la dette.

Conclusion

L'avenir très incertain de l'UE sur lequel des scénarios circulent de temps à autre et dont la plupart sont effrayants, dépend en grande partie de la sortie des pays du sud de l'Europe et de la façon dont ils règleront leur dette. Nombre des propositions d'évolution possible de l'UE-zone euro qui, de temps à autre, sont rendues publiques, mettent en lumière un manque de démocratie et donnent l'image d'une future Europe à plusieurs vitesses. Il ne fait aucun doute que l'UE n'est plus en mesure d'assurer l'égalité entre ses membres. Un grand nombre de ses dignitaires n'hésitent d'ailleurs pas à déclarer que les économies endettées doivent être saisies de leur souveraineté nationale. L'asservissement pour dette a été aboli dans la Grèce antique par Solon, mais il réapparaît aujourd'hui sous une autre forme. Depuis les récentes difficultés de Chypre, le climat dans la zone euro s'est gravement détérioré à cause de la facilité déconcertante avec laquelle l'UE a montré qu'elle pouvait faire tomber, en quelques heures à peine, un de ses Etat membres.

La monnaie unique est le produit d'un vieux rêve européen qui a commencé avec Aristide Briand, et il serait dommage qu'elle cesse d'exister. Ainsi, après la façon dont a été traitée par l'Europe du nord la question du sud endetté et surtout après les déboires de Chypre, le maintien dans la zone euro doit absolument être réexaminé. Il devient nécessaire de déterminer ce que coûterait une éventuelle sortie de la zone euro. En effet, les voix qui se prononcent en faveur d'une sortie salutaire de tous les pays du sud de l'Europe, et notamment de Chypre, se font de plus en plus nombreuses. Tant et si bien que les graves problèmes de la monnaie unique ont poussé à la création d'un nouveau parti politique, en Allemagne, favorable à l'abandon de l'euro.

Espérons que l'image désastreuse de la zone euro s'améliore, grâce à un nouveau traité de Maastricht que l'Allemagne semble être en train de travailler, et espérons – même si cela est loin d'être certain – qu'il ne sera pas tourné sur la seule Allemagne, mais aussi sur les pays du sud de l'Europe.

Section 4

Lettres ouvertes

4.1. Lettre ouverte à Madame Christine Lagarde : La ténacité des mythes sur les Grecs (18.06.2012)

En dépit de vos grands airs extrêmement offensants à l'encontre de la Grèce et des Grecs si durement mis à l'épreuve et auxquels vous reprochez de ne *« pas payer leurs impôts »*, ce qui explique votre antipathie à leur égard, vous déclarant plus émue par *« les petits enfants du Niger »* que par les petits Grecs, je veux croire, madame Lagarde, que vous êtes mal informée. Et je veux y croire, parce que j'entretiens des relations étroites et de longue date avec la France, ses universités et mes nombreux confrères économistes ; parce que je ressens une profonde estime et une réelle admiration pour le peuple français, son histoire et sa culture.

Pour toutes ces raisons, j'ai besoin de trouver une explication à ce qui a pu vous faire oublier, compte tenu de votre poste, que c'est à un membre à part entière de l'Union européenne et de la zone euro que vous vous adressiez. Je me permets aussi d'ajouter que le soutien moral apporté jour après jour à la Grèce par des intellectuels Français, des étudiants, des analystes, des écrivains et par nombre de médias, mais aussi la critique sévère de la part du gouvernement français dont vos déclarations ont fait l'objet, constituent pour nous une lueur d'espoir et une aide précieuse face au génocide économique et social que nous subissons depuis ces deux dernières années et demie.

Je vais donc entreprendre, d'économiste à économiste, de vous présenter quelques éléments qui prouvent que vos déclarations sont infondées et que les Grecs, non seulement payent des impôts mais que ceux-ci sont excessivement lourds et très mal répartis.

Sur la fraude fiscale. La fraude fiscale constitue un phénomène mondial et n'est certes pas le monopole de la Grèce, mais on ne peut nier qu'elle est plus développée ici que dans d'autres pays, tout comme l'économie parallèle d'ailleurs – comparé à la moyenne européenne. Pourtant, si vous n'éprouviez pas autant d'antipathie – pour reprendre vos termes – envers les Grecs, vous verriez aisément que cette importante fraude fiscale n'est pas due aux *« Grecs corrompus »* et qu'il n'est pas possible de l'éradiquer avec les procédés inhumains et absolument inefficaces que la troïka impose à la Grèce.

M'adressant à l'économiste éminente que vous êtes, je ne pense pas qu'il soit nécessaire de vous rappeler l'importance primordiale, dans le problème de la fraude fiscale, de la particularité structurelle grecque. Je vous renvoie donc à des données statistiques officielles, d'où il ressort que la Grèce dispose d'un pourcentage de travailleurs indépendants dans l'emploi total, deux fois et demie plus élevé, par rapport à la moyenne de l'Europe des 27 (40,7 % contre 16,6 %). Voilà comment s'explique le taux modeste des recettes fiscales dans le PIB de la Grèce (pour exemple, il était en 2000 de 34,6 % contre 40,4 % dans l'Europe des 27). Notons par ailleurs que malgré le taux très bas des recettes fiscales, la contribution fiscale des salariés et des retraités Grecs est particulièrement lourde. En effet, cette contribution est presque deux fois plus élevée que celle des salaires et des retraites dans le PIB, tandis que la contribution des non-salariés à la charge fiscale totale est nettement inférieure à celle de leur revenu dans le PIB. Et c'est justement parce que la fraude fiscale en Grèce est due, en très grande partie, à la structure particulière de l'emploi, que je soutiens depuis longtemps, malgré les désavantages de ce système, que la Grèce ferait mieux d'adopter l'imposition par la consommation, comme l'a développé Nicholas Kaldor, en y associant naturellement un effort d'incorporation d'éléments de progressivité fiscale. La fraude fiscale constitue indéniablement un grand problème pour la Grèce. Il n'est pas possible cependant de s'y attaquer avec des réformes à ce point sommaires, spasmodiques et surtout si injustes, comme celles systématiquement optées par la troïka. Vous n'êtes pas sans ignorer que ces réformes, qui visaient l'appauvrissement des salariés et des retraités, ont mené à une chute brutale – et pas à l'augmentation comme escompté naïvement – des recettes fiscales en 2011 et 2012. Ceci sous-entend, chère madame Lagarde, que votre antipathie à l'égard des Grecs nécessite une autre explication que celle qui dénonce leurs *« efforts pour ne pas payer leurs impôts »*.

Quant à votre compassion à l'égard des petits enfants du Niger, je la partage absolument. C'est d'ailleurs pour cela que j'aurais souhaité, venant de vous, que vous eussiez pris soin de persuader les économies riches du monde entier de revoir à la hausse l'aide odieusement modeste consentie aux pays du tiers-monde. Sincèrement, j'ai d'ailleurs du mal à comprendre comment la subordination d'un petit pays européen – en l'occurrence la Grèce – dont les conditions de vie sont proches de celles du tiers-monde, pourrait venir en aide aux enfants du Niger. Parce qu'il est impossible que vous n'ayez pas remarqué que la Grèce en est arrivé là, après les coups assénés par les *mémorandums* et les accords de prêt de la troïka. Pour la cinquième année consécutive, en effet, la Grèce connaît une profonde récession qui a réduit de près de 24 % son PIB, le chômage s'élève à 22 %, à 52 % chez les jeunes, sept jeunes sur dix veulent quitter le pays, les salaires et les retraites ont baissé de 30 %, la pauvreté touche aujourd'hui 40 % de la population, une entreprise sur trois est en dépôt de bilan, les locataires de magasins et d'appartements sont dans l'impossibilité de payer leur loyer, l'Etat-providence s'est effondré et les gens gravement malades n'ont plus accès aux traitements, la criminalité a augmenté en flèche, le nombre des suicides directement liés à la crise a explosé, les sans-abris envahissent chaque soir davantage les trottoirs des grandes villes, on voit de plus en plus de gens chercher dans les poubelles de quoi manger et il arrive que dans les écoles, des enfants s'évanouissent de faim. Je suis donc en droit de me demander si c'est pour cette Europe-là que je me bats depuis mes années d'études.

Sur la ténacité des mythes sur les Grecs. Vos propos sur les enfants du Niger et les Grecs, madame Lagarde, sont non seulement irréfléchis, mais suscitent en plus quantité de doutes tout à fait justifiés quant aux intentions du FMI à la tête duquel vous êtes, et à celles des représentants de la troïka. La question est de savoir si, parallèlement au désir manifeste de punir la Grèce en exemple, une marge est prévue, pour son sauvetage, mais aussi pour la faire sortir de la crise. Un tel doute serait *a priori* à rejeter – je l'espère en tout cas – car simpliste ou trop malveillant, mais il s'avère, dans le cas de la Grèce, que ce doute est malheureusement bien fondé. Car – hormis le triste historique du FMI, connu pour le désastre qu'il a coutume de laisser sur son passage – la Grèce doit en plus compter avec les réformes commandées par la troïka qui partent d'un diagnostic complètement erroné des vrais problèmes économiques, et dont les conséquences dramatiques étaient prévisibles, avant même leur mise en œuvre. Excepté le mythe sur les *« Grecs qui ne payent pas leurs impôts »* parce qu'ils sont manifestement plus corrompus que d'autres peuples, les plans de la troïka sont également fondés sur l'idée complètement fausse d'un secteur public soi-disant surdimensionné. Cette idée totalement gratuite est à la base des réformes imposées à la Grèce. Cette version aurait dû être rejetée dès le début, puisque, comme nous l'avons déjà signalé, le pays compte un taux de travailleurs indépendants très élevé par rapport à l'emploi total et un taux très bas de recettes fiscales comparé à la moyenne européenne.

Au-delà de ce constat général, en tout cas, il y a des données statistiques irréfutables (provenant de l'OCDE), qui indiquent que le nombre de fonctionnaires Grecs, en tant que pourcentage de l'emploi total se situe exactement dans la moyenne européenne, et qui plus est, dans la tranche inférieure. Je serais d'accord avec vous si vous souteniez que le secteur public grec manque d'efficacité et a besoin d'être amélioré, même si des études jugent le niveau de formation moyen des fonctionnaires tout à fait satisfaisant. Pourtant, je ne peux comprendre comment l'hécatombe des licenciements de 150 000 à 200 000 fonctionnaires décidés par la troïka rendra le secteur public grec plus efficace. Quant au degré de corruption du secteur public grec, les déclarations quotidiennes sur des phénomènes de corruption d'une envergure énorme, que ce soit au niveau européen ou mondial, ne me persuadent nullement que la Grèce soit en tête. Par contre, j'ai tendance à croire que mon pays est la proie de toutes sortes d'accusations gratuites, injustes et insultantes, et comme ces *a priori* ne sont pas réfutés – du moins jusqu'à présent – les limites sont repoussées et tout est permis. Autre mythe, sur lequel s'appuie le pogrom lancé par la troïka contre les travailleurs Grecs, « la paresse », en dépit bien sûr des données officielles qui montrent exactement le contraire : à savoir que les Grecs travaillent en moyenne plus que la moyenne de l'ensemble européen (38,5 heures par semaine contre 35). Mais la pierre angulaire de la politique de la troïka, c'est-à-dire la réforme de la dévaluation intérieure, appliquée de façon barbare en Grèce depuis deux ans et demi, n'avait dès le début, aucune chance de réussite. Cette politique, dont l'échec est total, part du principe que la baisse du coût de production – c'est-à-dire des salaires – favorise les exportations, et que grâce à l'augmentation des exportations, le pays pourra sortir de la crise. Or, les exportations ne représentent que 24 % du PIB de la Grèce et il est complètement farfelu de s'imaginer qu'une augmentation des exportations soit possible au point de résoudre les problèmes du pays, surtout quand une part importante du secteur productif se trouve gravement diminuée. Ajoutons à cela que la moitié presque des exportations grecques est concurrencée par des produits offerts aussi par des pays émergents, où les salaires sont si bas qu'on ne peut concevoir qu'ils soient adoptés un jour par l'Europe. Il est vrai qu'une augmentation appréciable des exportations grecques a été observée laquelle semble être due à la baisse de la consommation intérieure, ce qui a fait crier au triomphe les défenseurs de la troïka. Mais déjà, on observe une baisse des exportations grecques.

Est-ce utile de répéter qu'une politique qui part d'un diagnostic erroné des problèmes avec l'intention de les régler est vouée à l'échec ? C'est exactement ce qui est en train de se produire : l'économie grecque, malgré les sacrifices sanglants auquel son peuple est forcé, va de mal en pis. Le taux de sa dette dans le PIB était de 115 % en 2009, et on estime qu'il s'élèvera à 132 % en 2020 ! Sauf que d'ici là, si le « régime du mémorandum » reste en vigueur, la Grèce n'existera plus, puisqu'elle aura bradé la totalité de sa richesse publique au nom de sa « mise en valeur », à un prix défiant toute concurrence.

L'impasse dans laquelle la troïka a engagé la dette grecque est désormais reconnue et incontestée au niveau planétaire, aussi bien par les économistes sérieux et que par l'ensemble de la presse économique. Or, la troïka s'obstine à ne rien voir et à ne rien entendre et ses représentants continuent de répéter les stéréotypes du style « la Grèce doit appliquer les mémorandums à la lettre ». Mais ce n'est pas tout, car à la veille des élections la pression est énorme et tous les jours, la menace pèse sous la forme du dilemme « le mémorandum ou le retour à la drachme ». J'ai cependant le sentiment qu'il s'agit d'un faux dilemme, car il est évident que ce sont des forces extérieures à la Grèce qui choisiront pour nous.

En effet, madame Lagarde, les fondements de la Communauté européenne et de la zone euro sont durement secoués, avec l'Espagne qui vient de se mettre sous une sorte de tutelle – naturellement beaucoup plus légère que celle de la Grèce et ce, malgré sa situation beaucoup plus grave, peut-être parce qu'elle a la chance de ne pas être sujette à votre antipathie – et l'Italie qui la suit, mais aussi la France qui n'en est pas très loin elle aussi... Voilà pourquoi, chère madame Lagarde, j'espère que vous êtes consciente du fait que pour la Grèce, le décodage immédiat des paramètres et des implications du dilemme dans lequel vous nous avez enfermés, mais le décodage aussi de vos intentions réelles, sont maintenant une question de vie ou de mort. Puisque, c'est un fait, nous sommes détruits, sans aucun espoir de redressement si nous restons sous le régime du mémorandum, pourquoi alors nous forcer à ce choix ? Car s'il est vrai que vous préparez, dans le secret le plus absolu, notre sortie de l'Union européenne et de la zone euro, évidemment sous les conditions qui vous arrangent (vous mais pas nous), pour quelle raison alors est-ce que nous devrions rester inactifs ? Et puis, si l'Europe du futur doit devenir celle des seigneurs et des serfs, n'avons-nous pas le droit de décider nous-mêmes de notre présence ou non dans l'euro ? Mais encore, si cette Europe, qui n'a malheureusement honoré aucun de ses engagements initiaux, s'est engagée dans une voie funeste, y aurait-il une raison à ce que nous nous préoccupions de vos compassions et de vos antipathies, chère madame Lagarde, au lieu de chercher coûte que coûte la solution la moins mauvaise pour nous ?

Pour finir, je suis d'avis que le peuple Grec vous doit des remerciements, car la franchise de vos propos, en tant que directrice du Fonds monétaire international, l'a aidé à comprendre où il se trouve, et à prendre les décisions adéquates. Madame Lagarde, vous avez été franche et directe : vous n'éprouvez pour nous aucune sympathie, et tout porte à croire que vous n'êtes pas la seule... Votre cheval de bataille ne peut donc être le sauvetage de la Grèce. Mais alors, je vous en prie, expliquez-nous pourquoi ce chantage à l'euro ?

Je vous prie de recevoir, madame la directrice générale, l'expression de ma considération distinguée.

*

4.2. Lettre ouverte au Premier ministre Antonis Samaras : Le suspense de la dette de guerre allemande envers la Grèce (23.10.2012)

Questions opportunes au Premier ministre Antonis Samaras :

Les questions que je me pose sont peut-être naïves, mais j'avoue ne pas comprendre, et une grande part de mes compatriotes, j'en suis convaincue, se demande elle aussi POURQUOI :

1. Pourquoi chaque jour est-il une souffrance pour les Grecs, pourquoi sommes-nous réduits à vivre dans des conditions à ce point dégradantes – aussi bien au niveau national qu'individuel. Nous nous sommes mis à genoux devant les Allemands, dont la chancelière Angela Merkel est la représentante élue, nous avons consenti à notre anéantissement social et économique, nous lui avons sacrifié aussi trois générations au moins, car les Grecs sont contraints d'émigrer s'ils ne veulent pas vivre dans l'indigence, soumis au diktat de leur « protecteur » allemand.

Pourquoi n'exigeons-nous pas des Allemands – qui, disons-le monsieur le Premier ministre, ne sont pas nos amis, contrairement à ce que vos propos bienveillants à l'égard de madame Merkel laissent parfois entendre – qu'ils remboursent leur dette de guerre, estimée à 510-575 milliards d'euros, et la réparation des horreurs commises pendant l'Occupation?

Cette question, je me permets de le faire remarquer, est abordée de façon complètement délirante depuis trois ans maintenant. On se livre ainsi à des discussions interminables, on lui consacre des « journées » et des conférences, des publications et des articles, on est même allé jusqu'à mobiliser des experts étrangers, parmi lesquels beaucoup d'économistes, qui se saisissent de l'affaire, constatent effectivement l'existence de cette énorme dette non réglée de l'Allemagne envers la Grèce et puis... rien!

Pourquoi la question en reste là ? A quoi se heurte-t-on ?

2. Les gouvernements pro-mémorandums qui se succèdent depuis trois ans semblent vivre un véritable calvaire, s'efforçant de satisfaire l'inhumaine boulimie de nos « partenaires » européens qui menacent gravement notre vie même, avec la légalisation des médicaments génériques qui seront fabriqués et avalisés n'importe où sauf en Grèce, avec les aliments périmés qu'on nous donnera à nous, les « indigènes », à consommer. Tout porte à croire donc, que nos gouvernements sont forcés – je veux croire qu'ils y sont forcés – à consentir au génocide économique de notre peuple.

Alors pourquoi, si c'est ainsi, les divers gouvernements grecs des trois dernières années ne posent-ils pas sans détours la question à l'Allemagne du remboursement immédiat de la dette de guerre qu'elle a envers notre pays, et pourquoi tolèrent-ils au contraire l'attitude avilissante – que la population dans son ensemble doit naturellement supporter – de madame Merkel, de monsieur Tomnsen et de leurs acolytes?

3. L'armoire cacherait-elle donc d'insupportables squelettes ? Apparemment oui ! Cela expliquerait du moins cette difficulté à aborder le sujet de la dette allemande qui suit la logique des vases non-communicants ! D'un côté, le peuple grec, naïf, tranquillisé par l'espoir qu'il sera sauvé grâce au remboursement – enfin – de la dette de guerre, et de l'autre, la royale indifférence des gouvernements pro-mémorandums, qui gardent une distance raisonnable face à une solution censée sauver le pays – en théorie du moins –, ne disent pas oui au

remboursement, mais ne disent pas non ! Trois ans que cela dure, dans un contexte extrêmement douloureux !

4. Cette question doit être réglée sans délai, à nous de l'exiger. Car il est clair que si, pour une raison quelconque – et dans ce cas, il faudra bien sûr en vérifier le bien-fondé – l'Etat grec ne peut plus revendiquer ce qui lui est dû, il serait intolérable et immoral, ce serait un véritable acte de trahison, d'une désinvolture inexcusable que de laisser croire à la population tout entière, que de la laisser espérer et réclamer le remboursement d'une dette en fait effacée.

5. Par ce jeu de cache-cache honteux, les gouvernements successifs pro-mémorandums humilient le peuple grec. Alors, enfin, que se passe-t-il donc avec la dette de guerre allemande ?

Il est de votre devoir, monsieur Samaras, de répondre au peuple grec.

Conclusion

QUELLES SOLUTIONS POUR LA GRÈCE ?

Même si ta fosse est trop profonde, tu dois par la force de tes bras te relever
K. Varnalis

1. La course vers le fond

Parler de *success story* à propos de la situation tragique de l'économie grecque relève d'une cynique provocation. Face à la froideur et à l'incapacité de la troïka à combattre le gouffre de la dette évaluée de 6 à 11 milliards d'euros, le gouvernement grec n'a plus rien à attendre, pas même une nouvelle restructuration de la dette qui n'a cessé d'augmenter depuis le début de la crise. Jörg Asmussen, membre du conseil exécutif de la BCE, a au contraire rappelé au ministre grec des Finances, concernant la possibilité d'une restructuration de la dette, qu'Athènes devrait d'abord assainir ses finances par ses propres moyens. Désemparé, le gouvernement continue de ne pas dire la vérité à la population et évoque des solutions impossibles à réaliser, comme par exemple « remettre le pays sur les marchés dès 2014 ». Quelle amère et tragique ironie lorsque la Grèce, affectée en 2009 par une dette représentant 120 % de son PIB a été EXCLUE des marchés (alors qu'elle aurait pu y rester) pour aller se jeter en 2013 entre les griffes du FMI, avec une dette culminant à 176 % de son PIB, et qu'on lui affirme officiellement, le plus sérieusement du monde que… le problème du déficit se résorbera dès son retour sur les marchés ! (*Neue Zürcher Zeitung* et *Deutsche Welle*). Et c'est avec un succès apparent que la Grèce y est retournée en ce 12 avril, s'assurant une demande bien supérieure à celle recherchée. Selon l'annonce officielle, bien que la demande ait été de l'ordre de 20 milliards d'euros, la Grèce a offert des obligations souveraines pour la somme de 3,5 milliards d'euros à un taux de 4,95 %. Voici les commentaires d'un seul journal, *Süddeutsche Zeitung,* en espérant qu'il sera démenti. « Dans le cas de la Grèce, l'ignorance et l'espoir priment sur la sincérité », et le journal fait remarquer que « le scénario réaliste pour la Grèce se trouve dans le rapport de la troïka : « La Grèce aura besoin d'un nouveau prêt de 16-17 millions d'euros d'ici 2016, lequel amènera une nouvelle tranche d'aide ». [...] Ces quatre dernières années, divers scénarios optimistes sur l'avenir de la Grèce ont été mis sur la table et tous ont été démentis », peut-on lire dans le journal. « Les citoyens sentent cette fracture entre les promesses et la réalité. C'est pourquoi, même maintenant, une dose de sincérité, ne serait-ce que minime, de la part des responsables politiques européens, s'impose : qu'ils expliquent que les choses en Grèce sont tout sauf normales et qu'il est très probable que le pays aura besoin d'une nouvelle tranche d'aide. La visite de la chancelière Angela Merkel au Premier ministre Grec Antonis Samaras, vendredi, offre une bonne occasion » (*Planet-Greece*, 09.04.2014). Et j'ajoute qu'avec ce retour sur les marchés, quelque 400 millions d'euros sont venus peser sur la population, correspondant à la différence de taux avec lequel nous aurions pu emprunter à la BCE et aux marchés. De plus, le taux d'intérêt à 5 % que nous sommes parvenus à obtenir n'est pas réel, étant donné que la Grèce est récemment entrée dans une phase de déflation, faisant monter le taux d'intérêt à plus de 6 %.

L'économie grecque a été complètement ravagée par les mémorandums, et le troisième qui devrait bientôt pointer anéantira toute perspective de croissance.

Amers et difficiles à avaler, les éléments officiels relatifs à la situation de la Grèce le sont certainement, dont voici un aperçu significatif :

1a. Le désastre des investissements

En 2012, les investissements ont dangereusement chuté de 19,2 % alors qu'en 2011, les pertes avaient déjà été de 19,6 %. En seulement deux ans, la base productive de l'économie s'est donc réduite d'environ 40 %. Et ces chiffres qui donnent le vertige ne tiennent naturellement pas compte de la détérioration et de l'obsolescence des installations de production que les faibles taux d'amortissement ne permettent plus de remplacer ni d'entretenir. Pour s'en rendre compte, il suffit de se rappeler le nombre effroyable de fermetures, et d'y ajouter l'arrêt presque complet de l'activité future à cause de la baisse brutale des investissements. Car en Grèce, ce ne sont pas seulement les investissements publics qui ont été affectés par les mémorandums, ce sont aussi les investissements privés : en 2013, ceux-ci ne représentent plus que la moitié de ce qu'ils étaient en 2007, c'est-à-dire à peine 13,2 % du PIB contre 26,7 % du PIB d'alors. Comment, dans ces conditions, à la vue de ces chiffres, les responsables politiques peuvent-ils jubiler en annonçant – ou plutôt en espérant – une croissance de l'ordre de 0,6 % en 2014 ? Et si, contre toute attente, une pâle croissance finissait par pointer, combien de temps faudrait-t-il à l'économie grecque pour reconstruire ce qui a été détruit par cinq années d'austérité ? Le mépris total dont a fait l'objet l'économie du pays se fera longtemps sentir et les générations futures en subiront elles aussi les effets. Et quand on pense que dans ce contexte – le paysage est désolé – qui ne favorise pas la propension à investir, les responsables désignés pour s'occuper de nos finances ont mis tous leurs espoirs de sortie de la crise dans l'attractivité des investissements étrangers. C'est ainsi que nous les voyons courir la planète à la recherche d'investisseurs ! Ces espoirs n'ont aucun fondement…

1b. Aggravation du déficit budgétaire

Les résultats sont à ce point désastreux que l'on est en droit de s'interroger sur les connaissances en matière économique de nos dirigeants ; il s'avère en effet que ceux-ci ignorent totalement certaines flexibilités de base ou plus exactement, ils les interprètent d'une façon totalement fausse. Si ce n'était pas le cas, ils devraient savoir, au lieu de les harceler, que les contribuables ne peuvent faire face à la surimposition qui a largement dépassé les limites du supportable. Ainsi donc, nos responsables chargés des finances, en instaurant – entre autres – de nouveaux impôts d'une forme et d'inspiration tout à fait originales, ont tout simplement asséché à la source les recettes fiscales ; à chaque augmentation du poids de la fiscalité, les recettes fiscales diminuent. Cotisations exceptionnelles, augmentations ou nouvelles taxes sur l'essence et le mazout, l'alcool et les cigarettes, impôt exceptionnel sur l'immobilier. Résultat : un manque à gagner de l'ordre de 15 milliards d'euros (*Proto Thema*, 20.10.2013). Même un étudiant en première année d'économie le sait. D'aucuns objecteront que « la troïka fait pression, que nos responsables ne pouvaient rien y faire ». Le rôle de la troïka est de confisquer tout ce qui peut l'être, consciente que sa politique financière était dès le début vouée à l'échec. Peu lui importe si elle met à genoux une nation entière, l'objectif final est d'enrichir les créanciers, à tout prix et par n'importe quel moyen. Elle s'est également montrée très satisfaite de la docilité exemplaire des responsables Grecs chaque fois qu'elle leur demandait de mettre en place de nouvelles mesures toujours plus douloureuses pour les *locaux*. Voici donc quelques-uns des effets tragiques de cette politique pour le moins écervelée (du point de vue grec) :

— Le déficit primaire, de janvier à septembre 2013 (Banque de Grèce), est 6 fois plus élevé que celui de l'année précédente pendant la même période : 3,3 milliards d'euros contre 543 millions.

— Le déficit du Gouvernement Central, de janvier à septembre 2013, est passé à 8,8 milliards d'euros, contre 6,5 milliards un an plus tôt.

— Disparu… le triomphalisme sur l'excédent primaire censé relever le pays mais qui a surtout permis à la troïka de se tirer provisoirement d'affaire, le temps de trouver une formule correcte pour nous annoncer que « c'est fini ». Les choses sont pourtant simples : l'excédent primaire, pour être réalisé, suppose de nouveaux sacrifices de la part de la population, mais aussi que le gouvernement fasse ce qu'il a déclaré, à savoir qu'il ne paiera pas ses dettes arrivées à échéance. Imaginez quel excédent aurait chaque Grec s'il décidait de ne pas s'affranchir de ses impôts trop lourds ? Le résultat est nul. Et le fameux excédent primaire dans lequel le gouvernement a mis tous ses espoirs de sortie de la crise, s'élèvera – ou ne s'élèvera pas – à 3,3 milliards d'euros !

Quant aux recettes, elles sont moins importantes que prévu : de 34 milliards d'euros en 2012, elles sont passées à 32,7 milliards en 2013. La population est exsangue et pourtant, elle doit presque acheter une deuxième fois son logement, elle a froid puisqu'elle ne peut plus payer ses dépenses de chauffage, et pourtant, les recettes budgétaires, aussi incroyable que cela paraisse, ont dégringolé : 32,7 milliards d'euros en 2013, contre 34 milliards pendant la même période de neuf mois l'année précédente. Directement lié à la politique meurtrière des mémorandums, ce résultat plus que décevant était inévitable, compte tenu du fait que les revenus déclarés en 2013 étaient de 12,3 % inférieurs à ce qu'ils avaient été l'année précédente : 94,3 milliards d'euros ont été déclarés en 2012, et seulement 82,7 milliards en 2013. Les recettes confirmées étaient de 6,8 milliards d'euros en 2012, et de seulement 3,6 milliards en 2013. Les recettes fiscales ont donc baissé de 47 %. Inutiles et dévastateurs, les impôts ont sérieusement précarisé les Grecs… Chaque fois que nos responsables des finances trouvent un nouveau moyen de la ponctionner, ils essayent de persuader la population que c'est pour le bien du pays, que les sacrifices finiront par payer, que le gain sera plus important que ce qu'*ils* demandaient… De deux choses l'une : soit ils sont parfaitement incompétents et n'y comprennent « rien de rien » en économie, soit pour les plus suspicieux d'entre nous, ils sont contraints, pour une raison ou pour une autre, de mettre la population « à genoux ».

Quelque 110 000 entreprises ont déposé le bilan. 218 usines, membres de la Fédération des Entreprises de la Grèce du Nord (SBBE), ont déclaré pour l'année 2012 des pertes avant impôt d'un montant de 187,3 millions d'euros, soit des pertes 140,4 % supérieures à celles de 2011, alors que de 2008 – année du début de la crise – à aujourd'hui, une cinquantaine d'entreprises importantes de transformation, basées dans les quatre régions du nord de la Grèce, ont définitivement fermé (*Economikos*). Les dépôts dans les banques grecques s'amenuisent, rongés par l'augmentation des impôts et de leur nombre. Entre le début du mois de septembre et les quinze premiers jours d'octobre, près de 2 milliards d'euros de taxes ont été prélevés directement sur les comptes bancaires. Les banques ne peuvent augmenter la liquidité qui stimulerait l'économie, elles ne peuvent pas non plus se stabiliser, alors qu'elles sont de loin les premières bénéficiaires des sommes colossales prêtées à la Grèce. Selon Eurostat, 30 % du déficit enregistré de mai à août 2013, qui était le plus élevé jamais enregistré, sont dus en grande partie à des transferts de capitaux destinés à la recapitalisation de trois banques grecques, d'un montant égal à 25 % du PIB sur ces quatre mois.

En outre, des données de la BCE – dissimulées ou modifiées par des sources grecques équivalentes –, font ressortir que les dépôts bancaires, de 244,2 milliards d'euros à la fin de 2008 sont tombés à 169,9 milliards à la fin du mois d'août 2013, enregistrant une perte de 74,3 milliards d'euros. Fait notoire, aucun autre pays n'a enregistré une telle baisse sur une période aussi longue, alors que les dépôts bancaires dans la zone euro se portent plutôt bien.

Les économistes le savent bien, mais je le rappelle pour les non spécialistes, J. M. Keynes met en garde contre les dangers de l'austérité : « réduire les dépenses en période de récession ne fait qu'aggraver la situation ». Or, la situation du pays continue de se détériorer et les responsables se montrent incapables de se libérer de leur fanatisme idéologique et de réagir face aux mixtures empoisonnées de la troïka.

Imaginez que les fossoyeurs de la Grèce appellent cela « assainissement financier ». Imaginez que ce mémorandum meurtrier, Yannis Stournaras, notre ministre des Finances, en parle comme du « dossier le plus sérieux pour l'économie grecque depuis 1974 ». N'est-ce pas de la folie pure ?

1c. Exportations

Concernant les exportations, je rappelle qu'avant « l'excédent primaire » et avant « la ruée des investisseurs étrangers » annoncés par nos responsables gouvernementaux, ce sont les exportations qui devaient « sauver le pays ». Et il est vrai qu'à un moment donné, les cris de victoire avaient été déclenchés par une pâle relance des exportations, de l'ordre de 0,3 % pour 2012. Cette médiocre performance n'était en réalité que le résultat prévisible de la baisse brutale de la consommation intérieure. La performance était d'autant moins glorieuse que l'on note aujourd'hui une baisse de 2 % des exportations par rapport à 2012.

1d. Mise sous hypothèque des biens immobiliers

Selon des estimations de la Confédération Générale des Travailleurs Grecs (GSEE), le taux des ménages surendettés frôle les 65 %, et on peut facilement imaginer les conséquences dramatiques qu'aura la très probable levée – sous la pression de la troïka – du moratoire sur les saisies des résidences principales. Aux innombrables victimes qui perdront leur logement, viendra s'ajouter la foule des nouveaux endettés, ceux qui seront dans l'impossibilité d'acquitter en 2013 leurs impôts devenus insoutenables.

Je rapporte une information qui, autant que je puisse en juger, est fiable (K. Yovanopoulos, 2013) : « A l'heure qu'il est, des emprunts immobiliers de Grecs dans le rouge – environ 25 milliards d'euros – sont passés aux mains d'agences usurières étrangères qui marchandent pour les racheter pour 2,5 milliards. Autrement dit, nos banques livrent l'ensemble des prêts aux rapaces et empochent au passage 10 % des obligations. Le procédé est bien connu. Montée en flèche de l'inégalité de la répartition des revenus, appauvrissement généralisé de la population, ce n'est pas nouveau, les Américains et d'autres y ont déjà goûté. Avec une différence énorme cependant : les débiteurs américains ont la possibilité d'être préférés par rapport à un tiers, de rembourser en premier 10 %

du total de son emprunt, et recevoir un certificat de propriété. Sachant que tous ces prêts sont assurés par l'Etat, c'est-à-dire par les Grecs eux-mêmes, il faudrait créer un bouclier de protection des emprunteurs grecs. Fini de rigoler, tout responsable qui agit contre la Grèce, dissimule, brade, devra en répondre devant la justice ».

Terrible aussi, à tout point de vue, le coup du patrimoine foncier public avalisé par le gouvernement. Il était prévu qu'en octobre 2013, le Fonds de mise en valeur du patrimoine privé de l'Etat (TAÏPED) allait décider de la façon dont seront titrisées les futures recettes immobilières. Le schéma le plus probable consiste en l'émission d'emprunts contre hypothèque. Et si, lorsque ces obligations arriveront à échéance, probablement au bout de cinq ans, l'Etat n'est pas en mesure de rembourser les détenteurs de ces obligations, les biens fonciers hypothéqués leur reviendraient. Les recettes devraient atteindre au moins un milliard d'euros pour environ 1000 biens immobiliers de différentes catégories, répartis sur tout le territoire. Des investisseurs étrangers se montrent déjà intéressés – real estate funds, hedge funds, etc.

Les plus naïfs d'entre nous, mais aussi ceux qui se veulent sérieux et résistent aux théories du complot, ceux qui tremblent à l'idée de passer pour populistes, ceux qui se sont mis en tête que nous sommes responsables de ce qui nous arrive et devons être sanctionnés et payer en conséquence, ceux qui restent fidèles aux partis politiques au pouvoir, ceux qui refusent de voir dans quel bourbier nous sommes, ceux qui sont hantés par la peur du communisme, tous, absolument tous, doivent se rendre à l'évidence que les mémorandums, loin de sauver le pays, le détruisent morceau par morceau. Ce réveil collectif est moins dû à ce que révèlent les données statistiques effectivement terrifiantes de l'économie grecque en perdition, qu'au fait que les ravages des mémorandums ont fini pas toucher la totalité des catégories socio-professionnelles, l'ensemble de la population. Car en effet, ce désastre ne touche pas seulement les salariés et les retraités mais s'est étendu aux entrepreneurs, même si cela ne se voit pas au premier abord. C'est l'ensemble de la classe moyenne qui est touché.

Si la société a tant tardé à prendre conscience de *la situation et de l'avenir qui lui était réservé*, c'est que la politique *ad hoc* aspirait justement à l'endormir. La société est ainsi restée trop longtemps inerte face aux balivernes de la troïka. Elle a cru, avec une facilité affligeante, les rumeurs tendancieuses d'un écroulement du pays si, par malheur, il venait à sortir de la politique des mémorandums. Une simple allusion à la drachme répand une peur communicative. Et ils ont presque réussi à nous convaincre que la croissance n'était possible que par les investissements étrangers, la Grèce étant totalement incapable de la relancer sans participation extérieure.

La politique planifiée des gouvernements successifs de ces dernières années et les médias qui, dans leur grande majorité, se focalisent dessus sans la remettre en cause, ont à dessein endormi la population pour l'empêcher de réagir. Le principe est de s'attaquer séparément à chacune des catégories sociales, en prenant soin chaque fois de l'opposer au reste de la population. Et le message est bien passé : la population, au-dessus de tout soupçon, respectueuse des lois, vertueuse, honnête et laborieuse, menacée par ce *sous-genre* de travailleurs qui a toujours trempé dans le péché. Scandaleux. Ce *sous-genre* est mis au ban de la société, en l'occurrence si méritante. Et les racontars suivent leur cours, habilement planifiés par leurs instigateurs. A la *Une* des journaux télévisés, des « révélations terribles » : tel et tel *sous-genre* de fonctionnaires qui n'avaient pas mis le pied dans leur service depuis un an, touchaient normalement leur salaire, d'autres profitaient de la retraite d'un ayant droit décédé depuis des années. Révélés aussi, d'incroyables abus dans le secteur de la santé, de l'éducation et j'en passe. Et toutes ces infractions, tous ces abus qui sont en réalité le fait d'une minorité et figurent en bonne place dans les médias grecs mais aussi étrangers, jettent le discrédit sur les employés de la fonction publique, sur les travailleurs des entreprises commerciales et industrielles d'Etat (DEKO), sur les forces de police, les officiers de réserve, etc. L'objectif est on ne peut plus clair : diminuer la taille du secteur public par une privatisation générale. Même les services d'intérêt public n'y échappent pas, alors que par définition, ils ne sont pas concernés par la maximisation du profit. Le pays a déjà épuisé la stratégie du *diviser pour mieux régner,* car à part ceux qui ont accumulé des fortunes illégales et la catégorie peu nombreuse encore exonérée d'impôts, rares sont les Grecs à ne pas avoir subi de fortes réductions de leurs revenus et de leur richesse. Les salaires et les pensions ont été amputés de 30 à 35 % et alourdis – à la source – par 12 à 15 % de nouvelles taxes, tandis que la fraude fiscale, qui est le fait des travailleurs indépendants, continue de jouir d'une grande tolérance. Par ailleurs, le recul de l'Etat-providence fait subir de nouvelles pertes – de l'ordre de 3 à 4 % – aux salariés et aux retraités, en raison de la contraction des services de santé et de prise en charge pharmaceutique. Et puis, aux vicissitudes des salariés s'ajoutent les quelque 28 % – officiellement, car dans les faits ce taux est supérieur à 32 % – de la population active au chômage qui pèsent lourdement sur les perspectives de sortie de la crise. Les propriétaires de biens immobiliers ont vu leurs revenus baisser de 30 à 35 %, conséquence d'abord des baisses successives des loyers et des très nombreux logements et autres espaces qui ne trouvent pas preneur, mais aussi de la mise en place de nouveaux impôts dont il a déjà été question plus haut, d'une originalité qui témoigne d'une imagination malsaine et dont le but final est de faire main basse sur toute la fortune immobilière privée. Les dirigeants de petites et moyennes entreprises, les commerçants, artisans et industriels subissent d'un côté la baisse brutale de la demande et de l'autre, sont confrontés au refus des banques qui n'octroient désormais que très peu de prêts. Quant aux agriculteurs, ils sont depuis longtemps durement éprouvés par la Politique Agricole Commune (PAC) qui a entraîné la disparition de nombreuses cultures traditionnelles, et aussi par la libéralisation du commerce international qui a encouragé les importations, notamment de produits agricoles de base comme les fruits et les tomates, alors que la Grèce est dotée d'un climat idéal à la culture de tels produits. Et pendant que le gouvernement se félicite de... l'afflux massif d'entreprises étrangères, les grandes entreprises grecques quittent le pays, telles que FAGE [entreprise laitière] et 3E [Coca Cola] mais aussi Viohalco [industrie métallurgique] que le gouvernement tente de retenir. L'écrasante majorité de la population est durement mise à l'épreuve, son niveau de vie ne cesse de baisser, et ceux qui font encore exception à la règle sont rares, mais peut-être plus pour très longtemps. Les mesures gouvernementales n'ont pas les effets escomptés, car les Grecs surimposés sont à bout de force. En outre, le cours normal des choses s'est complètement inversé, puisqu'en temps normal, la nouvelle génération espère vivre mieux que la précédente.

Y a-t-il une catégorie de la population qui continue de vivre bien ou mieux qu'avant le désastre ? Les entreprises de prêt sur gage, très certainement. Elles ont poussé comme des champignons, présentes presqu'à chaque coin de rue ; elles achètent des lires et des bijoux en or le plus souvent, lesquels, comme il se doit, sont chargés d'une histoire intime et personnelle. On dit qu'ils sont envoyés tels quels en Allemagne, où l'or est fondu et va s'ajouter au *trésor*, peut-être en vue d'un nouveau conflit. Je ne m'étendrai pas sur les banques et autres établissements financiers qui ont déjà largement, et d'une façon si scandaleuse, profité de la crise, et qui supervisent et dirigent cette catastrophe totale.

La descente aux enfers de l'économie grecque s'annonce très longue, et les informations qui circulent relatives au miracle de « l'excédent primaire » et de la « croissance imminente » ne sont que « réconfort apporté au mourant en attendant le dernier souffle ». *Même sans connaissances particulières en la matière, tout le monde peut comprendre que pour retrouver son niveau des années 1990 et 2000, la Grèce de 2014 aura besoin de dizaines d'années d'une croissance régulière et soutenue.* Or, cette condition *sine qua non* n'est pas remplie par le maigre excédent primaire attendu... lequel provient en outre – s'il est atteint – de la saignée opérée sur les Grecs, et certainement pas de la croissance, comme cela devrait être. La récession économique, qui touche la Grèce pour la sixième année consécutive, la plus profonde et la plus dure qu'un pays ait jamais connue en temps de paix, ne peut être combattue par des demi-réformes et des mesures de circonstance. Elle exige au contraire un programme de croissance sérieux, centré dans un premier temps sur l'investissement public qui ouvrirait ensuite la voie à l'investissement privé. Mais ce qui paralyse littéralement l'économie grecque et la prive de la possibilité d'une relance saine et stable, c'est le bradage, tel qu'enjoint par la troïka, auquel rien n'échappe, pas même les services si sensibles d'intérêt général. *Il s'agit là, justement, de l'un de ces éléments qui préparent la gouvernance mondiale, retirant aux économies nationales toute possibilité de survivre de manière autonome.*

La Grèce – et dans son sillage les autres pays du sud de l'Europe – a été choisie pour préparer et accélérer l'instauration de la gouvernance mondiale. Ce grandiose objectif n'était pas suffisamment clair au début, ce qui explique que les opposants au mémorandum se soient focalisés sur la critique de l'idéologie fervente néolibérale et des effets tragiques qu'auraient les séries de réformes unilatérales et intégristes. *Pourtant, il serait temps d'admettre que l'instauration de cette version du néolibéralisme le plus extrême qui soit ne constituait pas l'objectif principal mais seulement un moyen de taille pour préparer l'avènement de la gouvernance mondiale. Cette cosmothéorie inhumaine vise, dans un premier temps, l'appauvrissement des populations et dans un deuxième temps, leur asservissement à la gouvernance mondiale.* Du point de vue de la conception néolibérale, le cas grec apparaît comme sa dernière chance de montrer enfin au monde le succès et l'efficacité de ces principes théoriques. Vus sous un autre angle, c'est un fiasco monumental et inégalé partout où ils ont été appliqués (Negreponti-Delivanis, 2010).

Quoi qu'il en soit, même si finalement la question de la gouvernance mondiale ne relève que du pur fantasme complotiste – ce qui me semble peu probable – la Grèce ne pourra pas se relever, car elle aura perdu tout ce que des générations avaient construit au prix de tant d'efforts et de sacrifices.

2. La Grèce est-elle encore sauvable ?

Voilà une question difficile car la solution, en plus de ne pas être simple, dépend aussi de l'issue de toute une série de facteurs pour le moins incertains.

Populistes au possible derrière une apparence sérieuse, les incessantes menaces agitées par les médias complices font entrevoir un avenir des plus sombres, au cas où le pays aurait l'idée folle d'organiser son sauvetage hors des mixtures criminelles de la troïka. C'est ainsi que des occasions et un temps précieux ont été définitivement perdus.

A) Non, si elle reste dans la spirale des mémorandums

Le pays est retourné à la case départ. Un troisième mémorandum s'impose, après l'échec prévisible des deux premiers. Il va de soi que ce nouveau mémorandum s'accompagnera d'une nouvelle dose d'austérité, encore plus douloureuse que les précédentes, puisqu'il pèsera sur une économie déjà au bout de ses limites. Et cette fois encore, il n'y aura aucun programme national pour résister aux réformes dictées par la troïka et proposer à leur place une politique moins mauvaise et dévastatrice pour le pays. Le gouvernement, comme c'est le cas depuis quatre ans, se contentera d'écouter les diktats de la troïka et s'épuisera à les appliquer, peu soucieux des conséquences, aussi dramatiques soient-elles, qu'ils auront sur le pays. C'est ainsi qu'il a docilement accepté de mettre à la rue, sans explication aucune, quelque 150 000 fonctionnaires, parce que les créanciers le demandaient. C'est ainsi qu'il a accepté de décimer la protection sociale de l'Etat. C'est ainsi qu'il a permis la précarisation et l'anéantissement des espoirs de tout un peuple, qu'il tolère de laisser sans chauffage sept foyers sur dix, qu'il décide de fermer des écoles et des hôpitaux, de semer le désordre dans le marché du travail, de pousser 5000 personnes au suicide. La liste est longue, le pays est attaqué sur tous les fronts. Selon un rapport de l'OCDE sur la Grèce, la population ne fait plus confiance au gouvernement : de 38 %, la confiance a dégringolé à 13 % (OCDE, 10.2013).

Après cinq années de cure d'austérité draconienne et de réformes dévastatrices pour l'économie, la société, l'éducation, l'administration publique et la santé, le pays n'est plus en état et n'est plus assez armé pour renouer avec la relance économique. Voici :

– Premièrement, la dette de la Grèce au début de la crise représentait environ 120 % de son PIB. Elle était donc viable. En 2014, son taux d'endettement a grimpé à 176 % du PIB. Alimentée par les mémorandums, elle continue d'augmenter de façon exponentielle. Bien entendu, elle n'est *plus* viable.

– Deuxièmement, en 2010, le pays malgré des faiblesses indéniables, n'était pas une économie en danger. Or aujourd'hui, après six années de récession, il ne peut plus compter sur sa capacité productive, complètement laminée, et la population ne voit plus aucune issue possible au sein de l'UE.

– Troisièmement, le pays, en courbant systématiquement la tête face aux vexations de la part de ses partenaires, tentant même de les justifier, et visiblement résolu à se laisser détruire, le pays donc, en exécutant les diktats démentiels de la troïka, a fini par perdre toute dignité comme nation. Résultat : il a minimisé sa capacité de négociation au sein de la zone euro.

– Quatrièmement, en cette période critique où le pays est assujetti à ses créanciers, les dirigeants Grecs ont signé une pile de documents annexes, entre autres l'acceptation du droit anglais envers lequel il est obligé, tant qu'il restera dans les murs et tant qu'il s'abstiendra de les dénoncer.

Malgré ces difficultés supplémentaires, les possibilités de sortie du mémorandum, même si elles ont été sérieusement contrariées, restent pour l'essentiel les mêmes qu'au début de la crise (Negreponti-Delivanis, 2012, 2e édition) et il faut convenir qu'en restant soumis aux mémorandums, le pays ne peut rien espérer, ni aujourd'hui ni dans l'avenir. C'est pourquoi il est inacceptable, de la part du gouvernement, surtout avec ce qu'endure la population, de soutenir que les mémorandums mènent le pays vers son sauvetage, et de présenter ceux qui s'y opposent comme des populistes, des ennemis de la nation. *Il est clair qu'au-delà des résultats obtenus par la politique d'austérité (*Financial Times, *23.09.2013), les mémorandums visent à assécher le pays de ses richesses publiques et privées, pour les transmettre à ses créanciers, lesquels deviendront maîtres, semble-t-il, de ses ressources naturelles disponibles, dans le cadre toujours de la gouvernance mondiale, avec la Grèce comme servante.*

B) Oui, si la Grèce se libère des mémorandums

L'austérité ne se limite pas seulement aux pays du sud de l'Europe, elle menace déjà les économies plus puissantes. La zone euro compte aujourd'hui, avec le recul des offres d'emploi, 19 millions de chômeurs – 26 millions dans l'ensemble de l'UE – et l'année 2014 s'annonce tout aussi sombre. Pourtant, cette situation sans précédent en temps de paix ne semble pas freiner Angela Merkel, laquelle a en effet déclaré, à peine élue pour la troisième fois à la chancellerie allemande, que l'austérité continuera.

Cette déclaration injustifiée et absurde est l'occasion, me semble-t-il, de clarifier et expliquer le cas particulier de la Grèce :

2a. Incompatibilité entre croissance, austérité et euro

Tout d'abord, je tiens à rappeler que l'austérité fait les beaux jours de l'Allemagne étant donné que sa production est essentiellement destinée à l'exportation. L'Allemagne exporte en effet 60 % de son PIB, contre 20 % pour la France et la Grande-Bretagne, elles-mêmes loin devant les pays du sud de l'Europe. L'euro, ce n'est plus un secret pour personne, a été créé pour servir les besoins de l'économie allemande, laquelle du reste est la seule à en avoir réellement bénéficié. Contrairement à l'Allemagne, le pivot économique de la Grèce est sa demande intérieure. Avec l'austérité, celle-ci s'est littéralement effondrée. *Ainsi, les déclarations des dirigeants de la Grèce, lorsqu'ils assurent que « la croissance est imminente », ne correspondent en rien à la réalité.* Il n'est pas exclu que la tendance s'inverse et que la récession, déterminée par les alternances du cycle économique, entre dans une phase ascendante ; il s'ensuivra néanmoins une remontée faible qui ne suffira pas à remettre sur pied l'économie grecque. Surtout s'agissant d'une économie qui, comme c'est le cas pour la Grèce, a perdu plus de 30 % de son PIB en quatre ans, dont le taux de chômage avoisine les 30 % de la population active, et se trouve confrontée à l'amenuisement de toutes les sources de recettes publiques.

Angela Merkel est décriée non seulement par l'Europe touchée de plein fouet par l'austérité mais aussi par les Etats-Unis qui s'inquiètent d'une contagion de la récession hors des frontières européennes. Et puis, la question de l'euro et de l'austérité n'est pas simplement de convaincre la chancelière Allemande de changer la politique macroéconomique européenne ; elle est autrement plus complexe. *Car en fait, dès sa création, l'euro a présenté de graves déficiences, et pour préserver sa stabilité, les Etats qui l'ont adopté sont contraints à l'austérité.* Comme l'euro n'appartient pas à un Etat souverain qui aurait la possibilité de le réguler, le traité de Maastricht a été élaboré pour, en quelque sorte, le remplacer, bardé de dispositions aujourd'hui bien connues. (Negreponti-Delivanis, 2004). *Par conséquent, les discussions passionnées sur Angela Merkel et son obsession de l'austérité n'ont pas grand intérêt, car l'existence même de l'euro y est intimement liée, telle que le traité de Maastricht le prévoit.* Triste constat puisqu'il signifie que l'Europe de la monnaie unique est condamnée à la récession et ne peut espérer mieux qu'une croissance anémique et bien sûr, à la clé, un taux de chômage toujours élevé.

L'Europe de Maastricht et de l'austérité permanente est également vouée à faire reculer la démocratie. L'écrasante majorité des Européens sont catégoriquement opposés à l'austérité et à son prolongement, comme le montre un sondage récent (Gallup-Debating Europe, 2013) dont les résultats s'ajoutent aux conclusions d'autres sondages d'opinion un peu plus anciens et les confirment. Selon ce sondage en effet, plus de 50 % des Européens pensent que la politique d'austérité ne peut rien apporter de bon, quel que soit le pays où elle est appliquée, et à peine 5 % des personnes interrogées se déclarent favorables à cette politique. Comme on pouvait s'y attendre, ce sont les pays du sud de l'Europe qui rassemblent le plus d'opinions défavorables à l'austérité, Grèce en tête, avec 94 %. Sur l'ensemble de l'Europe, du reste, seulement 22 % pensent que l'austérité est bénéfique à l'ensemble de la Communauté européenne, alors que 67 % sont convaincus que cette politique profite à certaines économies seulement. *Dans ces conditions donc, on peut raisonnablement se demander comment il se fait que les dignitaires de l'UE ait le droit de prendre des décisions si graves, qui influent autant sur la qualité de vie des Européens à leur insu, alors qu'ils savent que la majorité d'entre eux est contre l'austérité. Comment est-il possible que l'Union européenne, qui se dit démocratique, permette cela ?*

On pourrait dire – même si l'on peut en douter – que l'Europe du nord n'a pas autant besoin d'un rythme de croissance rapide que l'Europe du sud, et que par conséquent, elle prend moins de risques en restant dans la zone euro. Quoi qu'il en soit, la zone euro dans ces conditions restreint la compétitivité de l'ensemble de l'UE et renforce au contraire celle de l'Allemagne, qui s'impose comme le leader européen incontesté.

Le problème concerne cependant surtout la Grèce. Celle-ci a absolument besoin de retrouver un rythme de croissance rapide pour être un jour en mesure de rembourser sa dette par l'accroissement du PIB et non en contractant le niveau de vie de sa population, pour combler le gouffre créé par les mémorandums, mais aussi pour converger avec ses partenaires. *Or, une croissance rapide est inenvisageable tant que le pays restera enfermé dans la politique d'austérité et dans la zone euro. Cette déduction peut paraître brutale, mais elle est en plein dans la réalité de la zone euro. Cette déduction va à l'encontre des beaux discours, des déclarations et des promesses au sujet d'une croissance imminente mais toujours invisible. Cette déduction, enfin, ternit l'éclat que le gouvernement grec s'efforce de donner à l'excédent primaire tant attendu, car sa réalisation n'est en aucun cas liée à la croissance de notre économie.*

Parce que justement les dirigeants grecs se sont rendu compte de l'ampleur de la tâche, ils ont déplacé le centre de gravité du processus de la croissance tout entière, dirais-je, vers la capacité quelque peu hypothétique de la Grèce d'attirer les investisseurs étrangers, et non pas vers un processus interne. Il est pourtant vain de l'espérer et ce, pour un certain nombre de raisons qui me semblent évidentes. Il ne sert à rien d'espérer, tout d'abord, parce que l'économie grecque à l'agonie ne dispose pas des critères nécessaires qui permettraient de rendre le pays attractif pour les investissements directs étrangers (IDE). La Grèce attire par contre maintenant des spéculateurs qui profitent de sa mauvaise posture économique et se saisissent de ses richesses pour trois fois rien. *Or, cette appropriation de la richesse publique ne peut être traitée de la même manière que les investissements.* Outre cet aspect peu louable, on sait très bien que la contribution des investissements directs étrangers à la croissance des économies développées est, sauf exception, très limitée. Ceci, parce que les investissements directs étrangers préfèrent en principe les économies développées et quelques économies émergentes bien précises, telles que la Chine. Et même si la Grèce parvenait à attirer quelques investissements directs étrangers sur une base saine, cela ne suffirait certainement pas à couvrir ses besoins énormes de croissance. Car, pour avoir une chance de se relever, il lui faut un rythme de croissance annuel de 3,5 ou 4 % pendant au moins dix années consécutives.

2b. Abandonner les mémorandums pour s'en sortir

Utopique, irresponsable, inexcusable et mensonger est le discours officiel qui prétend que « la Grèce va se sortir d'affaire » si elle applique les mémorandums et obéit aux diktats pressants de la troïka. *Car il est impossible qu'elle s'en sorte. Absolument impossible.* Ce qui est sûr en revanche, c'est que si la Grèce continue dans cette voie, ce seront au moins trois générations qui vivront dans la pauvreté et la misère, le chômage et le désespoir. Cette vérité, aussi dure soit-elle, doit absolument être affrontée, de sorte à trouver le plus vite possible une autre voie, autre que celle des mémorandums. On ne peut décemment accepter que le mémorandum soit présenté comme la seule solution possible alors qu'il conduit toute une nation à sa perte. Il est temps que l'instinct de conservation national des Grecs se réveille pour trouver la voie qui sauvera le pays.

Autrement dit, le conflit qui oppose les défenseurs de la politique des mémorandums et ses opposants n'aura plus lieu d'être dès lors que le pays acceptera l'idée – et cela crève les yeux qu'il le fera – qu'en continuant dans cette voie, il n'y a pas de salut possible. Ce système qui avilit notre pays et pousse sa population au fond du trou est indéfendable. Quelle preuve de désinvolture, que d'affirmer au moindre changement infime, au tout premier signe d'un ralentissement de la démolition, que « la lumière est au bout du tunnel » !

2c. La Grèce doit oser

La Grèce trouvera peut-être la force de sortir du joug meurtrier de la troïka et de ses mémorandums si elle se penche sur le terrifiant rapport relatif aux pays de la périphérie européenne, récemment publié par la J.P. Morgan et intitulé « The euro area adjustment : about halfway there » (L'ajustement de la zone euro : bilan à mi-parcours), et qui fait l'objet d'un article lui-même intitulé « Débarrassez-vous des Constitutions gauchisantes antifascistes » (L. Phillips, 7.06.2013). A la lecture de ce document, tous ceux qui croient encore que les mémorandums *ont pour objectif le sauvetage de la Grèce*, que la gouvernance mondiale relève du *complotisme*, que le pays sera sorti d'affaire dès lors qu'il aura dégagé *l'excédent primaire*, ou encore que *la croissance est sur le point de redémarrer* et ainsi de suite, tous ceux qui continuent d'y croire sont, excusez-moi de l'expression, d'une drôlerie à se taper la tête contre les murs.

Je vais maintenant reprendre les points essentiels de cet exposé de seize pages de la J.P. Morgan dont la diffusion, pour des raisons que l'on comprendra aisément, n'a pas été encouragée :

• Aux premiers jours de la crise, on pensait que les problèmes des Etats étaient surtout économiques : forte montée des nationalismes, banques et ménages surendettés, taux de change désalignés et manque de flexibilité structurelle. *Or, avec le temps, il est devenu clair qu'il y avait aussi des problèmes nationaux d'ordre politique. Les constitutions et les systèmes politiques de la périphérie du sud, établis après la chute du fascisme, sont inappropriés à une intégration plus poussée dans la région. Lorsque les hommes politiques Allemands et les décideurs parlent d'un long processus d'adaptation d'une décennie, ils ont très probablement en tête la réforme économique et politique.* Autrement dit, la montée du fascisme est voulue, tandis que les systèmes en vigueur sont accusés de renforcer le populisme et les réactions sociales.

• La zone euro est à mi-parcours, voilà pourquoi l'austérité n'est pas près d'être abandonnée. Et José Manuel Barroso, lorsqu'il avertit que « l'austérité doit absolument continuer dans l'UE » (23.10.2013), laisse entendre qu'elle n'est pas le fait que de l'Allemagne. Il laisse aussi entendre que les voix inquiètes de certains dignitaires européens s'élevant contre l'austérité sont tout sauf sincères, et qu'il s'agit en fait d'une bien triste collusion au détriment des populations européennes.

• La zone euro a encore un long chemin à accomplir avant de parvenir à faciliter davantage les licenciements, accélérer les privatisations, réduire encore le coût du travail et rendre encore plus flexible le marché du travail, réaliser encore d'autres déréglementations, ouvrir les professions à la concurrence, et s'engager dans une restructuration nationale et politique.

Tels sont les ordres que les décideurs grecs s'efforcent « bec et ongles » de mettre à exécution. Ce sont ces ordres qui sont mis en œuvre, et entraînent déjà la Grèce vers le fond.

Ce rapport de la J.P. Morgan, qui dévoile la vaste entreprise en cours dans la zone euro, justifie parfaitement, je pense, l'esprit qui parcourt l'introduction de ce livre.

2d. Sortir des mémorandums

Je n'ai aucune envie de commenter la malheureuse déclaration d'Antonis Samaras faite lors d'un voyage officiel aux Etats-Unis (04.10.2013), et pour qui « l'Aube Dorée constitue un extrême et ceux qui soutiennent le retour à la monnaie nationale, l'autre extrême ». Et pourtant… de tels propos, d'autant plus lorsqu'il s'agit d'un pays au bord du gouffre, demandent davantage d'explications, et autrement sérieuses, notamment sur le rapport entre le retour à la drachme évoqué par les opposants à la politique des mémorandums et le parti néonazi.

Le retour à la drachme est une solution malheureusement envisageable. Méprisée, cette solution mériterait pourtant d'être prise au sérieux, d'être approfondie, elle mériterait de faire l'objet de comparaisons, analyses et prévisions assidues, étant donné qu'elle est la seule alternative à la catastrophe.

Je me réfère à ce que je disais déjà à la fin de mon précédent livre, *Toute la vérité sur la dette et les déficits* (2012)… et répète que dans l'intervalle écoulé depuis sa rédaction, d'un côté, la situation provoquée par les mémorandums est devenue inextricable et de l'autre, des solutions, qui étaient raisonnablement envisageables au début de la crise sont aujourd'hui beaucoup plus restreintes. *Aujourd'hui, les options sont en effet plus que limitées :* pour *la destruction totale ou* pour *la drachme. Ainsi, la seule chose qui reste à faire, c'est de considérer le pour et le contre, sereinement et sans conflits entre partis politiques, évaluer les dégâts à venir au cas où le pays persiste dans la politique des mémorandums, et les confronter aux difficultés, certainement nombreuses mais relativisées par l'espoir, qu'impliquerait le retour à la drachme.*

La décision devrait être prise en tenant compte du fait que :

• La zone euro et le FMI ne parviennent pas à s'accorder sur le moyen de rendre la dette viable et permettre à la population de subsister dans des conditions humainement acceptables. Leur seul et unique souci, c'est l'évolution des chiffres. Le reste, c'est-à-dire l'état du pays, les laisse totalement froids et indifférents. Cela doit nous décider à nous prendre en mains nous-mêmes pour notre survie, et rejeter les diktats de la troïka.

• Les créanciers de la Grèce briguent ses ressources nationales, cela ne fait aucun doute, et déjà ils mettent en place les moyens de s'emparer des biens mobiliers et immobiliers. Ils s'apprêtent d'ailleurs à mettre la main sur les dépôts bancaires, comme d'autres l'ont fait à Chypre. Si finalement ils parviennent à leurs fins, que restera-t-il à la Grèce, quels espoirs pour l'avenir ?

• Les jeunes, et notamment les plus valables et les plus qualifiés, quittent le pays qui ne leur offre plus aucune perspective. Avec quel potentiel humain la Grèce compte-t-elle redémarrer ?

• L'Etat social est attaqué de toutes parts, le marché du travail est livré à la loi de la jungle : les prédateurs les plus gros éliminent les plus petits, le secteur de la santé publique s'est fortement assombri, l'éducation publique est mise à rude épreuve, l'administration publique est saignée. Et certains écervelés de soutenir dur comme fer que « le secteur public est malhonnête ». Certes, il n'est pas particulièrement honnête, mais était-ce une raison suffisante pour l'abattre ?

Il aurait tout aussi bien pu être préservé et amélioré de multiples manières, forcément contraires aux principes de la troïka.

• Il faut bien le dire, la Grèce s'est engagée, il y a cinq ans, dans un programme de destruction. Aucun « populisme » de ma part dans cette affirmation. Les ruines sont là, elles crèvent les yeux, partout présentes. Les haut placés du FMI l'ont reconnu, ils n'auraient jamais dû l'accabler d'une récession jusqu'à 200 % supérieure à celle prévue. Leur *mea culpa* a fait le tour du monde et les critiques se sont abattues sur eux, auxquelles ne manquent que les voix grecques. Des informations récemment tirées de documents confidentiels du FMI révèlent comment la Grèce a été si brutalement mise sous tutelle contre l'avis d'un tiers des membres du FMI qui exprimaient leur inquiétude, tandis que son chef d'alors, Dominique Strauss-Kahn, mettait en garde Georges Papandréou, le Premier ministre Grec, parce qu'il mettait « sa nation en danger » (*Olympiada*, 2013).

• *« Le jour est proche où la Grèce en finira avec les mémorandums », tous les gouvernements qui s'y sont frottés nous l'affirment. Ce n'est qu'un leurre destiné à nous endormir, et la réalité est bien différente. Car, ce dont on se doutait dès le début et qu'Olli Rehn n'a pas négligé de rappeler, c'est que « la Grèce sera étroitement suivie jusqu'à ce qu'elle rembourse 75 % de sa dette ». C'est-à-dire que la Grèce sera asservie sur plusieurs générations* (*Economikos*, 23.10.2013).

Une chose apparaît avec le temps, c'est que nous, les Grecs, devons accepter sans rien dire *le sort que nous avons mérité, et que nous n'avons pas le droit de nous plaindre*. Les décideurs politiques exécutent – sans se soucier des conséquences – chacune des lubies de la troïka, et malgré cela, nos partenaires européens déclarent qu'ils « ne savent pas, à partir de maintenant, ce qui va advenir de la Grèce ». En fait, ils savent, mais ne le disent pas clairement, qu'ils nous concèderont un nouveau prêt. Nouveau tour de vis pour le pays, nouveaux profits pour eux. Le nouveau prêt ira gonfler encore la dette, et eux, ils confisqueront jusqu'à ses dernières richesses.

2e. La peur de quitter la zone euro

En ces cinq années d'épreuves, pas un seul débat officiel n'a été organisé pour proposer une quelconque alternative. Pour essayer de sortir le pays de l'impasse. Au contraire même, le gouvernement entretient la peur, et c'est effectivement une peur panique qui s'est insinuée dans la société grecque, de ce qui l'attend au cas où elle décide de réagir, où elle se prive de la nouvelle tranche d'aide.

Voyons maintenant comment et où ont été utilisées ces aides financières si chèrement payées. Car, pas une seule fois, il n'a été rendu publiquement compte de l'utilisation des sommes prêtées dont l'Etat avait soi-disant un besoin urgent pour payer les retraites et les salaires.

Entre mars 2010 et juin 2013, la Grèce a reçu 206,9 milliards d'euros, en 23 tranches. Selon une étude d'ATTAC, de ces fonds, au moins 77 % sont allés directement ou indirectement alimenter le secteur financier. Voici les résultats de cette étude (ATTAC, 21.06.2013) tels qu'ils ont été publiés :

• 58,2 milliards d'euros (28,13 %) ont servi à recapitaliser les banques grecques – au lieu d'assainir ce secteur trop grand et moribond de manière durable et de laisser les propriétaires des banques payer pour leurs pertes.

• 101,331 milliards d'euros (48,98 %) sont allés aux créanciers de l'Etat grec. Parmi lesquels 55,44 milliards d'euros ont été utilisés pour rembourser des bons du Trésor arrivés à échéance – au lieu de laisser les créanciers assumer le risque pour lequel ils avaient préalablement perçu des intérêts.

• 34,6 milliards d'euros ont servi de prime d'incitation pour obtenir l'accord des créanciers sur le prétendu « allègement » en mars 2012.

• 11,3 milliards d'euros ont été affectés au rachat de la dette en décembre 2012, lorsque l'État grec a racheté des bons presque sans valeur à ses créanciers.

• 43,7 milliards d'euros (22,46 %) ont alimenté le budget de l'Etat ou n'ont pu être clairement affectés.

• 0,9 milliard d'euros (0,43 %) ont constitué la contribution de la Grèce au financement du nouveau fonds de sauvetage, le MES.

Penchons-nous maintenant sur les recettes fiscales. Celles de la période 2010-2013 sont estimées à 227,684 milliards d'euros, les annuités s'élèvent à 102,385 milliards d'euros et les intérêts des emprunts, toujours pour la même période, sont de 50,520 milliards d'euros. Quant aux salaires des fonctionnaires, ils sont estimés, pour la même période, à 55,970 et les retraites à 25,804 milliards d'euros (Budget de l'Etat grec pour la période 1999-2013, Lycée d'Enseignement général d'Agros, Corfou).

Nous l'avons dit, les vexations répétées, les sacrifices imposés, la baisse du niveau de vie et l'appauvrissement de la quasi-totalité de la population, la dégradation sociale et économique, la mise en vente du patrimoine national, l'échec inqualifiable du plan de sauvetage qui a fait grimper la dette publique de 120 en 2009 à 176 % quatre ans plus tard, c'est pourquoi je réitère la proposition que j'avais déjà faite en 2010 : la Grèce pourrait arrêter temporairement de payer ses créanciers et renégocier sa dette à partir de zéro. Dénoncer évidemment tous les mémorandums et ce qui va avec, car :

— ils n'ont à aucun moment été validés dans les règles ;

— certaines des réformes qui y sont consignées sont anticonstitutionnelles, tel que l'abandon de la souveraineté nationale, d'autres sont tout simplement inadmissibles puisqu'elles sacrifient une nation entière à ses créanciers, lesquels pourraient attendre d'être remboursés ;

— ils exigent la mise en œuvre d'un plan criblé d'erreurs monumentales, comme l'ont reconnu ses inspirateurs eux-mêmes ;

— ils ne prévoient pas de compensation avec la dette d'occupation allemande jamais payée et qui dépasse celle de la Grèce (Daley, 2013) ; les Français l'estime à 510 milliards d'euros ;

— l'UE et surtout la zone euro ont été dessinées en fonction des intérêts financiers de l'Allemagne, avec des conséquences désastreuses sur les pays du sud de l'Europe ;

— il est immoral d'utiliser comme cobaye une nation entière et de la jeter au feu pour limiter le problème et empêcher la contagion au reste de l'Europe du sud, comme l'a récemment reconnu avec beaucoup de cynisme la directrice du FMI, Christine Lagarde ;

— cette situation va s'éterniser et condamne les générations futures à vivre sous tutelle étrangère, comme cela vient d'être officiellement déclaré : « La surveillance économique et budgétaire renforcée de l'UE sur la Grèce se prolongera jusqu'en 2040, comme le prévoit un amendement du Parlement européen relatif aux Etats membres en difficulté, mis en application cette semaine. Et pour les Etats membres qui ont reçu une aide financière, il est prévu qu'ils resteront sous surveillance jusqu'à ce que 75 % des aides soient remboursés » (*Kathimerini*, 17.10.2013) ;

— mais aussi, on ne cesse de découvrir l'existence de complots d'une ampleur terrifiante – personne ne peut le contester – qui ont assujetti la Grèce à la troïka.

Si nous, les Grecs, au lieu de nous « avilir » chaque fois que l'heure arrive de décrocher une nouvelle tranche d'aide financière ; si, au lieu de céder aux odieux chantages et sacrifier chaque fois sous la contrainte d'autres Iphigénie ; si, au lieu de nous laisser bercer par de prétendues « success stories » alors que tout s'écroule autour de nous, nous, les Grecs, déclarions enfin que « nous ne paierons pas, et que désormais c'est nous qui posons les conditions du remboursement de notre dette, en tant qu'Etat souverain », dans ce cas, le pays serait actuellement dans une situation infiniment plus enviable. La Grèce serait écoutée et respectée. Les chiffres donnés plus haut sont signifi-catifs, ils confirment que jamais, les salaires et les pensions n'ont été menacés et qu'ils n'auraient pas dû être taillés – du moins pas autant. Le PIB par consé-quent aurait été épargné, la dette publique ne se serait pas envolée, les quelque 5000 suicides auraient pu être évités, l'économie et l'avenir du pays n'auraient pas été détruits, la demande effective n'aurait pas été suspendue par la sur-imposition. Il est vrai – je l'ai déjà fait remarquer précédemment – que depuis le début de la crise, le pays a largement limité sa liberté de manœuvre en acceptant de se soumettre au droit anglais, en signant à tout-va les mémorandums et en faisant constamment marche arrière ; l'image est affligeante, toujours disposé qu'il est à appliquer les mesures criminelles dictées par ses créanciers, et les conséquences de la restructuration de la dette, c'est-à-dire du PSI, c'est la population qui les subit. *De l'autre côté, il faut reconnaître que les épreuves infligées à la population ont fait le tour du monde et provoquent l'indignation de nombreux organismes, think tanks et scientifiques qui s'élèvent contre la politique de la troïka.*

La suite dépend de l'évolution des choses. La Grèce doit trouver le moyen de faire redémarrer la croissance rapide, ce qui est impossible dans un contexte permanent d'austérité. De plus, la croissance économique est impensable sous un régime de liquidité restreinte – accordée par l'Allemagne –, et ne l'est pas non plus sous un régime de liberté totale des importations. La croissance est impossible sans une amélioration du mode de répartition des revenus qui permettrait un renforcement de la demande. La Grèce dispose d'un fort potentiel de croissance, il suffit qu'elle ne cède pas ses richesses et ses ressources natu-relles, que la population cesse de pleurer sur son sort et reprenne confiance en elle, qu'elle trouve un chef ou une coalition à sa mesure sur lequel elle puisse s'appuyer, responsable et capable, un chef dont la priorité absolue serait non pas son ambition personnelle, mais le redressement du pays. Or, le gouvernement actuel de la Grèce est très loin de ces nobles préoccupations et laisse le champ libre à ses créanciers. Un renversement n'est pas impossible, tout peut changer d'un instant à l'autre, à condition bien évidemment que la chance soit du bon côté. Que toutes les conditions soient réunies, mais plus que tout, que les Grecs prennent enfin conscience que tout dépend d'eux. Car en effet, dès l'instant où un climat propice s'installera, la croissance démarrera en trombe, boostée par des années d'une profonde récession. *Ce qui est sûr, c'est qu'après cinq ans de dure mise à l'épreuve, le pays se trouve dans une situation bien pire qu'elle ne l'était au début, lorsque la dette était encore viable.*

Alors aujourd'hui, qui oserait encore mettre en doute le fait qu'une gouvernance mondiale est en train de se mettre en place ?

2f. La drachme

Aucun chiffre, aucun élément ou changement, depuis que les mémorandums sont entrés dans la vie des Grecs, ne permettent de croire à une issue heureuse. Rien ne permet d'affirmer que le plan de redressement a été mis en place pour sauver le pays. Au contraire, les émissaires de la troïka persistent dans un plan voué à l'échec, durcissent les réformes, refusent toute discussion sur ce qui arrivera, même depuis le *mea culpa* de certains économistes du FMI. Quant aux partenaires européens, ils restent indifférents au martyre enduré par les Grecs. Tout prouve que leur objectif est d'anéantir la Grèce. Surtout depuis la publication de documents confidentiels du FMI où il apparaît que certains avaient parfaitement conscience que les mémorandums ne pouvaient sauver le pays et qui, malgré les sérieuses réticences exprimées par nombre de ses membres qui avertissaient du danger, persistaient et persistent encore dans cette voie. En tout état de cause, nous sommes face à un crime prémédité contre la Grèce (*Wall Street Journal*, 08.10.2013). Et les déclarations gouvernementales sont d'autant plus tristes et condamnables qu'elles laissent espérer un retournement de la situation. Il y a aussi le triomphalisme, en général vite remis en cause et que de toute façon la troïka s'empresse de refroidir, n'autorisant aucun répit. Mais il y a pire. Les responsables politiques n'hésitent pas, en effet, à présenter comme un exploit leurs désirs lesquels, à supposer qu'ils soient réalisables, ne pourraient en aucun cas embellir ce paysage désolé qu'est devenue la Grèce. A quoi servirait, par exemple, une relance de la croissance de 0,6 % en 2014, à supposer qu'elle ait lieu – ce à quoi nombres d'études étrangères ne croient pas beaucoup –, lorsque la viabilité de la dette implique un rythme de croissance de l'ordre d'au moins 4 % par an ? Et puis, à quoi servirait un excédent primaire de 0,6 % du PIB, puisqu'il faudrait au moins 26 % sur plusieurs années ? Alors, que promettent exactement les responsables politiques, lorsqu'ils évoquent ces chiffres farfelus, et combien de générations devront passer jusqu'à ce que le niveau de vie de 2009 soit retrouvé ? La presse internationale est attentive à la situation de la Grèce, aux espoirs mis dans l'excédent primaire et parle d'une « crise grecque à perpétuité » (*Wall Street Journal*, *Bloomberg*, *New York Times*). Et la surenchère vient d'un récent rapport du FMI qui préconise un nouveau – le troisième – mémorandum, alors même que les besoins financiers de la Grèce pour 2015 et 2016 seront respectivement de 25,1 et 18,6 milliards d'euros. A ce rapport du FMI qui, je le rappelle fait partie de la troïka, notre gouvernement répond à qui veut l'entendre, dédaigneux, qu'il « ne commente pas les rapports d'organismes internationaux » (*Economikos*) !

La situation, en Grèce, est ce qu'elle est, l'économie réelle est moribonde, tout s'écroule dans ce climat morbide, et malgré cela, le gouvernement, d'un côté, se fourvoie dans des promesses extravagantes et de l'autre, condamne avec une légèreté inexcusable le retour à la drachme, qui malheureusement apparaît comme la seule issue possible à la catastrophe totale. Cette option est jugée dangereuse, elle est jugée criminelle, la perspective est terrible, et il est interdit de l'évoquer. On a l'impression que les responsables politiques préparent le bûcher pour y jeter les partisans de la drachme. Le gouvernement, lui, préfère l'autre solution, c'est-à-dire signer un troisième mémorandum, indifférent au fait que 80 % des personnes interrogées pour un sondage se disent contre (*Olympiada*, 2013). On se demande de quel droit le gouvernement prend de telles décisions, au mépris de l'opinion populaire. Et dans quel type de démocratie, en l'occurrence si souvent évoquée, vit-on ? On se demande aussi quelle est cette loi qui impose le silence et interdit, presqu'avec violence, tout débat autour de la drachme ? La sortie d'un Etat membre est assimilée au danger immédiat d'une dissolution de la zone euro, tandis que des études estiment le coût que cela aurait à un trillion d'euros, qui pèserait essentiellement sur l'Allemagne. Cet élément, la Grèce doit le mettre à profit et commencer par exiger des conditions plus humaines. Et au cas où l'Allemagne persisterait dans la politique d'austérité, la Grèce pourrait rejeter son rôle de cobaye, et, sans crainte et sans se laisser emporter par la passion, déclarer son souhait de quitter la zone euro. Peu importe les conséquences, l'objectif étant son propre sauvetage. (Negreponti-Delivanis, 2012, 2e édition).

Une sortie de la zone euro ne serait évidemment pas orthodoxe et annulerait forcément ces signatures apposées avec tant de facilité et d'irresponsabilité au bas de décisions si dangereuses pour la nation, mais permettrait à la Grèce d'espérer se sortir d'affaire.

J'ai eu à maintes reprises l'occasion de défendre, verbalement ou par écrit, des propositions pour une sortie de la crise, dont le lecteur a pu en trouver un certain nombre dans ce livre. Je ne juge donc pas nécessaire de les reprendre *in extenso* et me contenterai seulement de les énumérer, en insistant davantage sur des aspects généralement peu approfondis, laissant au lecteur qui le désire le soin de se reporter à mes travaux antérieurs. Je vais m'efforcer d'établir les aspects positifs du retour à la monnaie nationale, mais aussi les dangers que cela représente.

— *Des raisons d'espérer*

Retrouver sa monnaie nationale a été dès le début pour la Grèce, et demeure, son seul espoir de sauvetage, même si trop de temps est passé. A condition bien sûr qu'elle résiste au déchaînement de la tempête que cela provoquerait, ce qui ne sera pas chose facile. Mais, si les conditions du retour à la drachme sont soigneusement préparées ; si nous, les Grecs, nous nous montrons déterminés et surtout si nous gardons, cette fois-ci, notre sang-froid ; si nous parvenons à convaincre nos partenaires européens que c'est justement en retournant à notre monnaie nationale que le pays pourra rembourser sa dette, que sans cela, la dette ne sera pas viable et le pays continuera de subir les coups mortels de la troïka ; si nous parvenons à sauver une grande partie de notre richesse publique – y compris les importants gisements de pétrole, de gaz, s'il y en a, et autres gisements ; si, pour finir, nous arrivons à nous accorder, à rester unis pour soutenir notre monnaie retrouvée, notre économie et le reste, alors le sauvetage de notre pays pourra vite devenir réalité.

Le retour à la drachme nous permettrait d'espérer :

1. Une liquidité illimitée dirigée vers la croissance.
2. Une redistribution, centrée sur l'encouragement de la demande intérieure et dans le même temps une atténuation des inégalités.
3. Une limitation des importations de biens de luxe et demi-luxe.
4. Une stimulation des investissements publics, ce qui ouvrirait la voie aux investissements privés.
5. Le changement de la dette en monnaie nationale.
6. Une inflation contrôlée qui raviverait l'économie et limiterait le poids de la dette.
7. La constitution d'un plan national de développement centré, au début, sur la production primaire, de sorte à assurer un minimum d'autarcie.

Il ne faut pas avoir peur de la drachme. Rien n'arrêtera cette course à l'austérité et rien ne sera plus effrayant et pire pour nous que ce que nous sommes en train de vivre. C'est à nous de prendre les choses en main. La drachme apportera très certainement la liberté de mettre en place une politique macroéconomique indépendante, capable de servir les besoins spécifiques de l'économie du pays. La drachme permettra à l'économie de faire des choix et offrira tous les avantages que l'on peut attendre d'une monnaie souveraine. La première et la plus importante de ces options sera celle qui, dans les pays développés, prend une ampleur de plus en plus grande. Il s'agit d'un schéma déjà ancien qui est en train d'émerger sous une forme complètement différente, j'entends le capitalisme d'Etat (Bremmer, *Foreign Affairs*, 2009). Autrement dit, il s'agit du retour de l'intervention de l'Etat dans l'économie, mais aussi du protectionnisme, sous la pression de la récession et de la forte augmentation de l'insécurité économique. Les gouvernements possèdent les dix plus grandes compagnies pétrolières et contrôlent les trois-quarts des réserves énergétiques mondiales. La portée du libre-échange a fortement diminué et l'Etat joue un rôle essentiel dans de nombreux domaines de l'économie, car il utilise les marchés pour s'assurer des bénéfices politiques. En même temps, surtout depuis 2009, la mondialisation recule et le protectionnisme revient, non seulement dans le cas des économies émergentes et en voie de développement, mais aussi dans le cas d'économies déjà évoluées. La mondialisation n'est plus acquise et son avenir *« dépendra des Etats-Unis et de la Chine mais aussi du reste du monde, s'ils considèrent que les frontières ouvertes profitent à leurs intérêts nationaux »* (The World Economy-Special Report, *The Economist*).

— *... malgré les dangers*

Evidemment, l'abandon de la monnaie unique ne se fera pas sans dangers. Ceux-ci sont d'autant plus difficiles à évaluer que jamais un Etat membre ne s'y est encore risqué, et les prévisions et les évaluations n'ont donc pas lieu d'être. Les plus farouches opposants évoquent l'inflation qui viendrait après. Il y aurait inflation car la drachme serait sous-évaluée par rapport à l'euro, au dollar et en général aux autres monnaies plus fortes, nationales ou non. Or, il est bon de savoir que dans le cas de la Grèce, rien ne permet d'en avoir peur, mais surtout elle sera nécessaire à condition que l'inflation soit autant que possible contrôlée, ce qui n'est pas certain sans pour autant être exclu, dès lors que les mesures appropriées seront prises. Il est temps de nous remettre en mémoire les constatations très justes de Keynes, au sujet de l'inflation. A savoir, puisqu'il y a du chômage, de surcroît à un taux si élevé, l'augmentation de la quantité d'argent ne sera pas dirigée vers l'augmentation des prix, mais vers l'absorption des chômeurs. Deux objectifs sont en fait visés à travers une inflation contrôlée : d'abord, accélérer le rythme de développement grâce à la demande intérieure et puis faciliter le remboursement de la dette, à condition toutefois que les mémorandums soient rejetés en bloc et que la dette soit dénominée en drachme. Le deuxième danger réside dans la difficulté, pour ne pas dire l'impossibilité pour le pays de s'assurer les crédits nécessaires au paiement des importations de matières premières, comme le pétrole. Ce danger est visible. Mais je rappelle qu'en 2012, une part non négligeable de la population n'a pas pu s'approvisionner en mazout, en raison de l'augmentation du prix.

Or, ces dangers parmi d'autres peuvent-ils avoir un impact si sérieux et être si difficiles à surmonter pour une économie comme la Grèce, laquelle dispose, dans son sous-sol, de richesses d'une valeur largement supérieure à sa dette ? Comment explique-t-on alors le fait que le pays et la population soient ainsi saignés et appauvris, et que les créanciers, pas plus que les Grecs qui gouvernent le pays, ne lient le remboursement de la dette avec les énormes richesses souterraines ? La réponse, c'est un économiste Allemand, Dirk Müller, qui nous la donne dans son nouveau livre *Showdown*, et dans une interview qu'il a accordée à la revue *Focus*, dans sa version électronique : *« Et au moins maintenant, la question est inévitable : qu'est-ce qui est en jeu ? On laisse l'économie grecque s'épuiser à travers des plans d'austérité draconiens et on la finance avec des centaines de milliards d'euros pour ne pas blesser les anciens créanciers. Des milliards d'euros disparaissent en recettes fiscales pour des accords sans retour et pour la restructuration de la dette, quand la Grèce dispose de gisements beaucoup plus importants que le volume de sa dette. »*

Il est clair que, contrairement à l'impression de stabilité que le gouvernement veut donner de lui-même, d'une soi-disant amélioration de la situation et pendant longtemps du retour imminent de la Grèce sur les marchés, le pays est au bord du gouffre, tandis que le *Grexit* – que je soutiens personnellement depuis 2010 – revient avec plus de force que jamais sur le devant de la scène. En fait, de plus en plus de voix s'élèvent en faveur de la sortie de la Grèce de la zone euro, parmi lesquelles celles des économistes les plus renommés au niveau international.

Le prix Nobel d'économie, Joseph Stiglitz, a présenté une idée lors d'un colloque d'investisseurs de l'Union-Investment où il discutait avec Hans-Werner Sinn à propos de la crise de l'euro dans le système économique mondial. Prenant la parole, le président de l'Ifo a entre autres proposé que la Grèce, le Portugal et peut-être aussi l'Espagne sortent temporairement de la zone euro, avec la possibilité de la réintégrer plus tard. L'objectif est d'améliorer leur compétitivité. L'économiste propose de dénominer la dette en monnaie nationale. Et de restructurer la dette en fonction de la nouvelle monnaie, après la dévaluation de celle-ci face à l'euro. Joseph Stiglitz, comme d'autres, ne voit pas d'autre solution que la restructuration de la dette et impute la faiblesse du rythme de croissance dans la zone euro aux inégalités profondes dans la balance des comptes courants (10.11.2013).

Et je termine par une autre interview, donnée par le journaliste, chercheur et économiste Greg Palast à Ioanna Niaoti (*Eleftherotypia*, 25.08.2013), où il est question là aussi du retour à la drachme. Ce qui est dit dans cette interview me semble important mais aussi extrêmement révélateur, et exprime ce que je projetais moi-même d'écrire pour conclure ce livre.

Ioanna Niaoti : [...] dans la pratique, quelle est la voie à suivre pour changer le climat qui règne en Grèce ?

Greg Palast : La Grèce doit abandonner l'euro parce que l'euro a abandonné la Grèce. Nous avons vu l'Argentine abandonner le dollar américain, et la Terre ne s'est pas arrêtée de tourner pour autant. La Grèce est déjà détruite. Vous me demandez, donc, si c'est une bonne idée de se jeter d'un immeuble en flammes ? Il est en effet logique que vous soyez inquiets de ce qui va arriver si vous sautez, mais si vous restez à l'intérieur, vous brûlerez vifs. Malheureusement, la Grèce a trop attendu et a tardé à s'échapper, mais il est encore temps pour vous d'abandonner l'euro. Vous allez me demander comment je le sais, alors je vous donne la marche à suivre :

1. Retournez à la drachme comme seule monnaie officielle de la Grèce.
2. Toutes les dettes – qu'elles soient publiques ou pas – doivent être remboursées en drachmes, avec un taux de change d'un contre un.
3. Le gouvernement et les entreprises doivent tout de suite payer la dette étrangère en drachmes.
4. Au cas où des créditeurs étrangers, et en particulier la Banque Centrale Européenne, tentent de saisir des biens grecs à l'étranger, le gouvernement grec saisira des biens en Grèce, pour les rendre aux propriétaires Grecs.
5. Pendant la période de transition, avant le changement (de monnaie), procédez à des accords commerciaux d'échanges de produits avec le Brésil, le Vietnam et d'autres économies fortes qui n'utilisent pas l'euro. Je connais personnellement le président du Venezuela, Nicolás Maduro, et je suis sûr qu'il sera intéressé par des accords pétroliers avec la Grèce.
6. Préparez-vous à des troubles qui dureront peut-être six mois. Mais comme le pays traverse déjà une période troublée depuis quatre ans, vous saurez comment les affronter.
7. Préparez-vous à la croissance économique qui suivra.
8. Préparez-vous car la troïka vous demandera un nouvel accord. Vous devrez l'examiner avec sérénité et logique et soyez audacieux.

Il va sans dire que le débat autour de la sortie de l'euro et du retour à la monnaie nationale n'a de sens que parce que la gestion de l'UE et de l'euro s'est fait, tout au long de ces vingt-cinq dernières années, d'une façon qui crée et ne résout certainement pas des problèmes, particulièrement dans le cas des pays du sud de l'Europe. Si l'UE pouvait assurer une gouvernance plus efficace et moins dangereuse, la monnaie unique européenne redeviendrait aussi intéressante qu'elle l'était lors de son apparition.

Épilogue

Il faut bien comprendre que la difficulté pour la Grèce, ce n'est pas de combler les trous – attendus ou non – qui apparaissent continuellement de part et d'autres. La difficulté, ce n'est pas non plus si, oui ou non, le prochain versement lui sera accordé, et sous quelles conditions.

Comprenons-le bien : le gros problème de la Grèce, c'est que sa dette n'est pas viable. Autrement dit, sa dette ne pourra jamais être remboursée, en tout cas pas si le pays reste dans la spirale de l'austérité, contraint de mettre en œuvre des plans qui ravagent l'économie, la société, la santé, l'éducation et la fonction publique. Nous allons droit à notre perte si notre patrimoine, sous la pression de nos créanciers, est bradé. Et si nous ne réagissons pas, nous sommes voués à rester esclaves de la dette. Nous, nos enfants, nos petits-enfants, nos arrière-petits-enfants. Les difficultés de la Grèce vont durer encore longtemps et nous devons en tenir compte. Il faut enfin que cessent les solutions à court terme, tout juste suffisantes pour tenir jusqu'à la prochaine tranche d'aide. Quant au reste, ces « nous sommes sur la bonne voie », « les indices montent » et autres « success stories », ce ne sont que duperie et cela risque de nous être fatal.

C'est un fait, l'excédent primaire, atteint par des moyens non orthodoxes et inhumains, ne rend pas la dette viable pour autant. Toutefois, cela pourrait inciter la Grèce à annoncer maintenant un défaut des paiements extérieurs et ensuite son retour à la monnaie nationale. Ce que précisément je défends depuis 2010, est également soutenu par le journal FT *(13.04.2014, mais aussi par le grand journaliste Wolfgang Munchau, « This could be the moment for Greece to default »)* d'où il ressort entre autres que « la Grèce n'est pas en récession ni en train de se rétablir. Elle s'est effondrée ».

Références bibliographiques

pour l'introduction et la conclusion

• Adford P., « Business schools and inequality », *Real-World Economics Review Blog*, 2013. Bloomberg, 11 octobre 2013.

• ATTAC France, « Plans de sauvetage de la Grèce: 77 % des fonds sont allés à la finance», sur le site : http://france.attac.org/nos-idees/mettre-au-pas-la-finance-les/articles/plans-de-sauvetage-de-la-grece-77-des-fonds-sont-alles-la-finance, 21 juin 2013.

• Banque Centrale Européenne.

• Banque de Grèce.

• Blyth M., « The austerity Delusion », *Foreign Affairs,* mai-juin 2013.

• Bogiopoulos N., article publié dans *Enikos.gr*, 6 octobre 2013.

• Boston Consulting Group (tel que retransmis par CNBC).

• Bremmer I., « State Capitalism Comes of Age – The end of the Free Market? », mai-juin 2009.

• Budget de l'Etat grec pour la période 1999-2013, Lycée d'Enseignement général d'Agros, Corfou.

• *Chicago Tribune*, 16 septembre 2013. Repris par *To Pontiki*, 19 septembre 2013.

• Chryssoloras N., correspondant à Bruxelles, *Kathimerini*, 17 octobre 2013.

• Daley, S., « Talk of war reparations in Greece », *International Herald Tribune,* 7 octobre 2013.

• *Deutsche Welle.*

• *Dow Jones Newswires.*

• *Economikos*, 9, 17 et 23 octobre 2013.

• « Economists' Warning », *Financial Times*, 23 septembre 2013.

• European Commission; Greek Public Debt Management Authority, *The Wall Street Journal.*

• Eurostat.

• Gallup-Debating Europe, sondage effectué du 13 au 23 septembre 2013.

• Higgins A., « It's 'go along to get along' in Brussels », *International Herald Tribune,* 14 octobre 2013.

• Sur le site : http://www.skai.gr/news/finance/article/244022/analipseis-apo-tis-trapezes-gia-katatheseis-stin-eforia/#ixzz2hyAIvKNJ.

• Sur le blog : http://exomatiakaivlepo.blogspot.com/2013/11/blog-post_10.html., 10 novembre 2013.

• J.P. Morgan, 10 juillet 2013.

• «Κέρδη 9 δισ. ευρώ για την ΕΚΤ από την αγορά ελληνικών ομολόγων την τελευταία τριετία» [Gains de 9 milliards d'euros pour la BCE, provenant de l'achat d'obligations grecques sur les trois dernières années], *Ta Nea*, 23 juillet 2013.

• Krugman P., « Rich mai's recovery », *International Herald Tribune*, 15 septembre 2013.

• Krugman P., « Persecuted Plutocrats », *International Herald Tribune*, 28-29 septembre 2013.

• Morgenson Gr., and R. Gebeloff, « Wall Street seen gaming tax credits for ethanol », *International Herald Tribune*, 17 septembre 2013.

• Negreponti-Delivanis M., *Ιδιωτικές και δημόσιες επιχειρήσεις* [Entreprises publiques et privées], éd. Sakkoula, Thessalonique, 1993.

• Negreponti-Delivanis M., *Η ανεργία: ένα ψευδοπρόβλημα;* [Chômage: un vrai problème?], éd. Sakkoula, Thessalonique, 1995.

• Negreponti-Delivanis M., et E. I. Delivanis, *Όχι στη Λιτότητα,* [Non à l'austérité], éd. Papapzissi, Athènes, 1991.

• Negreponti-Delivanis M., *Συνωμοτική Παγκοσμιοποίηση, 2e édition,* éd. Fondation Dimitri et Maria Delivanis et Papazissi, Athènes, 2001. *Mondialisation Conspiratrice*, trad. Christine Cooreman, Mouvements économiques et sociaux, éd. L'Harmattan, 2002.

• Negreponti-Delivanis M., *Η τύχη του ευρώ, μετά την κηδεία του Συμφώνου Σταθερότητας* [Le sort de l'euro après l'enterrement du Pacte de Stabilité], éd. Fondation Dimitri et Maria Delivanis et Cornilia Sfakianakis, Thessalonique, 2004.

• Negreponti-Delivanis M., *Μεταρρυθμίσεις, Το ολοκαύτωμα των εργαζομένων στην Ευρώπη,* [Restructurations, L'élimination des travailleurs Européens], éd. Fondation Dimitri et Maria Delivanis et Livani, Athènes, 2007.

• Negreponti-Delivanis M., « Le néolibéralisme et la nature profonde de la crise », *Cahiers du Cedimes* , Vol. 4, No 1, pp. 9-28, Printemps 2010.

• Negreponti-Delivanis M., *Η Φονική κρίση και η ελληνική τραγωδία* [Crise meurtrière et tragédie grecque], éd. Fondation Dimitri et Maria Delivanis et Livani, Athènes, 2010.

• Negreponti-Delivanis M., *Όλη η αλήθεια για χρέος και ελλείμματα και πως θα σωθούμε,* [Toute la vérité sur la dette et les déficits et comment s'en sortir], éd. Fondation Dimitri et Maria Delivanis et Ianos, Athènes, 2012.

• Negreponti-Delivanis M., *«Το υπέρογκο τίμημα του πρωτογενούς πλεονάσματος»* [Le prix à payer de l'excédent primaire], sur les blogs : maria.negrepontidelivanis.blogspot.com et Liberty.news.blog.

• *Neue Zürcher Zeitung.*

• *New York Times*, 11 octobre 2013.

• Niaoti, I., sur le site : i.niaoti@eleftherotypia.net, interview de Greg Palast, journaliste, chercheur et économiste, intitulée « Η Ελλάδα είναι θύμα εγκλήματος » [La Grèce est victime d'un crime], *Kyriakatiki Eleftherotypia*, 25 août 2013.

• Nikos Vassos, mailto:nikosira@gmail.com.

• OCDE.

• *Olympiada*, d'après *Wall Street Journal*, 8 octobre 2013.

• Papadimitriou D., *Στον πάτο οι Κοινωνικές Δαπάνες στην Ελλάδα* : 1998-2007 [Les dépenses sociales au point mort en Grèce : 1998-2007], étude menée par le groupe de recherche du Professeur D. Dimitriou du Levy Economics Institute of Bard College – Affiché sur le site d'*Olympiada*, 23 juin 2013.

• Pew Research Center.

• Phillips L., http://blogs.euobserver.com/phillips/2013/06/07/jp-morgan-to-eurozone-periphery-get-rid-of-your-pinko-anti-fascist-constitutions/, 7 juin 2013.

• Pieiller E., http://www.monde-diplomatique.fr/2013/10/PIEILLER/49683. « Alain Soral Tisse sa Toile - Les embrouillages idéologiques de l'extrême droite », *Le Monde Diplomatique,* octobre 2013.

• *Planet-Greece*, 9 avril 2014.

• Popper N., « Hunting real value in virtual cash », *International New York Times,* 12 novembre 2013.

• Rapport de l'agence S&P (septembre 2013).

• Rapport sur la criminalité organisée, la corruption et le blanchiment de capitaux, sur le site : http://www.europarl.europa.eu/sides/getDoc.do?pubRef=-//EP//NONSGML+REPORT+A7-2013-0307+0+DOC+PDF+V0//FR, 26 septembre 2013.

• Rapport du FMI sur la Grèce, octobre 2013.

• Rapport de l'OCDE sur la Grèce, octobre 2013.

• Stylianou M. et Catsiapis J., « Βόμβα Μαρίν Λε Πεν στα θεμέλια 4ου Ράϊχ και παγκόσμιας δυναστείας του χρήματος » [La bombe Le Pen aux fondements du IVe Reich et la dynastie mondiale de l'argent], *Olympiada*, 19 octobre 2013.

• *The Wall Street Journal*, 8 et 11 octobre 2013.

• The World Economy – Special Report, *The Economist,* 12 octobre 2013.

• « Το κόστος των «αποτυχημένων» μέτρων » [Le coût des mesures « loupées »], *Proto Thema*, 20 octobre 2013.

• « Το νέο δόγμα Μέρκελ και η ελληνική κατοχή » [Le nouveau dogme Merkel et l'occupation de la Grèce], *New York Times* et *Yeni Şafak,* 1er juillet 2013.

• *To Pontiki*, 17 octobre 2013.

• Tzortzi, E., «Αναλήψεις από τις τράπεζες για καταθέσεις στην... εφορία» [L'argent retiré des banques, déposé au... Trésor public], *Kathimerini*, 16 octobre 2013. Repris sur le site : http://www.skai.gr/news/finance/article/244022/analipseis-apo-tis-trapezes-gia-katatheseis-stin-eforia/#ixzz2hyDhsRT4.

• Yovanopoulos K., *Ανεξάρτητοι Έλληνες* [Parti des Grecs Indépendants], octobre 2013.

• wikipedia.org/wiki/Bitcoin.

TABLE DES MATIÈRES

INSTITUT CEDIMES

Réseau Académique International Francophone

Fondateur : Jacques AUSTRUY

Président : Claude ALBAGLI

Vice-Présidents :

Recteur **Maria NEGROPONTI-DELIVANIS** *et Recteur* **Ion CUCUI**

Directeur Executif : *Vice-Doyen* **Ahmed EL MOUTAOUASSET**

CEDIMES	**Directeurs, Membres du Conseil d'Administration**
ALBANIE	*Doyen* ***Bardhyl CEKU***
ALGERIE	*Doyen* ***Faouzi TCHIKO***
BELGIQUE	*Professeur* ***Blandine VANDERLINDEN***
BOSNIE-HERZEGOVINE	*Doyen* ***Milos TRIFKOVIC***
BULGARIE	*Pr.* ***Iskra CHRISTOVA-BALKANSKA***
BURUNDI	*Sec. Général* ***Léonard BIZIMANA***
CAMEROUN	*Doyen* ***Claude BEKOLO***
CANADA	*Directeur* ***Su ZHAN***
CHINE	*Professeur* ***Fang SUN***
CONGO Brz	*Directeur* ***Etienne KOULAKOUMOUNA***
CONGO Kin.	*Recteur* ***Michael MBONEKUBE***
CROATIE	*Doyen* ***Vinko KANDZIJA***
ETATS-UNIS	*Professeur* ***Elie CHRYSOSTOME***
FRANCE	*Doyen* ***Jean-Pierre AUDOYER***
GRECE	*Recteur* ***Maria NEGROPONTI-DELIVANIS***
HAÏTI	*Doyen* ***Narcisse FIEVRE***
IRAN	*Directeur* ***Ebrahim ABBASSI***
ITALIE	*Doyen* ***Sergio CONTI***
JAPON	*Professeur* ***Seiji YOSHIMURA***
KAZAKHSTAN	*Recteur* ***Yerengaïp OMAROV***
LETTONIE	*Professeur* ***Baiba SAVRINA***
LIBAN	*Doyen* ***Ibrahim MAROUN***
MACEDOINE (ERY)	*Professeur* ***Mileva GUROVSKA***
MADAGASCAR	*Pr.* ***Sahondravololina RAJEMISON***
MALI	*Doyen* ***Issa SACKO***
MAROC	*Vice-Doyen* ***Ahmed EL MOUTAOUASSET***
POLOGNE	*Directeur* ***Léon OLSZEWSKI***
ROUMANIE	*Recteur* ***Ion CUCUI***
RUSSIE Occ.	*Pr.* ***Nicholas OLENEV***
RUSSIE Ori.	*Doyenne* ***Olga MAMTCHENKO***
TUNISIE	*Professeur* ***Samira KRIA-CHAKER***
TURQUIE	*Professeur* ***Kamil TUGEN***
UKRAINE	*Professeur* ***Petro SAPOUN***
VIETNAM	*Directeur* ***Quan LE***

INSTITUT CEDIMES

Réseau Académique International Francophone

Nous avons célébré le quarantième anniversaire de la fondation du premier CEDIMES à Paris. Durant une vingtaine d'années, sous l'impulsion de Jacques AUSTRUY, un troisième cycle et un encadrement doctoral ont constitué un pôle performant, portant les boutures d'une pensée originale aux quatre coins de la planète. Puis, la création de l'Institut CEDIMES à la fin des années quatre-vingts, a correspondu intuitivement aux besoins d'une nouvelle mondialisation émergente. Cette structuration académique s'est voulue singulière par son organisation partenariale, afin de satisfaire une écoute attentive à l'international pour saisir les inflexions, les différences, les nuances, mais aussi les permanences d'un monde aux vérités parcellaires.

- En 40 ans, des changements considérables d'ordre économique et géopolitique sont intervenus : chute du mur de Berlin, Implosion du système soviétique, ralliement généralisé à l'économie de marché, éclosion subite de la Chine... mais c'est aussi l'apparition d'internet et la constitution de la mise en réseau virtuel (depuis 1994), les premiers coups de semonce sur les périls écologiques avec le rapport Stern, l'éclatement du Tiers-monde avec des émergences nombreuses tandis que d'autres sombraient dans la guerre civile, la misère et la sensation de perdre tout avenir.

- En 40 ans, de simple laboratoire au sein d'une université, le CEDIMES est devenu un Institut qui coordonne aujourd'hui 34 centres situés sur les cinq continents. Depuis sa mise en place (en 1990), ce sont plus de 2.000 chercheurs qui ont adhéré à ce réseau dans une mouvance francophone, mais ouverte aux autres cultures linguistiques. Cet institut a désormais cinq piliers qui représentent les temps forts annuels qui rythment ses activités :

  - Le premier s'inscrit dans son **colloque fédérateur** organisé par l'un des CEDIMES nationaux, rendez-vous annuel de notre communauté scientifique.
  - Le second aboutit à la délivrance annuelle de quatre **Prix Internationaux de Recherches** remis à la Sorbonne. Ils couronnent le travail de jeunes chercheurs depuis le mémoire de Master jusqu'aux travaux post-doctoraux.
  - Le troisième pérennise un **Collège doctoral international** en Algérie qui réunit annuellement pendant une semaine, une

sélection d'étudiants principalement Algériens, mais aussi des autres pays du Maghreb et des universités Françaises autour d'un pôle international de Directeurs de Recherches.

- Le quatrième focalise des étudiants français, canadiens et autres pour des **universités d'été** sur un campus chinois pendant tout un mois.
- Le cinquième s'inscrit avec la Revue Scientifique trimestrielle des Cahiers du CEDIMES

- En 40 ans, les analyses du développement ont évolué et se sont diversifiées à la lumière des particularismes sociaux et culturels. On est passé d'une conception mécanique fondée sur des dosages d'investissements à une mise en corrélation de sciences connexes impliquant la Sociologie, le Droit, la Communication, voire les Sciences Naturelles avec l'intrusion du Développement Durable. Pour le CEDIMES, la prise en compte des facteurs humains est restée au cœur de ses études, le préparant à épouser ces évolutions thématiques par les intuitions qu'en avait eues Jacques AUSTRUY, son fondateur. L'Institut CEDIMES est resté en phase avec les évolutions et les problématiques de notre monde contemporain tirant de cette approche, les causes de sa longévité inscrite sur quatre décennies et de son attractivité toujours croissante issue d'une réunion fondatrice qui n'avait pourtant compté que 7 membres de 5 nationalités !...

Les membres qui ont rejoint cet ensemble sont caractérisés par un enracinement dans leurs valeurs et leurs cultures, mais aussi par une ouverture à la diversité du monde et un intérêt immodéré pour la compréhension de nos sociétés qui en vivifie l'esprit de leurs recherches. Il en résulte un creuset scientifique libéré des dogmes, enrichi par la controverse, valorisé par une élite académique.

La célébration du quarantième anniversaire s'inscrit dans la perspective de nouveaux élans et de nouveaux déploiements. L'étroite imbrication internationale entre les centres de tous les continents et la spécificité partenariale de notre réseau ayant écarté toute articulation en filiales, a permis de sentir des inflexions majeures, des intuitions novatrices, des émergences d'idées... Nous persévérerons donc dans cette extension géographique des centres, supportée par un accroissement démographique des adhérents et nous le ferons en renforçant la mise en place de nos outils :

Pour la recherche et l'analyse : les « *Cahiers du CEDIMES* » sont une revue trimestrielle à comité de lecture. Ils drainent des réflexions, des analyses et des études sur les mouvements économiques et sociaux et les processus de développement. Ils viennent compléter une collection éditoriale « *Mouvements Economiques et Sociaux* » qui, depuis vingt ans, publie annuellement un à deux ouvrages.

Pour la formation et l'insertion : le réseau profite de ces interconnexions internationales entre des universités établies dans diverses zones culturelles pour bâtir des cycles intégrés en partenariat avec les institutions académiques. Ils prennent alors la forme de Master professionnalisés, de Collèges doctoraux, de filières francophones en Sciences Economiques et Gestion, de stages internationaux au sein d'universités chinoises ou américaines, de cycles doctoraux pour asseoir des projets de thèse.

Pour l'enracinement et la connaissance du terrain : le réseau dispose par la variété de ses membres d'une capacité d'expertise qui lui permet d'afficher sa connaissance du terrain et d'initier ou de participer à des études pour asseoir des analyses tant sur les zones de pauvreté que celles en émergence présente ou latente.

Nous poursuivrons également, les cinq temps forts annuels que nous avons signalés pour vivifier notre Réseau Académique International Francophone. L'enrichissement de notre vivier académique autour de personnalités internationales marquantes et reconnues ainsi que l'attraction de jeunes chercheurs enthousiastes et prometteurs aux racines culturelles et géographiques les plus diversifiées, sont les gages annonciateurs d'un futur où nous saurons pérenniser *« à défaut d'une doctrine, une méthode, à défaut d'un formatage, un creuset, à défaut de l'ennui, notre convivialité »*.

INSTITUT CEDIMES

Campus de la Mondialisation et du Développement Durable
Site du Jardin Tropical de Paris
45 bis Avenue de la Belle Gabrielle
94736-Nogent/Marne, France

www.cedimes.org

PRESENTATION SYNTHETIQUE

QUELLE HISTOIRE ?

Le premier CEDIMES a été créé, en 1972, par le Professeur Emérite **Jacques AUSTRUY** au sein de l'Université Panthéon-Assas (Paris II). Ce **C**entre d'**E**tudes sur le **D**éveloppement **I**nternational et les **M**ouvements **E**conomiques et **S**ociaux s'est internationalisé en 1992 pour devenir un Institut présidé par **Claude ALBAGLI**. Son siège est, aujourd'hui, à l'Université Paris-Est. Il regroupe plus d'une trentaine de CEDIMES nationaux établis. Ces centres ne constituent pas des filiales, mais **un réseau de partenaires**. Plus de 2000 chercheurs s'y sont inscrits depuis 20 ans.

QUELS BUTS ?

Ce réseau académique a pour tâche de mûrir une réflexion pluridisciplinaire avec une triple orientation :

Le premier axe porte sur les possibilités de **développement durable** avec la prise en compte des liens entre les structures économiques, sociales et culturelles. L'analyse du renouvellement de la **pensée du développement** en constitue un aspect important.

Le second aborde la mondialisation à partir des mécanismes de transition. Un accent particulier est porté sur les processus d'intégration et leurs liens avec les périphéries immédiates sous leurs aspects commerciaux, géopolitiques et démographiques.

Le troisième relève des dynamiques entrepreneuriales avec la transformation des structures et de leur logique sous l'impulsion de la mondialisation, les interférences des processus culturels et les effets des nouvelles techniques de communication.

QUEL ESPRIT ?

Le réseau CEDIMES est un lieu de rencontres, d'échanges et de partage où chacun vient, porteur de ses spécificités, mais à l'écoute de celles des autres pour mieux comprendre et les prendre en compte dans l'appréhension de la globalisation.

En utilisant le **français**, ce réseau s'inscrit dans la francophonie. Dans un espace de convivialité, sa communauté scientifique composée de chercheurs confirmés et d'enseignants de renom, mais aussi de jeunes chercheurs, combine une approche académique rigoureuse à la richesse d'une pensée scientifique internationale diversifiée.

QUELLES ACTIONS ?

- **L'organisation de forums**
  - Un **colloque international fédérateur** annuel centré sur les axes majeurs est organisé avec l'un des CEDIMES. Les derniers se sont tenus au Mali, en Croatie, en Roumanie, en France, à Madagascar, au Canada, en Turquie…
  - Des **colloques régionaux** sur des thèmes plus pointus ou à portée plus locale sont lancés à l'initiative des CEDIMES nationaux ou sont labellisés par l'Institut, pour valoriser une équipe et son ouverture internationale.
- **La diffusion des connaissances**
  - Le réseau académique du CEDIMES participe au cursus et à la création de filières francophones au niveau Licence et Master en Afrique subsaharienne, en Europe orientale, en Asie centrale et en Extrême-Orient.
  - La mise en place de collèges doctoraux à Paris et au Maghreb permet de stimuler une élite estudiantine internationale et d'accompagner ces jeunes doctorants dans leurs recherches.
  - Des stages académiques sont offerts dans les universités des deux plus grandes puissances économiques que sont Chine et Etats-Unis, complètent ce tableau.
- **La mise en place d'outils**
  - L'annuel **CONJONCTURE**, en partenariat avec le quotidien « **Les Echos** », a passé au crible les cinq dernières années du siècle.
  - **Les Cahiers du CEDIMES** offrent une **revue scientifique** trimestrielle à comité de lecture.
  - La collection **Mouvements Economiques et Sociaux** (MES) publie travaux d'auteurs et compilations collectives au rythme de un à deux ouvrages par an, depuis deux décennies.

QUELLE VALORISATION ?

- Depuis 2008, **quatre Prix Internationaux de la Recherche**, du mémoire Master aux travaux post-doctorat, portant sur « ***les processus de développement* »**, couronnent chaque année, des études originales avec le soutien d'institutions prestigieuses : Caisse des Dépôts et Consignations, Agence Française du Développement, Forum Francophone des Affaires, BNP Paribas, Total, Organisation Internationale de la Francophonie, Unesco, Fondations Dauphine et Delivanis, Universités Senghor, Sorbonne Nouvelle, Paris-Est et Dauphine. Ils sont délivrés à Paris, à la Sorbonne avec les Directeurs nationaux du CEDIMES et un Jury international.

LES PRIX ANNUELS DE RECHERCHE DU CEDIMES

Ils s'adressent principalement aux économistes, aux gestionnaires et aux spécialistes de sciences politiques. Leur thématique porte sur :

« Les Processus de Développement dans le Monde »

Une dotation de 10.000 €
avec les contributions de **BNP-Paribas, Total**
la **Caisse des Dépôts et Consignations,**
ainsi que les soutiens des Universités **Paris III Sorbonne Nouvelle, Paris-Est (UPEC), FACO** & **L. Senghor (Alexandrie)**
Mais aussi l'**Organisation Internationale de la Francophonie (OIF).**

LES RECOMPENSES DELIVREES A LA SORBONNE
SE DECLINENT EN **QUATRE PRIX** :

- Série **Post Doctorat** pour la thèse et travaux ultérieurs (*en français ou anglais*)
- Série **Doctorat** pour une thèse de moins de trois ans (*en français ou anglais*)
- Série **Master** pour un mémoire (*en français ou anglais*)
- Série **Francophone** pour un mémoire exclusivement en langue française dans des universités autres que belge, canadienne ou française.

Directeur Administratif des Prix: Jean-Charles SIDA
PRESIDENT du JURY INTERNATIONAL : Professeur **GILLES DUFRENOT**

Consultez notre site www.cedimes.org

CEDIMES

L'HARMATTAN ITALIA
Via Degli Artisti 15; 10124 Torino

L'HARMATTAN HONGRIE
Könyvesbolt ; Kossuth L. u. 14-16
1053 Budapest

L'HARMATTAN KINSHASA
185, avenue Nyangwe
Commune de Lingwala
Kinshasa, R.D. Congo
(00243) 998697603 ou (00243) 999229662

L'HARMATTAN CONGO
67, av. E. P. Lumumba
Bât. – Congo Pharmacie (Bib. Nat.)
BP2874 Brazzaville
harmattan.congo@yahoo.fr

L'HARMATTAN GUINÉE
Almamya Rue KA 028, en face du restaurant Le Cèdre
OKB agency BP 3470 Conakry
(00224) 60 20 85 08
harmattanguinee@yahoo.fr

L'HARMATTAN CAMEROUN
BP 11486
Face à la SNI, immeuble Don Bosco
Yaoundé
(00237) 99 76 61 66
harmattancam@yahoo.fr

L'HARMATTAN CÔTE D'IVOIRE
Résidence Karl / cité des arts
Abidjan-Cocody 03 BP 1588 Abidjan 03
(00225) 05 77 87 31
etien_nda@yahoo.fr

L'HARMATTAN MAURITANIE
Espace El Kettab du livre francophone
N° 472 avenue du Palais des Congrès
BP 316 Nouakchott
(00222) 63 25 980

L'HARMATTAN SÉNÉGAL
« Villa Rose », rue de Diourbel X G, Point E
BP 45034 Dakar FANN
(00221) 33 825 98 58 / 77 242 25 08
senharmattan@gmail.com

L'HARMATTAN BÉNIN
ISOR-BENIN
01 BP 359 COTONOU-RP
Quartier Gbèdjromèdé,
Rue Agbélenco, Lot 1247 I
Tél : 00 229 21 32 53 79
christian_dablaka123@yahoo.fr

Achevé d'imprimer par Corlet Numérique - 14110 Condé-sur-Noireau
N° d'Imprimeur : 111166 - Dépôt légal : septembre 2014 - *Imprimé en France*

www.ingramcontent.com/pod-product-compliance
Lightning Source LLC
LaVergne TN
LVHW011018061026
849535LV00006B/1950